二战名将解读丛书

二战德军

十大将帅

二战经典战役编委会 ◎编译

中国铁道出版社有限公司
CHINA RAILWAY PUBLISHING HOUSE CO., LTD.

图书在版编目（CIP）数据

二战德军十大将帅 / 二战经典战役编委会编译. — 北京：
中国铁道出版社，2017.1（2022.1重印）
（二战名将解读）
ISBN 978-7-113-22326-7

Ⅰ.①二… Ⅱ.①二… Ⅲ.①第二次世界大战—军事家—
生平事迹—德国 Ⅳ.①K835.165.2

中国版本图书馆CIP数据核字（2016）第211968号

书　名：**二战德军十大将帅**
作　者：二战经典战役编委会 编译

责任编辑：刘建玮　　　　　　　　电　话：（010）51873005
装帧设计：艺海晴空
责任印制：赵星辰

出版发行：中国铁道出版社有限公司（北京市西城区右安门西街8号 邮编100054）
印　　刷：北京盛通印刷股份有限公司
版　　次：2017年1月第1版　2022年1月第2次印刷
开　　本：787mm×1092mm　1/16　印张：18　字数：342千字
书　　号：ISBN 978-7-113-22326-7
定　　价：69.80元

目录 CONTENTS

他是德国元帅，军事家、战略家，
他是"纳粹第一将""闪电伯爵"，
他是突击炮兵种的创始人，
他擅长于组织计划周密的进攻战，
他的"曼施坦因计划"被后世军事家津津乐道……
他是埃里希·冯·莱温斯基·曼施坦因。

"突击炮"建立者

曼施坦因/1　　Erich von Lewinski Manstein

他是德国海军总司令、海军元帅，
他是纳粹德国潜艇部队奠基人，
他是纳粹主要战犯之一。
他的"狼群战术"在第二次世界大战中产生了重要影响。
他在希特勒死后接任德国国家元首、武装部队统帅……
他是卡尔·邓尼茨。

群狼之首

邓尼茨/47　　Karl Dönitz

目录 CONTENTS

他是纳粹德国陆军元帅、军事家，
他是第二次世界大战期间纳粹德国的三大名将之一，
他是北非战场上一只狡猾的"狐狸"，
他的军事行动迅速、处事果断，
他能以少胜多……
他是埃尔温·隆美尔。

"沙漠之狐"

隆美尔/83 Erwin Rommel

他是德国陆军一级上将，杰出的军事家，
他是"闪电战"战术的创始人，
他是"世界装甲之父"，
他是希特勒祸害天下的杀手……
他是海因茨·威廉·古德里安。

"闪击战"的创始人

古德里安/117 Heinz Wilhelm Guderian

他是德国陆军的元老，
他是第三帝国的陆军元帅，
他是旧式德国军人的典型，
他在军中声望极高，却对政治的兴趣不大，
他获得"二战"期间德国"最优秀的指挥官"的称誉……
他是格尔德·冯·伦德施泰特。

"最后的普鲁士人"

伦德施泰特/137 Gerd von Rundstedt

他是纳粹德国的第二号要人，
他是法西斯德国进行侵略战争的元凶之一。
他是制订奴役劳工计划、镇压残杀犹太人和其他种族的主谋，
他是恶贯满盈的战争罪犯……
他是赫尔曼·戈林。

纳粹空军的缔造者

戈 林/177 Hermann Göring

目录 CONTENTS

他是德国陆军元帅，
他是集团军总司令，
他是唯一死于盟军枪弹的纳粹德国元帅，
他有着"垂死者"的绰号，
他参加过第一次世界大战，
他对装甲兵闪击战法的了解和领悟，在当时无可匹敌……
他是费尔多·冯·博克。

"屈斯特林的圣火"

博　克/203　　Fedor von Bock

他是纳粹德国陆军元帅，军事家，
他是第二次世界大战主要战犯之一，
他对希特勒俯首帖耳，而在德国军官中被称为"走狗"，
他被评价为"一直到希特勒自杀的那一天都是忠心的"人……
他是威廉·凯特尔。

俯首帖耳的"走狗"

凯特尔/225　　Wilhelm Keitel

他是德国陆军元帅，
他是擅长运用步兵的军事家，
他是纳粹元帅中寿命最长的人，
他具有非凡的军事指挥才能，
他于山地作战上颇有造诣，
他在战后作为纳粹主要战犯被判处无期徒刑……
他是西格蒙特·威廉·利斯特。

德国步兵的推进器

利斯特/245   Siegmund Wilhelm List

他在德国陆军特别是炮兵中的威望极高，
他号称"德国的战略防御大师"，
他具有非凡的军事指挥才能，
他是德国著名的军事家和统帅，
他在纽伦堡国际军事法庭受审被判3年有期徒刑……
他是威廉·约瑟夫·弗朗茨·冯·勒布。

炮兵将军

勒　布/263   Ritter Wilhelm von Leeb

Erich von Lewinski Manstein

"突击炮"建立者

曼施坦因

他是德国元帅，军事家、战略家，

他是"纳粹第一将""闪电伯爵"，

他是突击炮兵种的创始人，

他与隆美尔和古德里安并称为第二次世界大战期间纳粹德国的三大名将，

他擅长于组织计划周密的进攻战，

他的"曼施坦因计划"被后世军事家津津乐道……

他是埃里希·冯·莱温斯基·曼施坦因。

No.1 "复仇的种子"

曼施坦因1887年11月24日出生于一个军人世家，有着"高贵的贵族血统"，其父亲艾道尔德·冯·李温斯基曾担任过军长、炮兵少将。其母亲海伦出身于东普鲁士的名门望族。曼施坦因的父母生了很多孩子，他排行第十。也许正是子女过多的原因，父母从小就把曼施坦因过继给了他的姨夫乔治·冯·曼施坦因步兵少将，改名为弗里茨·埃里希·冯·曼施坦因，兴登堡元帅是其伯父。他们两家皆是东普鲁士的显贵，所以曼施坦因从小就过着豪华舒适的贵族生活。8岁的时候，姨夫就把他送到斯塔斯读书，在这里读了5年。也许是受其家庭影响，幼年的曼施坦因就对军事特别感兴趣，梦想着有一天成为一名"伟大战士"。1900年，他进入少年候补军官团学习。年轻的曼施坦因，英俊潇洒、才华横溢，颇有修养，举手投足间流露出一种典雅的贵族气质，是柏林军事学院众人关注的焦点之一。1913年他进入柏林军事学院学习。柏林军事学院，也叫战争学院、战争大学，是德国军队的最高学府，是一所专门培养高级军官的学校，在当时的德国军事界很有名气，德国过去有很多将帅都出自这所被人们称为"军事圣殿"的学校。能进这所军事圣殿，是当时德国任何一个追求上进的军人梦寐以求的事情。在这里的学习，对曼施坦因的一生产生了巨大影响。

柏林军事学院最大的特色之一，就是强调文化素质教育，强调对军事思想的研究。因此，进入该校至少必须具备两点条件：能力和出身。这两点可以归结为一点：发现并造就高素质的、具有敏锐军事思想的军事家。1913年，柏林军事学院的开学典礼隆重而热烈。按照往常的惯例，德军总参谋部的首脑们都来到了这个德军未来将帅的摇篮。这

次给大家训话的，则是德军总参谋长、在军界享有盛名的小毛奇将军。他神采奕奕，站在台上，向未来的将帅们发表了鼓动人心的讲话："永久的和平——这是幻想，一个毫不美妙的幻想。相反，战争却是人类生活中必不可少的组成部分。只有在战争中，人才能表现出崇高的品格。没有战争，世界将陷入自私自利之中去。不用剑去冲击，我们的政治任务是不能完成和无法解决的。"

25岁的曼施坦因同其他新生一样，身穿笔挺的军官制服，正襟危坐，内心里热血沸腾。许多年后，他成为统率千军万马的集团军总司令的时候，小毛奇头戴普鲁士传统的带有尖叉的帽盔，身穿挂满勋章笔挺的普鲁士军服，威严地站在学院礼堂中的形象仍然历历在目，使他永生难忘。

将军的演讲深深打动了年轻军官们的心。演讲结束之后，全场起立、欢呼。因为当时的德国人口增长过快，迫切需要市场和原料来源，需要辽阔的土地来移民，在德国普通民众看来，战争是德国生存下去的唯一手段。对此，曼施坦因深有同感。他已经有9个嫡亲兄弟姐妹了，还有什么比起生存空间对德国人来说更重要呢？

柏林军事学院的学习紧张而又快乐。在这里曼施坦因接受了"新式步兵"战术的训练，老的普鲁士陆军步兵传统的一线式战术，已经在日益强大火力的杀伤之下，宣告寿终正寝，取而代之的是一种新式的散兵战术。正是这种对新技术的及时跟踪，使得曼施坦因在以后的战争中经常能够以新的思维模式来调整和布置战斗。

但对曼施坦因影响更深的事情不是在这些方面。当时，在年轻的军官中，普遍地流行两本非常畅销的书：《德国人与下一次战争》和《统一世界》。这两本书不仅对曼施坦因，而且对他同时代的整整一代德国年轻军官的人生道路，都产生过重要的影响。也许人们从这里可以找出后来的希特勒纳粹党轻而易举地取得德国军官团支持的原因。

这种甚嚣尘上的狂热宣传，非常贴近像曼施坦因这样出身行武家庭的年轻人躁动的心。他们早就倾向于前辈的战功，渴望着为拓展大德意志民族的"生存空间"而大展宏图。

时机很快就到了。

1914年6月，以奥匈帝国哈布斯堡王朝皇位继承人弗朗西斯·斐迪南在塞尔维亚首府萨拉热窝遇刺身亡事件为导火线，第一次世界大战爆发了。

在柏林仅读了1年军校的曼施坦因少尉结束了学业，投身到了大战之中。他被编入第2近卫预备团，任中尉副官。曼施坦因在西线和俄国前线参战的时候负了伤，险些丧命。直到1915年5月，在负伤半年之后，他才返回了前线，不久被送至集团军参谋部

< 年轻的曼施坦因，就读于柏林军事学院。

担任参谋，随后参加了德军对波兰北部的进攻。之后又回到西线担任过骑兵作战科长和步兵师作战科长，获得一级铁十字勋章和霍亨索伦王室勋章。1915年的时候，曼施坦因晋升为上尉。

接着在1915年秋季，曼施坦因跟随所在的集团军和另外一个德国集团军，星夜赶赴加里西亚前线。就是在这场战斗中，年轻的曼施坦因，第一次看到了飞机对于地面攻击的威力。这也是第一次世界大战中，第一次在战场上使用飞机大规模攻击地面目标。德国飞机盘旋在俄国阵地的上空，不停俯冲，不停投弹。俄国人对此毫无办法，很快惨败。德军一举俘虏俄军15万人，并缴获300多门大炮。

东线战事就这样以德国的胜利而初告一段落了。德国立刻把主要兵力调到西线作战。曼施坦因又回到了法国前线，参加了著名的凡尔登战役和索姆河战役。

在此之前，德军总参谋部新组建了第1集团军来负责索姆河战线的防御。这样，曼施坦因得以担任集团军军部参谋，在第1集团军参谋长罗斯堡将军的统领下工作。

曼施坦因当时还不知道，也就是在那里，在索姆河前线战壕的另一端，一个名叫阿道夫·希特勒的陆军下士，也正蹲伏在壕沟之中，把手中步枪的子弹一发发射向法、英联军。曼施坦因当然更没有想到那人日后会成为纳粹第三帝国元首，而他将成为他手下的一名元帅并效命于他。

也是在索姆河会战中，一个对未来的希特勒、未来的曼施坦因元帅以及未来的德国、未来的世界，都将产生重大影响的新兵器和新兵种出现了，这就是英国人创造的坦克和装甲兵。

1917年11月20日6时20分，一个现代军事必将永远铭记的日子。那天，天刚蒙蒙亮，人们还在沉睡中，英军阵地上一片沉寂。突然，从对面传来了巨大的轰鸣声。德国守军睡眼蒙胧地从堑壕中伸出头来望去，只见从英国阵地开过来一片黑压压的怪物。它们喷着火舌，发出巨大的隆隆声，凶猛地驶向德军阵地。壕沟前一道道铁丝网、一道道堑壕竟然根本挡不住它。这些坦克每辆重达28吨。每3辆为1组，1辆在前，两辆在后，相距约180~250米，相互交替，相互掩护，按顺序冲击，骑兵在它的保护下冲锋。这样，就构成了最早的"机械化的骑兵"。

德国士兵从未遇见过这种步兵坦克协同的战术。他们惊慌失措，阵地和支撑点相继失守。英军几乎遇不到真正的抵抗。在短短的5个小时之内，他们就前进了6~8公里，占领了德军的前两道防线，俘虏了约8,000名德国士兵和160名军官，而自己却几乎没有什么损失。在激烈的战斗中，曼施坦因一次次看到身边的战友和士兵相继倒下，强烈地感受到这种静态堑壕战已经永远落伍了。步兵遭受的重大损失是德国所承受不起的，曼施坦因不停地寻找和思考着新的战术观念。

这是一个真正震撼人的奇迹，德国人被震撼了，世界被震撼了，历史也将由此重

▽ 1915年，曼施坦因和他的一级十字勋章。

∧ 面对战火的摧残，德皇威廉二世只得与姐姐奥古斯坦一起逃往荷兰避难。

写。后来，第二次世界大战中，曼施坦因和他的同僚们凭借以坦克战为基础的闪击战，在战争初期横扫了整个欧洲，给世界造成了巨大的损失。

骑兵曾经是冷兵器时代驰骋疆场、所向披靡的骁勇之师。但是，随着军事技术的近代化，步兵中装备了轻、重机枪，炮兵中使用了榴弹，这样，骑手和他们的马匹往往来不及冲到敌人的面前，就被炮弹击中了。

骑兵的日趋没落，步兵在战场上的伤亡太大，必须寻求新的战法。执着于军事研究的曼施坦因细心观察了战场情况，总结了许多战争经验，也得到了最大的教训，那就是："必须，而且肯定会有一个新兵种和新的战术出现，击败和取代盛极一时的骑兵。"曼施坦因不停地问自己，"那会是个什么样子呢？"

1918年11月9日，冯·兴登堡正式会见德皇威廉，告诉他，军队已经没有力量保护国王陛下了。他出于各种政治考虑，提出请德皇退位，前往荷兰避难。德皇威廉接受了这严酷的现实。48小时后，他宣布了退位。

战争终于结束了，曼施坦因所在的师在驻防的东线也放下了武器。作为一个受普鲁士军国教育多年的职业军官，曼施坦因不愿意把德国失败的原因归咎于在战场上浴血作战的德国军人。他认为，德国军队是被与协约国签订停战条约的人出卖了，而真正的德国军队并没有被打败，德国有朝一日会东山再起。曼施坦因苦苦地思索，和很多德国人一样，内心已经埋下了"复仇的种子"。

曼施坦因在第一次世界大战期间，转战过比利时、东普鲁士、波兰南部和塞尔维亚等许多地方，参加过凡尔登、索姆河和艾斯尼会战，并曾身负重伤。他从一名军校在校生、皇帝身边的侍卫，晋升到预备团副官、集团军参谋、骑兵师作战科长和步兵师作战科长，积累了丰富的作战经验。这一段充满了血与火的经历，塑造了他，锤炼了他，在曼施坦因的人生历程上留下了不可磨灭的印记，对他的未来产生了不可估量的影响。

No.2 被希特勒所"征服"

1919～1929年这10年间，和很多德国军人一样，曼施坦因默默工作，但生活仍然相当不愉快，德国国内的政局动荡和通货膨胀使他不能再继续享受贵族式的生活。像曼施坦因这样的家族都尝到了破产和饥饿的滋味，就更不用提德国社会的中下层了。1929年10月24日，美国华尔街股票市场突然崩溃，德国的贷款到期，又不能重新借贷，经济的萧条使德国无法出口足够的东西来换回所需的原料和粮食，失业人数大增，人均收入下降一半。德国人迫切需要改变现状，迫切需要新的领导人。

1933年1月30日，希特勒登上了总理的宝座。1934年8月，德国总统兴登堡去世后，希特勒集国家大权于一身，成为德国的"元首"。野心勃勃的希特勒并未因此而满足，而是利用手中的权力加快了"征服世界"的步伐。为了培植"亲信"为即将到来的战争做准备，希特勒积极提拔"年轻有为"的军官。希特勒需要一种新的作战方式。曼施坦因此时正致力于一种新的兵种（后来被称为"坦克兵兵种"）的研究，而且取得了很大成效，因此在军队里的升迁速度明显加快。

1935年5月21日晚上，希特勒颁布了秘密的国防法，彻底改组了魏玛时期的国防军，改称武装部队，元首和总理是武装部队的最高统帅。在改组武装部队两个月之后，希特勒升任曼施坦因为德国陆军参谋本部主管作战的第一厅厅长。他在这个位置上积极参与各项实质性的工作，协助制订了德军武装进驻莱茵地区的计划。

1935年秋天，还在曼施坦因任陆军参谋总部主管作战的第一厅厅长的时候，他最先建议，成立一个新的突击炮兵种，担负对步兵的密切支援任务, 而装甲车的上面则架设一种火炮, 攻击敌方据点。但是, 他的这个报告太独出心裁了, 是以前军事史上从未出现过的。而且, 陆军总司令、参谋总长、军务署、兵工署的首长都是炮兵出身的, 他们很难接受这一想法, 因此立即受到了陆军总部的一致反对。

但是, 步兵对曼施坦因设计的这一新式武器很感兴趣。最后, 这一计划被批准了。新突击炮终于成为炮兵的一个分支, 在此基础上, 装甲兵也使用了这种装甲战斗车辆。曼施坦因的这一设想后来影响了整个战争史的发展。后来, 它在第二次世界大战战场上发挥了威力。据统计, 到了1944年年初, 它大约击毁了两万辆敌人的战车。到了1943年之后, 这种装甲战斗车辆也大量为苏军所仿效和使用, 成为战争中重要的武器。

1936年10月, 希特勒将曼施坦因晋升为少将, 出任德国陆军参谋总部第一军需部部长, 不久又升任德国陆军总部首席副参谋总长。这是他直接接触德国军界的高级决策机构的开始。他的直接领导者是陆军总司令弗立契将军和陆军参谋总长贝克将军。曼施坦因担任德军首席副参谋总长的这段时期, 是第三帝国的历史中一个重要的时期。也是在这个职位上, 曼施坦因初步发挥了自己的才华。他曾经负责拟定抵抗法军侵入的计划和抵抗法捷两军联合侵入的计划。后来, 希特勒在吞并捷克时, 充分参考了这个计划。在这段时间内, 不仅德国的扩军行动进展迅速, 而且德国的战役战术理论也有所创新。曼施坦因对此也做出了重大的贡献。随着时局的发展, 而且也因为曼施坦因的才能逐渐外露, 他更加引起了国家元首的注意。

冯·弗立契将军是1933年秋天开始担任德国陆军总司令。此前曼施坦因就曾跟随过这位将军。曼施坦因非常欣赏他优雅的骑士风度, 认为他聪明谨慎、也很了解战略和战术, 而且对部下和蔼可亲。但是不久以后, 希特勒和他的亲信戈林开始对军队进行清理。1938年2月间, 在希特勒大肆扩张德国军备的时候, 弗立契率先遭殃。戈林找个借口, 免去了其陆军总司令的职务。曼施坦因因平时与弗立契私交很好, 也受到了牵连, 被解除了在陆军参谋部中的职务并被调离陆军参谋总部, 改任驻李格尼兹的德国陆军第18师师长, 但仍暂时在参谋部帮忙, 所以没有真正意义上离去。

1938年3月7日上午, 希特勒急召曼施坦因, 想听听他对入侵奥地利的意见。在这次近距离的接触中, 曼施坦因被希特勒所 "征服", 从此成为深受希特勒器重的 "得力干将"。曼施坦因是第一次如此近距离地接触希特勒, 对他印象很深。尤其是希特勒对于武器的发展特别感兴趣, 他愿意对战车和战防武器的改进和生产给予极大的支持, 这正是曼施坦因梦寐以求的。

在希特勒的授意下, 曼施坦因和参谋总长贝克等一起, 星夜不停地制订入侵奥地利的行动计划。在入侵奥地利的计划制订完毕并很快成功实现后, 曼施坦因于1938年4月离开权力集中的柏林, 到了陆军第18师。这是一个新建的师, 从此, 他再也不用

> 52岁的曼施坦因。

像以前只做一名总部机关的高级副官，而是独立地担任师级主官。对他来说，这种经历对以后的发展是非常有用的。

No.3 初露锋芒

　　1939年9月1日，德国军队对波兰发动了突然袭击，第二次世界大战爆发。德军闪击波兰的军事行动是由南方集团军群和北方集团军群共同完成的，其主力为南方集团军群。大战爆发前夕，已升任中将的曼施坦因出任伦德施泰特南方集团军群的参谋长。大战爆发后，他与伦德施泰特默契配合，成功而又创造性地执行了闪击波兰的"白色作战"计划。"白色作战"计划的战略企图是：利用快速兵团和优势航空兵，实施突然袭击，一举灭亡波兰。德军最高统帅部计划是，首先分割和歼灭维斯瓦河以西和华沙以北的波军主力，夺取上西里西亚工业区和波兰的海军基地格丁尼亚。尔后，从南北两个方向展开进攻，歼灭波军残部，占领华沙和波兰全境。为此，德军准备从两个方向实施钳形突袭：一个从西里西亚和斯洛伐克向华沙总方向实施突袭，另一个从波莫瑞（也称波美拉尼亚）和东普鲁士实施向心突袭，其任务是歼灭维斯瓦河和那累夫河以西的波军，从北面包围华沙。

　　1939年9月1日，德军发动进攻，德军兵分三路，突破波军防线。德军航空兵首先袭击了波兰的21个机场，将对方的飞机大部分摧毁，并以大量轰炸机密集突袭波兰的战略中心、交通枢纽和指挥机构，使波兰遭到严重破坏。波军统帅部曾决定在西布格

∧ **德国军队兵压波兰。**

河、维斯瓦河、桑河一线组织抵抗，但未能如愿。波军节节败退。

进攻发起之后的最初几个小时内，曼施坦因如坐针毡。他在紧张地思考：自己辛辛苦苦建立起来的部队，能够不辜负自己的期待吗？尤其是这次使用了如此大规模的全新兵种——装甲部队，他们会达到预期的目标吗？会尽如人意吗？战争在德波边界打响之后，法国人会不会在后面实施攻击呢？作为集团军群的参谋长，他不能老是向下属各军团、各军师询问战况的进展，只能静静地等待最后的消息。不久，第一批战报终于传来。让他欣慰的是，攻势的进展与曼施坦因制订的进攻计划大致吻合。曼施坦因按照"白色作战"计划把南方集团军群的兵力分成了三路，第一路的第10军团，所辖的5个军从西里西亚进攻，后面是集团军群总预备队的第7军。

南方集团军群司令部给德军第10军团规定两个目标，其右翼的目标在于击败波兰拉登附近的波军；左面的一支，负责切断波军从罗兹地区到华沙的退路，以防波军主力退守华沙。到了9月9日，第10军团基本完成了任务，包围了波军的整整1个军团7个师。尽管波军奋力突围，还是在9月12日悉数被歼。这一战，德军共俘房波军6万余人，缴获火炮130门。

第二路德军由第14军团从格里西亚突破，渡过桑河，从南面扫荡维斯拉河一线的波军，并与北方集团军群的东翼会合。不过，第14军团的作战没有想象的那样顺利，并且可以说进行得相当艰苦，尤其是布歇将军的第8军对波兰国境要塞的攻击。直到9月15日，德军才攻占了波兰的卢俄和普里齐斯尔地区，基本歼灭了这一地区的波军，从而和北方集团军的左翼取得了联系。

第三路担任接应，由第8军团下辖第13军和第10军以及党卫军摩托化师，对整个南方集团军群，从北面给予纵深梯次的保护。

在战役开始后的前9天，战斗进展顺利，都是按照曼施坦因事先制订好的作战进度表进行的。

但情况渐渐发生了变化。波兰军队终于回过了神，迅速在波兹南省区集中了强大的兵力。曼施坦因审时度势，当机立断，在9月8日和9日，两次指示南方集团军群北翼的第8军团的参谋长，要他特别注意北面的搜索。9月10日清晨，波兰军队果然从北面发动了奇袭。他们的兵力相当强大，几乎要把德军已经占领的罗兹城重新夺回去。第8军团请求增援。

但是，曼施坦因暂时不答应第8军团的这一请求。他认为，有一个局部严重的危机发生，不仅不会对整个作战产生重大影响，而且反而会给南方集团军群提供一个赢得重大胜利的机会：既然波军主力在维斯拉河以西投入战斗，那么德军可以在这个地区集中兵力，一举将他们歼灭，从而让波军再也无力在华沙城下再建战线。

总司令伦德施泰特同意了曼施坦因的意见。他因此不忙于直接增援第8军团，而是开始了一个包围该部波军的计划。他投入集团军群总预备队的两个师，向东迂回，在附近的一个轻装师也被抽调出来，担负包围的任务。而已经抵达华沙南部的第16装甲军、第10步兵军，也立刻转过头来从东面投入对这支波军的围攻。而第8军团的任务就变成了拖延波军，等到德军形成合围之时，才转入反击。

可第8军团因此就要承受波军相当大的压力。为了激励前线德军的士气，伦德施泰特上将与曼施坦因居然亲临第8军团司令部督战。由于这个战斗计划关系过于重大，两人决定直接指挥这一战役。

9月18日，针对波兰的反攻开始了，而且波军西逃的退路也被切断了。为了有把握起见，曼施坦因向陆军总部请求北方集团军派出德军第3军，从北面渡过维斯拉河，加强对波军后背的攻击。

波军四面被围。他们开始企图沿着维斯拉河撤向华沙的门户——莫德林要塞。曼施坦因又紧急从拉登地区抽出第15摩托化军，封锁了这条路线。

波军几次尝试着突围。先是向南，然后是向东南，最后又转向东北，但都无功而退。9月18日，波军完全崩溃，战线沉寂下来。9月20日，各军团上报此次战役的战果：第10军团俘虏了9万人，大炮320门，飞机130架和战车40辆；第8军团也俘虏了9万波军，装备不计其数。波军在此战役中，共损失了9个步兵师、3个骑兵旅，另外几个师的兵力也被击溃。

下一个目标就是华沙。随着布楚拉河会战波军的惨败，莫德林要塞的波军将要收缩回华沙。南方集团军群的下一个任务就是在波军撤退的途中消灭他们。

17日那天，德国电台广播了限令华沙当局于12小时内投降的最后通牒。此时，波兰政府和波军统帅部早已撤出华沙。但是，为了保持最后的政治效应，波军统帅部命令必须对该城死守到底。

曼施坦因亲自指挥了这次战役。他要求奉命攻占该城的德军第8军团，大致沿华沙城的圆环式铁路进逼，对华沙构成一道严密和连续的封锁线。为了避免华沙城内的巷战，他建议使用德军优势的炮兵和飞机轰炸的联合效力，来迫使华沙投降。如果还不奏效，则采取断水断粮的方法，从而达到最终目的。

9月25日，德军开始向华沙外围的要塞、据点以及重要补给中心发动炮击。随后，局部的攻击也开始了。但是，与此同时，在波兰方面，为了配合华沙保卫战，华沙西南的波兹南、托斯、罗兹等地共约10个师的波军残部，会合起来对华沙南面的德军进行了反击。

9月26日，德国空军开始向华沙城内散发传单，警告该城即将受到轰炸，并要居民投降。因为波军仍继续顽强抵抗，所以在同一天下午，德国空军开始轰炸华沙。这果然是无法抵挡的绝招。

9月27日中午，伦德施泰特和曼施坦因视察了曼施坦因以前当师长的第18师。也就是在这个时候，他们听到了波军愿意投降的消息。

这正是曼施坦因和他的元首所期待的。虽然在格里西亚东部和桑河下游的波军，还不时有零星的抵抗，但战争仍是接近尾声了。

9月28日，波兰守军司令与德军第8军团司令布拉斯柯维兹将军之间签订了降约。这个降约保持了一定的古典的骑士风度。它保证，对于平民人口和负伤的波军，应立即予以救济；对于英勇的被俘虏的波军，应该尽量维持其军人的荣誉。军官被准许保留自己的军刀，士兵在完成必要的处理之后，就可以获得自由。

波兰战役结束了，83万波军全部覆没。南方集团军群一共俘虏波军52.3万多名，野战炮140门，机关枪766挺，飞机274架，坦克96辆以及许多其他武器装备。南方集团军群死亡、负伤、失踪军官1,260人，士兵3万余人。这是德军"闪击战"思想的胜利，也是伦德施泰特和曼

∧ 波兰士兵开赴前线，准备与德军作战。

∧ 华沙街头，希特勒狂妄地检阅着德军。

> 不幸被俘虏的波兰官兵。
> 战斗中牺牲的波兰官兵。

施坦因创造性地执行闪击波兰的"白色作战"计划的结果。曼施坦因已表现出了他出色的军事才华。

在波兰战役中，担任南方集团军群参谋长的曼施坦因提出的一些非常合理的建议，譬如曼施坦因所在的南方集团军群连续围歼波军主力，均被采纳；在德军合围华沙后，又是曼施坦因建议德军使用炮兵和空军轰炸以及断水、断粮等手段进攻华沙以逼迫波兰投降，避免了惨烈的城市巷战。这些对迅速战胜波兰，减少德军损失，起了重要作用。

10月5日，也就是华沙陷落的第8天，威风凛凛的德国元首希特勒在华沙城内举行了一次盛大的阅兵式，所有驻扎在该城附近的各师都参加了这次庆典。曼施坦因协同伦德施泰特，以集团军群负责人的身份参加了典礼。

波兰战役以德国的彻底胜利结束了。但是，作为战役负责人之一的曼施坦因却要忙着总结战争的经验与得失。他指出："德国之所以取得成功，进军速度是一个非常重要的因素。而速度又取决于大量地使用坦克部队，坦克部队使用的成功，又取决于它的非传统用法。空军的支援、步兵与装甲兵的成功协同也是一个原因。""实际上，真正成功的原因在于，德国军人发现了一种方法使战争从第一次世界大战的静止模式中解脱出来，在新工具——装甲部队的帮助下，发明了机动作战的战争艺术，这才是德国成功的真正秘密，也是'闪击战'的精髓。"

他说出了事情的全部实质、全部奥秘以及全部的意义之所在。1939年10月21日，曼施坦因奉命到设在左森的陆军总部去接受新的作战命令。

No.4 曼施坦因与"曼施坦因计划"

波兰战役之后，曼施坦因制订了入侵法国的著名的"曼施坦因计划"。

波兰灭亡之后，法西斯德国就开始策划对西欧的进攻。为此，1939年10月9日，希特勒下达了第6号指令，随后陆军总司令部拟制了行动计划，代号为"黄色方案"。这个计划完全是模仿1914年第一次世界大战时的"史里芬计划"，即通过比利时的中部向法国首都巴黎实施主要突袭。在曼施坦因看来这将很难出奇制胜，并认为他们这一代人居然制订不出一个较好的方案来，而去照抄老文章，实在是一种耻辱。更何况这个"黄色方案"在1940年1月，一名携带西线作战计划的德国军官因座机迷航在比利时迫降时，被英、法军截获。在这种情况下，德军的行动更无出奇制胜的可能了。因此，当时担任A集团军群参谋长的曼施坦因认为，如果再执行这一计划，势必很难达成战略的突然性。他不顾陆军总参谋长哈尔德等高级将领的反对，经认真分析作战双方情况后建议，德军应从地形比较复杂但能出敌不意的阿登山区实施主要突袭，突袭色当后向圣康坦、阿布维尔发展进攻，直插加莱海峡，围歼比利时境内的盟军，为最后打败法国创造条件。这个计划以装甲部队为先锋，以A集团军群为主力，在兵力兵器上应多给A集团军群加强。这个计划得到了A集团军群司令伦德施泰特的支持，并以集团军群的名义从1939年10月至第二年1月先后6次向陆军总部提出建议，但均未得到上司的肯定。

陆军总部对曼施坦因一再要求改变作战计划深表不满，决定寻找一个机会把他调离集团军群参谋长的岗位。这时新建的步兵第38军刚巧缺少军长，于是曼施坦因便于1940年1月27日被任命为该军军长。但是，曼施坦因并未因此而放弃自己的意见。

1939年10月21日，曼施坦因到左森的陆军总部去接受"黄色作战命令"任务，感觉到陆军总部低沉的情绪，这与刚刚在波兰取得的胜利的喜庆气氛极不融洽。

陆军总参谋长哈尔德上将向曼施坦因谈起陆军总部对这个进攻西线的"黄色作战计划"并没有信心，他们根本就不相信德军能在西线取得决定性的胜利。这个计划只是在希特勒的屡屡催促之下才制订和颁发的。这让曼施坦因非常震惊。在刚刚指导过德国军事史上最卓越的战役之一后，陆军总部在最高统帅部中的地位就下降得如此之低，这种情况确实令人困惑。

原来，在9月27日，希特勒事先没和陆军总司令商量，就直接向三军各总司令宣布，他已经决定在秋季发动西线攻势，准备进攻荷兰、比利时和卢森堡三国。陆军总部无奈地接受了这一既成事实，于1939年10月9日，向部队重申了希特勒的这一决定。

1939年11月中旬，古德里安将军的第19军军部移到科布伦兹，改归A集团军群指挥。曼施坦因因此和古德里安有了较多的接触。

为了鼓起高级军官对战争的狂热，希特勒于11月23日在柏林进行了一连串的讲话，听众都是三军的将领。他说："空军的将领们在戈林的领导下，是绝对可靠的；海军的将领也可以信任，但是党对于陆军的将领们却并不敢这样的信任。"刚刚进行完波兰战役的陆军将领对此事感到非常不公平。大家的意志开始消沉了。

　　1939年11月的一天，曼施坦因找到了古德里安，把自己对西线作战的想法说给他听，这就是著名的"曼施坦因计划"的雏形。其核心主要就是利用强有力的德军坦克部队，经过比利时南部的卢森堡，迅速兵临色当，突破法国精心打造的马奇诺防线，将整个法国战线一分为二。

　　这是一个大胆的计划。甚至在1939年9月下旬，波兰战役快要结束的时候，陆军总部拟定的说明文件还认为在1942年以前，德国陆军都不可能获得突破马奇诺防线所需的装备。

　　比较幸运的是，希特勒从其他渠道或多或少地了解到了"曼施坦因计划"的有关情况。就在10月底，他的侍卫长希孟德查看天气，曼施坦因的作战处处长布鲁门提特上校和特雷斯考中校，曾向希孟德透露过他们的计划，并说这个计划比陆军总部的计划更为可行。

　　1939年12月的下半月，天气依然恶劣，德军不可能在西线发动任何攻势。曼施坦因回到李格尼兹的家中，与妻儿一起过了圣诞节。过完节之后，曼施坦因在从李格尼兹返回科布伦兹的集团军群司令部途中，顺便去左森的陆军总部，看自己的计划草案是否起到了作用。但陆军总部的官僚们并无任何实质的措施。

　　1940年新年伊始，天气开始晴朗了。希特勒的气象专家又开始活跃起来。眼看自己的建议将无法得到采用，曼施坦因在1月12日，紧急递送了一份题为《西面的攻势》的备忘录给陆军总部。

　　他想把自己的计划变成陆军总部的计划，然后由他们向元首提出。

　　1月27日，曼施坦因接获通知，说他已经被从A集团军群参谋长的位置上调离，被任命为陆军第38军的军长，军部设在德国国内。他的命运开始发生了改变。

　　1940年2月1日，曼施坦因出任了德军第38军军长。按照"黄色方案"，德军集中使用装甲部队穿越阿登森林，然后迅速占领马斯河的桥头堡，并向东进攻迂回马奇诺防线，很快地将法军切断在北部，"欧洲的头号军事强国"只1个月就溃败了。法兰西战役的迅速胜利无疑要部分归功于"曼施坦因计划"的出奇制胜。

　　2月9日，曼施坦因完成集团军中的事务，离开了位于科布伦兹的集团军群司令部，回到了李格尼兹家中。2月17日，在家中修养了几天之后，曼施坦因奉召前往柏林，以新任军长的身份向希特勒报告。

　　希特勒在柏林的总理府大厅接见了几位新上任的军长。接见之后他在总理府餐厅举行宴会宴请大家。宴会结束后,曼施坦因和大家一起起身告退时,希特勒留住曼施坦因,请他到自己的书房中去。

在那里,希特勒请曼施坦因谈了他的西线作战计划。曼施坦因感到了某种希望。他慷慨陈词,把自己的计划详详细细地讲了一遍。令他更加振奋的是,希特勒对曼施坦因所表达的意思,理解非常快,并且表示完全同意。

回去之后,曼施坦因立即把他与元首谈话的内容写成报告,送给A集团军群总部作为参考。这就是比较成熟的"曼施坦因计划"。这个报告送上去的时候,曼施坦因觉得积压在心中许久的郁气散去了,心里舒展了许多。

曼施坦因在A集团军群司令伦德施泰特同意下制订了入侵法国的计划——"镰刀计划",也被称为"曼施坦因计划"。1940年2月24日,德军最高统帅部发布了一道指令,正式采纳了曼施坦因的意见。经过修改后的作战计划,主要进攻方向将通过阿登山区,首先攻占荷兰、比利时、卢森堡和法国的北部,尔后再从西、北两个方向进攻巴黎;在马奇诺防线正面,则以佯动进行牵制,待主力攻占巴黎绕至该防线侧背时,再进行前后夹击,围歼该地法军。

他渴望着下一次战争,渴望着在波兰战役中崭露头角的装甲兵和闪击战再一次得到实践。让曼施坦因遗憾的是,这个新的作战命令不再经他自己的手,而是直接传达给担任主攻的A集团军群了。

战前,为了实施计划,德军根据在波兰战场上的经验,秘密地进行了改装和训练。他们将机械化师减掉了1个团,坦克改为16吨和22吨两种,基本上都是轻型的。法国人对此还被蒙在鼓里。

∨ 正在检阅准备入侵西欧德军的曼施坦因。

∧ 德军骑兵部队通过法国巴黎凯旋门。

　　1940年5月初，天气非常暖和，法比边境的安德内斯山地冰消雪化。前线的德、法两军士兵早已经换掉了臃肿的冬装。西部前线一派和平景象。

　　但是，5月10日凌晨4时30分，让法国人做梦都没有想到的是，德国空军突然对荷兰、比利时、卢森堡和法国北部的72个机场实施了猛烈的轰炸。转瞬之间，德军牢牢地掌握了制空权。

　　仅仅20分钟之后，德军地面部队就展开了全面的进攻。

　　担任色当方向主攻的是A集团军群的64个师，B集团军群的28个师则担任实施荷兰、比利时方向的助攻，C集团军群的17个师配置在马奇诺防线的正面，牵制法军的主力。此外，另外27个师做战略预备队。

　　战争进行得如曼施坦因所盼望的那样。5月12日，德军A集团军顺利通过了安德内斯山地，直逼马斯河。5月14日，在航空兵的掩护下，德军装甲兵团在色当附近突破了法军防线。法军第9集团军司令部被歼，部队失去指挥，乱作一团。德军乘胜追击，以每昼夜30~40公里的速度向前推进。最可笑的是，德军第7坦克师在快速的推进中发现了法国军火库，而尚不知道消息的法军哨兵还以为是自己的部队。

德军的高速度超出所有法国人的想象。德军经过某些村落时，有些居民还以为是盟军英国人，甚至出门欢迎。德军经过法军的一个高射炮部队驻地时，法军卫兵还向德军敬礼。又经过一个兵营时，法军全在睡觉，一个德军军官走进去，把全体士兵集合起来，他们以为是上面传达命令，还没有明白过来是怎么回事就已经被解除了武装。

在德军迅猛的攻势下，卢森堡"不战而亡"。

荷兰于5月14日投降。

5月17日，比利时首都布鲁塞尔被德军攻陷。

之后，德军立即南下向法国腹地进攻。6月3日，德军航空兵向法国机场和后方实施了猛烈的突袭。在这里，德国人遇到了一点点小麻烦。6月5日拂晓，德军在实施了数小时的炮火准备之后，展开了进攻，连续攻击3天，未能突破。德军又将B集团军群的22个师投入战斗，才突破了这一防线。

至此，A集团军群、B集团军群从西、北、东三面包围了巴黎，直接威胁马奇诺防线的背后。

法国政府于是决定撤至图尔，外交部开始焚烧档案。法国政府宣布巴黎为不设防城市，弃城南逃。

6月14日，德军不费一枪一弹，兵不血刃，就占领了巴黎。这甚至是德国人自己事先都不曾预想到的结果。

这时，A集团军群一部和C集团军群前后夹击，攻陷了马奇诺防线。6月17日，C集团军群进至马恩—莱茵河上，A集团军群占领了凡尔登，法军50万人被包围在阿尔萨斯和洛林南部，除少数逃往瑞士之外其余全部被歼。

但是，作为战役计划设计者的曼施坦因，却品尝不到胜利的滋味。5月10日，曼施坦因率领第38军军部奉命移驻布仑斯维克，不久又移至杜斯尔多夫，并由B集团军群和第6军团指挥。

在以后的几天之内，曼施坦因还是没什么要紧的事可做，只是到处闲逛，视察已经被德军攻克的比利时要塞。这些要塞有些是他在第一次世界大战时就到过的地方。这让他感慨万分。

5月16日，在B集团军群辖下百无聊赖的曼施坦因又接到了新命令，他的第38军又改由A集团军群指挥。听到这个消息，他万分高兴。

第二天，曼施坦因立刻向他的老长官伦德施泰特上将报到。在那里，他受到旧日同僚的热烈欢迎。他们热情地向他介绍了通过安德内斯山地和渡过缪斯河的作战情况。

他们安慰他、恭贺他，新计划的每一步都按照他计划的基本点顺利进行着。第

38军拨给A集团军群的第12军团指挥,担负向西直趋索姆河下游的任务。

曼施坦因已经不再是旁观者,而是开始指挥几个师,加入了战斗。他率领第38军军部前推到了克里尔夫,一个风景如画的卢森堡小城。但是,他们只是被要求,紧紧跟在德军第2军团后面走。这个任务根本不能满足曼施坦因的胃口。此时是即将进入决定胜败的关键时刻。让他担负这种无关大局的任务,使他多少有些灰心丧气。

从5月25日起,第38军又开始执行警戒克莱斯特第14装甲军和另外两个德军装甲师后方安全的任务,地点在艾贝维里—艾斯敏地区的一个桥头阵地。

在交接完毕还不到1个小时,这个桥头阵地受到联军猛烈的攻击。到了下午,曼施坦因指挥第一次上战场的部队,费尽力气才把联军击退,击毁了几辆法军重战车和30余辆英军的轻型和中型战车。在这次小型防御战中,曼施坦因军里有一位叫作布林弗斯的炮手,他一个人就击毁了9辆装甲车辆。曼施坦因高度赞扬了他,并在战役结束后亲自把一枚德国武士级十字勋章戴在他的胸前。

担任桥头堡防御期间,曼施坦因的第38军配属于克鲁格的第4集团军。他不满足于待在那里被动地等候敌人的进攻,而是不断地向克鲁格请求渡河出击,以阻止敌军构筑坚固的防御阵地。克鲁格是一个犹豫不决的人,没有听从曼施坦因的请求。在以后的几天当中,第38军在桥头堡中都被动地等待敌人的进攻。

6月初,A集团军群和第4集团军终于同意第38军越过桥头堡,歼灭守在河对岸的敌军。曼施坦因用自己的高倍望远镜,仔细观察了河对岸的情况,突然发现除了渡口之外,对岸其他地方却很少有法军兵力,于是就命令摸索营中的一个中队从河的下游去泗水过河。听从了军长的命令,整个中队的士兵悄悄摸到渡口的下游,脱掉衣服,把武器和衣服顶在头顶上,跳入河中,向对岸游去。这完全出乎法国守军的意料之外,德军迅速完整地拿下了渡口上的桥梁。

当天夜里，38军军部接到了所属第6和第27两个步兵师中的搜索部队都已经渡过了罗里河的消息。

但就在6月23日，从后方传来了惊人的消息：法国已经投降，与德国在贡比涅森林的车厢中签订了停战协定。

1940年6月22日，在法国小镇贡比涅，法、德两国签署停战协定。希特勒决定不在镇上著名的城堡举行签字仪式。仪式是在一节火车车厢里进行的。第一次世界大战德国战败后，就是在这节车厢内，德国向协约国投降，希特勒认为德国曾在此蒙受了巨大的屈辱，也必须让法国人尝到这个滋味。法军放下武器的那一天，德国人擦去了心头的一缕黑暗的痕迹：1918年11月11日，德国同法国福煦元帅在贡比涅森林中的专车上签订了降约。现在，法国人又在同一地点的车厢中签订了自己的降约。只不过是角色对调了一下。

法兰西的战役终于暂时结束了。曼施坦因以德军第38军最高指挥官的名义，向各师签发了一个嘉奖令，以表彰其自我牺牲、勇敢合作的精神。

7月19日，曼施坦因以及所有的高级将领都被召往柏林，去参加德国国会的开会典礼。希特勒在典礼上正式宣布西线战役已经结束，同时为了表示国家对军人的感谢，给了一部分高级军官以极高的荣誉。

7月25日，曼施坦因获得骑士十字勋章。

同时，他的第38军也接到了新任务。他们将移驻法国西北部的海岸边，准备入侵英国。他立刻回去准备，没想到这一准备，就是半年。

1941年春季，从陆军总部传出了风声，对曼施坦因将另有任用。

No.5 撕开战场的闪电

征服苏联，独霸欧洲，这是法西斯德国蓄谋已久的国策，也是希特勒梦寐以求的目标。为此，法西斯德国进行了长期的政治经济和军事准备。早在1940年12月18日，希特勒就发布了第21号训令，制定了侵苏的"巴巴罗萨"计划。

1941年2月，曼施坦因任新组建的第56装甲军军长。这正是曼施坦因多年来梦寐以求的。5月间，他接到了对苏联战争的作战命令。这个命令没有具体细节，只是指示他的56装甲军从属于第4装甲兵团。这一计划就是历史上著名的"巴巴罗萨"计划。巴巴罗萨是12世纪神圣罗马帝国皇帝的名字，希特勒用他的名字为侵苏计划命名，无非是想给这次战争涂上圣战的色彩。"巴巴罗萨"计划的总目的是：在对英的战争结束以前，以坦克、摩托化部队及航空兵部队实施"闪电"式的突然袭击，分割围歼苏联西部苏军主力，尔后向战略纵深发展进攻，攻占列宁格勒、莫斯科和顿巴斯，前出至伏尔加河—阿斯特拉罕一线，于1941年入冬前结束战争。

1941年6月16日，曼施坦因到达了第56装甲军的集结地区。他的顶头上司，第4装甲兵团司令克鲁格上将向曼施坦因下达命令，要求第56装甲军应从米美尔河以北、提尔希特以东的森林地区向东突破。

以后的几天内，曼施坦因的部队全部进入进攻出发阵地，完成了一切进攻的准备。曼施坦因命令各师对武器装备以及携带的弹药和油料做了最后一次检查。

这时，曼施坦因接到了一个从最高统帅部发来的命令。这就是历史上臭名昭著的"政委命令"，它要求对苏联战争开始之后，为了表示德军对布尔什维克的痛恨，要把俘虏的苏联军队中政治委员和其他政工人员一律就地枪决。曼施坦因和其他德军高级将领抵制了这个命令。他们认为，把俘虏就地枪决，违反了军人传统的职

∨ 正在与手下将领一起研究进攻计划的曼施坦因。

业道德。

1941年6月22日，恰好是星期天。凌晨4时，德军对苏联的进攻开始了。德国的飞机齐鸣，对苏联西部的重要城市、交通枢纽、桥梁渡口和军事基地进行了猛烈的轰炸。接着，在猛烈的炮火准备之后，德军数十个坦克师和摩托化师，在巴伦支海到黑海3,000公里的正面发动了进攻。仅仅在22日的上午，苏联西方军区就失去了指挥，被迫节节后退。

在飞机轰炸和猛烈的炮火准备之后，曼施坦因命令部队发起冲击。最初，他只遇到了轻微抵抗，但不久碰到了苏军构筑良好的碉堡群。因此，直到中午12时，第8装甲师才在米美尔河以北通过了碉堡封锁线。

曼施坦因一路上查看了被德军摧毁的苏军防御工事。从现场的迹象来看，在苏军的防御纵深虽然有为数不少的兵力集结，但显然没有做好对德国发动进攻的各种准备。

在指挥车上用过了简单的午餐后，曼施坦因摊开随身携带的作战地图，用手指指着苏联境内的一条弯弯曲曲的蓝色曲线说："这里距离苏德边界约80公里，在进攻的第一天就必须出其不意地占领这个地方。"他手指的地方就是艾罗果拉渡口。要拿下维拉河渡口就必须通过这里。他非常熟悉这里，在第一次世界大战中，曼施坦因就在这里与沙俄军队作过战。于是他命令部队加快速度。他希望能够在苏军缓过劲来之前拿下维拉河渡口，最迟不超过攻击发起的第一天的日落之前。这样，他指挥的第56装甲军就能力拔头筹。终于，曼施坦因在黄昏时分达到了渡口，他看着一辆辆坦克轰鸣着通过完好无损的大桥，不禁长长地舒了一口气。

冒险是曼施坦因的一贯作风。他命令第56装甲军所属各师不顾左翼的第18军团和右翼的第16军团，不怕侧翼被攻击的危险，一鼓作气地冲到目的地维拉河渡口。

他运气很不错，因为他所选的路线，恰好是苏军防御薄弱的一段。第56装甲军在曼施坦因指挥下兴冲冲地往前赶路。不过，这时小心谨慎的第4装甲兵团司令克鲁格上将开始担心他们超过了两翼的德军太多，在前面可能遇到苏军预备队的反攻。

但显然这不是曼施坦因的性格。他不理会克鲁格的忠告，命令部队继续快速前进。

6月26日，守卫在维拉河渡口大桥的苏军士兵，突然望见远处公路上驶来一列不太长的车队，车上载满了穿着苏军军服的士兵，车辆上也涂着苏军的标志。哨兵拦住了车队询问，车上的人自称是从前线撤退回来的苏军伤兵，有几个人还亮出了缠满绷带的胳膊。于是哨兵挥手放行。但谁知道，在这些车驶过大桥的时候，这些伤兵突然从车上跳了下来，用枪逼住苏军士兵，缴了目瞪口呆的苏军守卫分队的械，然后脱下了身上的苏军服装，扯下了身上的绷带。苏军士兵这才发现，这竟是一队化了装的德军第8装甲师的前卫部队。原来这也是曼施坦因的妙计。这件事不久就传到了元首那里，希特勒也不禁点头称赞。其他部队也效仿这种方法组建了一些伪装部队，成为战争初期德国著名的"影子部队"。

1941年6月22日至26日，苏德战争爆发后，曼施坦因指挥的装甲军向苏联境内纵深推进了320公里，攻占了多纳河上的桥梁后，几乎就冲进了列宁格勒，这为他赢得了"闪电伯爵"的称号。6月27日，好消息继续传来：第3摩托化步兵师攻克了维拉河上游的另一个渡口，这样，第56装甲军的任务圆满地完成了。

9月，曼施坦因出任南线德军第11集团军司令，隶属于伦德施泰特元帅指挥的德军南方集团军群。他指挥着第11集团军成功地向南推进攻陷了克里米亚，俘虏苏军士兵43万。到11月16日，完全占领了除塞瓦斯托波尔要塞外整个克里米亚。冬季来临的时候，曼施坦因又顶住了苏军的反击并继续向南推进。

1942年7月1日，曼施坦因的部队占领了塞瓦斯托波尔要塞。他自称在塞瓦斯托波尔俘获了10万苏联士兵，但据战后苏联方面的资料显示许多被俘的并不是真正的军人。

功勋卓著的曼施坦因被晋升为德国陆军元帅。7月下旬，第11集团军被转到北线，加入到北方集团军群。1942年8月，曼施坦因负责指挥德军进攻列宁格勒。这一时期，曼施坦因建立的军功可以用"辉煌"二字来形容。

No.6 "二战" 的转折点

1942年11月19日，苏联红军在斯大林格勒转入反攻。7时30分，大雾弥漫，大雪纷飞，苏军西南方面军和顿河方面军开始了冲击前的80分钟的炮火准备，接着实施突击，揭开了反攻的序幕。11月20日，斯大林格勒方面军在斯大林格勒以南转入反攻，顺利突破了德军的防御。第51集团军下辖的机械化第4军于22日突进到苏维埃茨基，23日该机械化军与西南方面军坦克第4军在卡拉奇、苏维埃茨基会合，合围了德军第6集团军和坦克第4集团军的一部分，共22个师、总计33万人。苏军很快构成了绵亘的合围对内正面。从11月24日至30日，顿河方面军和斯大林格勒方面军对被围在斯大林格勒附近的德军展开猛烈的攻击，将其压缩在约1,500平方公里的地域内。德军的处境非常危急，指挥德军第6集团军的保卢斯上将，在情况危急的形势下，曾一度请求撤退，但遭到了希特勒的拒绝。在第6集团军和坦克第4集团军部分兵力万分危急的情况下，希特勒一面三令五申要保卢斯上将原地坚守，一面又把全部希望寄托在了曼施坦因身上。他指望曼施坦因能够冲入斯大林格勒，从而扭转形势转危为安。于是曼施坦因的第11军团，又从维特布斯克向南调往诺沃切尔斯克。克里米亚战争以来，曼施坦因的部队一直被希特勒调来调去，哪里的战势紧张，就调他到哪里去。实际上这一时期曼施坦因的部队完全充当了一个"消防队"的角色。斯大林格勒的大火对曼施坦因又是一个考验，是杯水车薪？还是马到成功？人们拭目以待。

斯大林格勒战役到了白热化程度。

苏军守卫"巴甫洛夫大楼"的激战持续了58个昼夜，德军用火炮、迫击炮进行射击，还派飞机向楼房轰炸，楼房虽被炸得面目全非，却始终未被摧毁，苏军坚守楼房，给德军一次又一次的还击。

有7.5万名苏联姑娘，成为高射炮手、无线电兵、卫生员和护士，她们把自己的青春奉献给伟大的斯大林格勒保卫战。全城的人民和苏军密切配合，共同奋战。拖拉机厂的工人们一边反击敌人，一边在弹片横飞的车间里坚持生产。在激战的9月份里，他们生产了1,200辆坦克和150辆牵引车。一名护士为了掩护伤员，端起机枪消灭了30多个德军，自己身负重伤，仍坚持到自己的部队赶到……在参战期间，无论男女老少，人人都是战士，到处都是战场，希特勒的军队陷入人民战争的汪洋大海中，久战不胜。希特勒原想速战速决，但斯大林格勒人民的顽强反击，使德军陷入困境。从9月13日到26日，德军每天都伤亡3,000多人，但仍然不能占领全城。德军的士气一天天低落下去，一个德国士兵在家信中哀叹：

"我们不久就可以占领斯大林格勒，但是它仍然在我们面前——相距如此之近，却同时又像月亮那样遥远。"

严寒的冬季终于来到了，毫无过冬准备的德国士兵陷入饥寒交迫中，很多士兵被冻死，德国的战斗力一天天衰弱下去，战争的形势逐渐开始变化。

11月19日，苏联红军终于迎来了激动人心的时刻，斯大林发起了大反攻的命令。

11月23日，苏军把33万德军困在了包围圈中。德军弹尽粮绝，他们处在死亡的恐惧之中。德军司令保卢斯在笔记中写道：

"士气低落了，解围的希望破灭了。越来越疲惫的士兵都在斯大林格勒的地下室里为自己寻找避难所，越来越经常听到关于反抗已毫无意义的抱怨声。"

保卢斯向希特勒发出突围撤退的请求。

刚从阿尔卑斯山赏雪归来的希特勒发来一份急电："不许投降，第六军团必须死守阵地，直至一兵一卒一枪一弹。"保卢斯陷入万分绝望的情绪中，垂头丧气地坐在黑暗的地下室里的行军床上，向希特勒发出最后一份急电："部队将于24小时内最后崩溃。"

万般无奈的希特勒急忙发出一份电令，升保卢斯为陆军元帅，其余117名军官也各升一级。希特勒希望他的封功加爵能加强德军将士"光荣殉职"的决心。

接到电令的保卢斯彻底地失去了希望，一下子瘫倒在地上。

德军为了解救其被围的第6集团军，开始调兵遣将。谁来完成这项任务呢？希特勒自然想到了他的过硬的"消防队长"——曼施坦因，并对他寄予了厚望。11月下旬，德军统帅部组成了"顿河"集团军群，由曼施坦因元帅充当司令。该集团军群下辖："霍利德"战役集群（由德军第17军及5个德国师、5个罗马尼亚师编成），罗马尼亚第3集团军的残部，"霍特"战役集群（由德军坦克第4集团军和罗马尼亚第4集团军编成）。被围困的第6集团军名义上也由"顿河"集团军群指挥，但他实际上由希特勒直接控制。

当德国第6集团军在斯大林格勒陷入苏联军队的合围陷阱时，是撤退还是坚守，希特勒十分的矛盾，从感情上他无法接受撤退的事实，日耳曼军人的字典里没有"撤退"这两个字，俄罗斯这样的二等民族竟然逼得最优秀的日耳曼军人狼狈而逃，这让希特勒无法接受。但是他很清楚被包围的后果，他首先只是让蔡茨勒将军转告保卢斯原地待命，并且希特勒还一度准备签署让保卢斯突围的命令。

但当时两个人的意见影响了希特勒的决定。第一个是空军元帅戈林，戈林向希特勒保证他的空军将全力支援第6集团军，完全有能力保障第6集团军的给养；第二个影响希特勒决定的就是元首当时非常宠信的曼施坦因。希特勒在决策前是听取了曼施坦因的意见，问他有没有把握救出第6集团军。曼施坦因说能够救出。最新揭秘的资料显示，曼施坦因还认为，第6集团军如果突围的话，即使成功，也会被追击的苏军击溃，第6集团军的几十万人将成为对稳定东线毫无用处的散兵游勇，因此他委婉地表示不赞成突围。于是希特勒排除一切干扰，坚决地命令保卢斯固守待援，失去了突围的最佳时机。

曼施坦因出任新组建的德军顿河集团军群司令，下辖着霍斯上将的第4装甲集团军、保卢斯上将的第6集团军和罗马尼亚第3集团军，其中整个第6集团军和部分第4装甲集团军的兵力已经被包围在斯大林格勒。曼施坦因元帅当时踌躇满志，在魏克斯将军的司令部，当魏克斯忧心忡忡地跟他讲第6集团军的危险境地时，他信心十足地打断了魏克斯，"你放心，我会尽力的。"并且随后亲自给保卢斯发去电报，要保卢斯固守待援。这就是著名的"不要放弃，我会来救你们的。曼施坦因"电文。可是到1943年1月8日，胡比将军告诉曼施坦因这句话已经成为包围圈中第6集团军官兵最流行的一句话时，已经无法兑现诺言的曼施坦因矢口否认了，说自己从来没有许下过这样的诺言，是

∧ 斯大林格勒成为了德军前进路线上的一座难以撼动的壁垒。

有人（暗指最高统帅部凯特尔等人）在无中生有地诋毁他的名誉。

即使在合围形成3周后，希特勒仍然在犹豫，怀疑自己让保卢斯上将固守的命令是不是下错了。但这时的元首只能怀着良好的愿望，寄希望于曼施坦因。

曼施坦因的任务就是去援救这些被困的部队。在11月28日时，实际上德国的顿河集团军群就已经发现了143个番号的苏军单位，曼施坦因指挥的顿河集团军群于12月12日发动进攻。到12月24日，救援的德军部队离斯大林格勒仅有50公里远。但随后苏军制订了周密而毒辣的作战计划，投入了强大的反击兵力，曼施坦因的顿河集团军群被无情地阻挡住了，并被迫后撤200公里。

第6集团军弹尽粮绝、伤兵满营，曼施坦因未能做到他所承诺的。在兵临绝境时，曼施坦因要保卢斯和他对进突围，明知那是不可能。因此毫无诚意地派出了一个叫艾希曼的少校（情报处处长）去联络保卢斯，而不是顿河集团军群的参谋长或者手下的某位将军。事关几十万大军命运的决策责任不可能是一个小小的少校所能承担的，曼

施坦因显然并不是真正地希望第6集团军与他对进突围，他只是在履行自己撤退前的最后一道手续而已。然后在他的回忆录中，以保卢斯拒绝突围为由，把斯大林格勒解围失败的责任推得干干净净了。在斯大林格勒问题上，曼施坦因跟希特勒比有很大的不同，希特勒一旦坚定了一个信念就不再改变；而曼施坦因会根据实际情况不断地修正自己的立场，这就是我们看曼施坦因在斯大林格勒问题上的表现存在一些自相矛盾的原因所在。但是曼施坦因曾影响了德国方面在坚守还是撤离上的决策是毋庸置疑的。

11月22日，第6集团军司令保卢斯在下奇尔斯卡亚与"霍特"战役集群司令霍特会面，商讨尔后行动时，第6集团军已接到了希特勒的指令，死守斯大林格勒，后勤供应依靠空中运输。不得已，保卢斯于当日又乘飞机飞往其司令部的新驻地——斯大林格勒城北的古姆拉克。24日，德陆军参谋总长蔡茨勒企图说服希特勒批准已近弹尽粮绝的第6集团军放弃斯大林格勒阵地，但蔡茨勒也失败了。希特勒仍命令德国空军元帅戈林以空运支援第6集团军，而未批准该集团军突围。被围的第6集团军每天需要700吨物资，而戈林的空运能力只能保证每天空运500吨物资。实际上德空军第4航空队在恶劣的天候条件下很难完成空运任务。例如11月25日和26日只运去65吨燃料和弹药，11月30日空运量首次达到100吨，后因暴风雪袭击运量又大减。因此某种意义上讲，希特勒对第6集团军的命令是非常错误的。

11月26日，希特勒再次电令保卢斯坚守斯大林格勒，不得撤退。

11月28日，曼施坦因提出，德军应不等所有部队集结完毕再发动救援作战，进攻的路线应从顿河以东的科捷尔尼科沃至斯大林格勒，以便打通一条陆路走廊，向被围的第6集团军提供补给，使其能在恢复机动力后顺利突围。曼施坦因计划以两支相距较远的装甲部队作向心突击，在装甲第57军向斯大林格勒前进至一半时，装甲第48军即开始行动，从东面插入苏军实施反击部队的后方，得手后再继续向斯大林格勒发展进攻。

德军仍有可能突破苏军的合围对外正面，与被围德军会合。但被围的第6集团军在希特勒的严格命令下不敢擅动一兵一卒，甚至都没有去接应一下救援部队。这就给苏联军队提供了绝好的帮助，使苏联军队可以拿出足够的部队去攻击前来救援的曼施坦因各部。12月24日，斯大林格勒方面军转入反攻。近卫第2集团军和第51集团军分别从北面和东北向科捷尔尼科沃方向实施突击，第5突击集团军从顿河西岸向南突击。12月29日，苏军攻占科捷尔尼科沃，德军不得不向西和西南撤退。至12月底，苏

> 德第6集团军司令保卢斯最终选择了投降。

军歼灭了罗马尼亚第4集团军，并重创德军坦克第4集团军的坦克第57军，并将"顿河"集团军群击退到距斯大林格勒达200公里的集莫夫尼基地域。

至此，希特勒意想解救第6集团军的企图彻底破产。经过1942年12月的历次进攻战役，苏联军队已经将合围的对外正面推到距德军被围集团200~250公里以外，为彻底消灭德军被围集团创造了有利条件。至1943年1月初，被围的德军第6集团军阵地被压缩得越来越小，而且受到了苏军严密的空中封锁。空运补给几乎中断，处于弹尽粮绝的地步，处境非常艰难，覆灭已成定局。这时的第6集团军总兵力已减至25万人，坦克300辆，火炮和迫击炮1,130门，作战飞机100架。

12月底，苏联红军最高统帅部制订了歼灭德军第6集团军的作战计划，代号为"指环"进攻战役，由顿河方面军负责实施。顿河方面军原有3个集团军，为完成此任务，最高统帅部又将斯大林格勒方面军和西南方面军的4个集团军转给它，共7个集团军，由空军第16集团军负责空中支援，计有39个师和10个旅，共31.2万人，坦克257辆、火炮和迫击炮6,860门，作战飞机300架。

1943年1月8日，苏军指挥部向被围德军发出最后通牒，令其停止抵抗缴械投降。但德军仍然坚持顽强抵抗。1月10日，苏军转入进攻，第65集团军从西面向斯大林格勒实施主要突击，炮兵第一次以徐进弹幕射击支援步兵和坦克冲击。至12日黄昏，顿河方面军的主要突击集团前出到罗索什卡河第二防御地带。1月15日苏军调整部署后继续发起进攻。1月22日，苏军重新准备后全线发起进攻，苏军切断了德军的补给线，占领了德军赖以补给物资的古姆拉克机场。被围德军在粮尽援绝、饥寒交迫的情况下，保卢斯向德军统帅部再一次呼叫请求允许他的部队分散向西南突围，但这一次请求也被无情地拒绝了。25日，苏军进到斯大林格勒西郊。26日，由西向东进攻的第21集团军与由东向西进攻的第62集团军在马马耶夫岗会师。德军被围困的第2集团军被分割成南北两个集群，一个在市中心（9个师的残部）一个在"街垒"工厂和拖拉机厂地域（12个师的残部），他们处境虽然很危急，但他们仍然坚持战斗着。1月27日至31日苏军调动了第64、第57、第21集团军对南部敌军集群实施突击。第62、第65、第66集团军则展开歼灭敌北部集群。31日，苏军获得了对被围南部集群的胜利，并俘虏了刚刚被希特勒提升为元帅的保卢斯，他的参谋长施密特少将也成了苏军的俘虏。被围德军的北部集群继续在顽抗，苏联军队集中了大量的炮兵，每公里正面达300门炮，对德军猛轰。2月2日德军北部集群也停止了抵抗，德军第11军军长施特雷克尔被俘。

曼施坦因元帅和戈林两人对于斯大林格勒的悲剧负有无法推卸的责任。

2月2日16时整，顿河方面军军事委员会向最高统帅报告，完成了歼灭斯大林格勒被围敌军集团的任务。坚持了6个月的斯大林格勒大会战终于结束了。9.1万多德国官兵，其中包括保卢斯在内的24名高级将领，穿着单薄的衣衫，抓紧裹在身上满是血污的毛毯，在零下24摄氏度的严寒下，一步一拐地走向寒冷的西伯利亚战俘营。

斯大林格勒大战给希特勒法西斯以致命的打击，德军再也无力进行大规模的反攻了，他们一步步后退，开始走下坡路。苏联红军则开始大反攻，陆续收复了失地，并攻入德国本土。

苏联人民和全世界人民都从斯大林格勒大战的胜利中看到了希望，也坚定了彻底打败德国的信心。

斯大林格勒大战的胜利，是苏德战争的转折点，也是第二次世界大战的伟大转折。

No.7 对决，库尔斯克

希特勒对曼施坦因没能完成解围任务极为不满。1943年2月17日，当他来到扎波罗日耶视察部队时本想将其免职，但曼施坦因又计出锦囊，他提出了一项非常合希特勒心意的反攻计划，使希特勒打消了免去他职务的念头。作为"南方"集团军群司令的曼施坦因向希特勒建议，以"霍特"的装甲第4集团军从扎波罗日耶和斯大林诺之间的地区向北攻打苏军翼侧，以党卫军装甲第2军从波尔尔塔瓦地区向南进攻，粉碎苏军对德军的合围。希特勒立即批准了这一计划。2月19日德军开始反攻，22日装甲第48军和装甲第57军向巴甫洛格勒挺进，并与党卫军装甲第2军会合后向北攻打哈尔科夫，歼灭了苏军先头部队9,000余人。3月18日，德军夺回了哈尔科夫和别尔哥罗德两座城市，从而暂时迟滞了苏军的前进。曼施坦因的冒险行动，被德军法西斯视为军事史上的"杰作"，其实也只不过给德军赢得了一个喘息的机会，不具有任何决定性的意义。不过，这倒给希特勒注射了一次兴奋剂，他妄图夺回战略主动权，准备在库尔斯克突出部组织一次大规模的进攻。

库尔斯克战役是一次本不该发起的得不偿失的进攻，好大喜功的曼施坦因想重演一次基辅会战的辉煌，他是德军中唯一一个多次催促希特勒发动战役的将军。

1943年3月，德军在付出巨大的牺牲以后，击败苏军占领了重镇别尔哥罗德。曼施坦因想当然地认为德国具有了消灭库尔斯克突出部的苏军的军事势力，他建议南方集团军群与中央集团军群一道肃清在库尔斯克的苏军集团，以缩短绵长的战线，即"堡垒作战计划"。

曼施坦因的计划遭到了绝大多数德国将领的反对，反对者中包括了大名鼎鼎的古德里安、摩德尔等人；中央集团军群司令克鲁格元帅也表态，对曼施坦因的计划，中央集团军群是爱莫能助。

执行这次战役即使是在1943年春也是不现实的，东线德军的18个装甲师只剩下495辆坦克，部队没有轮换与休整已经连续作战10个月以上，十分地疲惫。

连绵的春雨使道路泥泞不堪，等待新装备则使战机完全逝去。在回忆录中曼施坦因为自己进行了辩解，声称他也曾建议取消库尔斯克战役，可惜他态度转变的说法未得到当事者的回忆录的证实。其实他宣称的那些建议取消库尔斯克战役的理由，并不是建议取消会战，而是希望得到两个师的增援兵力以及催促尽快发起战役的理由，这一请求被希特勒冰冷地拒绝了。但曼施坦因始终都是库尔斯克战役的积极倡导者和策动者。

库尔斯克战役中，面对严阵以待、力量对比悬殊的苏军，进攻的德军遭到灾难性的巨大损失。北路中央集团军群进攻方向被苏军判断为主攻方向，装甲力量遭受了重大伤亡后，在摩德尔的坚持下转入了防御。而曼施坦因所在的南路德军兵力强大，苏军防御相对稍弱，因此南路德军的进攻略好于北线。原本应该见好就收，可曼施坦因没有战略的全局观，他着眼于一城一地的得失，认为胜利已唾手可得。

《孙子兵法》认为大将者，必须要懂得"慎战"，其实中外古今亦然。摩德尔元帅多次催促希特勒停止库尔斯克战役，而曼施坦因正好相反，坚持继续进攻，投入了最后一支预备队第24装甲军（下辖第23装甲师、维京掷弹兵师）约150辆坦克。希特勒患得患失地相信了曼施坦因，希特勒的这一决定完全是基于对曼施坦因的无限信任和对胜利的无限渴望。曼施坦因的继续进攻无法击溃苏军预备装甲力量，形势迫使希特勒终于做出决定，调回了曼施坦因的几个装甲师，库尔斯克战役就这样虎头蛇尾地结束了。

事实与资料都证明，库尔斯克战役德国完全没有获胜的可能。从7月5日～23日，曼施坦因指挥的南部战场歼灭苏军14,395人，但自身损失54,000人以及900辆坦克

∧ 正在与其他德军将领一起商讨作战计划的曼施坦因。

和自行火炮，仅暂时占领一些无关紧要的土地，没有任何作战或战略价值。曼施坦因的坚持进攻只能是把德国最后一点装甲力量全部折损在占据有利地形，善于防守的俄国人手里，使德军的装甲力量（2,400辆坦克或自行火炮）在不久后苏军（7,900辆）的大反攻面前捉襟见肘，并且在接下来的战争中一直处于被动。

库尔斯克战役后，苏军开始了大反攻，摩德尔早有防范，率北线德军且战且退；曼施坦因的南线德军处在不利于防御的进攻阵地上，遭受了本该可以避免的损失，以高昂的代价撤出占领的阵地。曼施坦因拙劣的防御对纳粹德国的失败起到了推波助澜的作用。

1943年2月，曼施坦因被任命为德军南方集团军群司令（包括顿河集团军群和A集团军群），并在随后的哈尔科夫反击战役中重新占领哈尔科夫以及别尔哥罗德，这也是德军在"二战"中最为成功的一次反击战役。1943年3月14日，曼施坦因被授予橡树叶骑士勋章。曼施坦因根据自己的经验，为德军即将发动的夏季攻势设计了一个方案，不过并没有被采纳。1943年7月至8月进行的库尔斯克大会战（德军称为"堡垒行动"），德军南方集团军群在一开始的时候成功地切入苏军的纵深近

40公里，最后第4装甲集团军再也无力向北推进了。其间，南线爆发了最大规模的坦克战，豪瑟的党卫军第2装甲军在普罗霍罗夫卡遭遇苏军罗特米斯托夫中将指挥的近卫第5坦克集团军，德军损失严重。库尔斯克战役之后，曼施坦因的南方集团军群在苏军犀利的反击下节节后退。9月，曼施坦因的部队撤过了第聂伯河，不过追击的苏军也遭到重创。从1943年10月至1944年1月，曼施坦因暂时将战线稳定下来，1944年1月后期，苏军更加猛烈的进攻迫使德军向西撤退。1944年2月中旬，曼施坦因违抗希特勒的命令让第11和第42军（大约6个师56,000多人）从"切尔卡瑟口袋"突围。最后，希特勒接受了既成事实下令德军部队撤出"切尔卡瑟口袋"。

规模巨大的库尔斯克战役持续了近50天（7月5日～8月23日），以苏军的辉煌胜利而宣告结束。在这次会战中，苏军共击溃德军30个精锐师，内含7个装甲师。德军共损失官兵50余万人、坦克1,500辆，其中有大批"虎"式和"豹"式等新式坦克，以及飞机3,700余架、火炮3,000余门。

库尔斯克会战是整个第二次世界大战期间最大的会战之一，具有重大的历史意义。这一战役是希特勒妄图挽回斯大林格勒战役中丢失的战略主动权的最后一次挣扎，实际上是德国法西斯势力灭亡前的回光返照。从此以后，德军在苏德战场上最终地、完全地、彻底地丧失了战略主动权，全部转入防御，再也没有力量发动进攻战了。正如斯大林所说："如果说斯大林格勒附近的会战，预告了德国法西斯军队的覆灭，那么，库尔斯克附近的会战，就使得它已经处于覆灭的边缘。"

> 曼施坦因在库尔斯克。

No.8 夕阳余晖

1944年1月初的一天，希特勒召集集团军领导汇报。曼施坦因提出会后与希特勒单独谈话，只留下参谋总长一人奉陪。希特勒对这一要求感到诧异，但还是勉强同意了。于是最高统帅部的显要们，包括戈林和其他的侍从人员，甚至连会场的速记员也都退了出去。

这次曼施坦因下定了决心，准备除了与希特勒讨论本集团军的地位问题以外，还要把德军最高军事领导的问题也弄个水落石出。所以等到所有人都离开，只剩下参谋总长柴兹勒尔将军一个人的时候，曼施坦因就请求元首允许他坦白发言。

希特勒面无表情地说："请说吧。"

曼施坦因说："有一件事是我们必须明了的，造成我们现有的严重情况者，并不能完全归之于敌人的优势，尽管那是十分巨大的。我们的领导方式也应负责。"

听到曼施坦因又谈起了最高军事领导权的问题，希特勒的表情逐渐僵硬起来。他死死地盯住了曼施坦因，想用这种他惯用的、充满震慑力的目光使曼施坦因屈服。

希特勒不承认自己有错，他认为目前只有他才是指挥各个不同战区的最佳人选。如果委任一个像曼施坦因所说的、能调动全局的参谋总长，除非这个人选是戈林。而戈林是不会听从任何人指挥的。

至于说到东战场上委派一个全权总司令的问题，希特勒说："任何人都没有足够的权威协调东战场的所有集团军。"说到这里，他有些神经质地高声地叫道："甚至我都不能使这些元帅们服从我！难道你以为他们会服从你吗？必要时，我还可以撤他们的职。其他任何人都没有我这样的权威。"

曼施坦因的这次努力，在希特勒的咆哮声中，极不愉快而且无任何结果地结束了，既没有能改善南方集团军的地位，又没有能使战争指挥的情况得以改善，他失落地回到了集团军总部。

1944年1月6日，情况越来越危急，苏联红军第1坦克军和第40军矛头直指德军南方集团军总部所在地的芬尼特沙。苏军的挺进速度非常之快，曼施坦因与防线右翼之间的通讯联络曾经一度被切断，曼施坦因只好把南方集团军总部迁到了普罗斯库罗夫继续指挥。

让曼施坦因难受的是，元首的脾气随着德军在战场上的节节失利而变得越来越暴躁，耐性也越来越差。希特勒对曼施坦因也越来越不满，并开始下决心考虑解除其的南方集团军司令职务。

此后不久，曼施坦因写了一封由参谋总长转呈希特勒的信，说明集团军的情况、敌人所具有的作战可能性和己方部队的状况。这一封信不曾获得回复。之后，曼施坦

< 希特勒与曼施坦因。

因又写了一封给希特勒的私人长信，再度提出依照集团军的建议采取行动，克服我们不久即可能要被迫面临的危险。这封信对于曼施坦因与希特勒之间几天后所发生的一次冲突，也产生相当的影响。

1944年1月27日，希特勒召集了在东线上的全部德军集团军和军团指挥官，以及参谋本部和空、海军高级军官，到东普鲁士的元首大本营中来听训话。

希特勒冗长的训话结束之后，照例是一个简单的会餐。在会餐前的致辞中，希特勒当着那些兢兢业业地为法西斯德国经营东战场的陆军高级将领的面，傲慢地说："假如有一天德国的末日来临，那么最后保护国旗的人，应该就是真正的元帅和将军们！"这句话充满了对军人尤其是陆军的明显的不信任，对任何一个受过正规普鲁士式军事训练的职业军官来说，这都是对他们的忠诚的侮辱。因为大家一向都是听惯了希特勒的训话，所以在希特勒说这句话的时候，没有人开口回应。

但是，这种侮辱对于一个在战场上出生入死的军人来说，简直是太过分了。当希特勒再次以强硬的口气重复这句话之后，曼施坦因感到怒火中烧，他实在忍受不住了，不禁脱口喊道："他们将会竭尽最后一滴鲜血的，我的元首！"

这就是曼施坦因悲剧性格的根源。和他接触较多的德军高级将领都认为，尽管曼施坦因聪明过人、反应敏捷、想象力丰富，但正因为如此，也让他养成了过分地争

强好胜的性格，这种争强好胜的性格又往往以一种最坏的形式表现出来，那就是喜欢逞口舌之快。因为他的这个性格，使他在军事生涯中吃了不少亏。1938年3月由首席副参谋总长调任第18步兵师的师长、1940年2月由南方集团军参谋长调任第38军军长，以及在任第11军团司令初期，都因为这一性格而或多或少地吃过亏。

作为一个国家元首，希特勒在致辞时，从来没遇到过这样被人打断的情况，尤其是被他的下属。他不禁吃了一惊，用冰冷的目光朝曼施坦因看了看。他知道曼施坦因以前可不是像今天这样，以前每当他讲完话，陆军元帅曼施坦因就会第一个跳起来高喊："元首下令，我们服从！"停顿了一下之后，希特勒以低沉的声音吼着："谢谢您，曼施坦因元帅！"于是就匆匆地结束了自己的演讲。

大家在阴郁的气氛中散会了。

曼施坦因当正在与柴兹勒尔一同喝茶的时候，有一个电话来说希特勒要当着凯特尔的面召见他。当曼施坦因走入室内时，希特勒向他说："元帅，当我向将领们致词时，我不能容许你中途打断我的话。假使你自己的下级如此，你也是一样的不能容忍。"

这是无从答辩的，所以曼施坦因不作声。希特勒在盛怒之下又说："几天之前，你送了一份情况报告书。我想你的目的是为了在战争日记上来证明你的看法的正确。"

曼施坦因回答说："我写给你的信是私人性的，并不曾列入战争日记之中。你应该原谅我在这里要借用一句英国人的俗语：我对于我的动机所能做的解释就是我是一个君子。"

沉默无言后希特勒停了一会才说："多谢你。"

在晚间汇报中，曼施坦因又特别被召出席，希特勒对他的态度又变得非常的温和，甚至同他商讨防御克里米亚的可能性。当然，曼施坦因知道他不会忘记自己上午对他的顶撞。

但是，此时在曼施坦因心里除了与元首的私人关系以外，还有更多前方的事情令他烦恼。

曼施坦因回到集团军司令部后，命令立刻突围。为了避免斯大林格勒的悲剧重演，曼施坦因在下达突围命令时，事先没有通知希特勒，以免他又出面干涉。

　　2月17日凌晨时分，突围的部队已经同前去接应的德军第3装甲军前锋取得了联系。截止到2月28日，被围的德军5.4万多人中，共有3万多人逃出了苏军的包围圈，但大部分的德军伤兵未能逃出，第1装甲军的军长也在战斗中被打死。这两个军的火炮和重武器大部分陷在泥泞之中，尽被苏联红军俘获。

　　1944年3月初，在连降几场大雨、天气骤然转暖之后，希特勒盼望已久的泥泞季节终于来到了。但希特勒希望利用泥泞季节阻止苏军攻势的计划却落空了。因为泥泞

∧ 坦克行进在泥泞的道路上。

对德军造成的麻烦，甚至比苏军还大。苏联红军的坦克和装甲车履带经过改进，已经适时地加宽，在雪地和泥泞中，要比德军的坦克装甲车辆具有更强的越野性能。与此同时，苏军已经拥有了大量的美制卡车，它们的越野性能也比德军的车辆好得多。德国制造的卡车只能在为数不多的几条坚固的道路上行驶。因此在泥泞季节的机动性，苏军实际上优于德军。

希特勒挖空心思，又想出了新的方法让曼施坦因来实施。他宣布某些公路和铁路的重要地点为死守的据点，指定一个军官负责死守，并要他们立下军令状。希特勒天真地认为，只要封锁了这些要点，就足以迟滞苏军的行动。其实，这简直就是妄想，因为根本原因在于德军缺乏适当的工事和足够的兵力，所以它们或迟或早地都要被攻陷。曼施坦因每次不得不在这些据点未被完全围住的时候，把兵力撤出来。希特勒的干预给集团军带来了相当的损失。

1944年3月中旬，希特勒的侍卫长希孟德将军来到了南方集团军群司令部。他拿出一封信让曼施坦因看: 这是一份向希特勒个人宣誓效忠的信, 所有的德军元帅都要在上面签名。这一主意可能是希孟德提出的, 他认为这样也许会增加希特勒对陆军的信心。

曼施坦因仔细看了看这封信结尾处排列的一大串签名, 发现所有的德军元帅都在这上面签了大名, 包括像自己的老长官伦德施泰特这样德高望重的人都签了名, 所以自己也就在上面签了名。南方集团军群是希孟德将军的最后一站, 曼施坦因是所有元帅中签名的最后一位。曼施坦因在这个名单中还注意到了一点: 当时还是上将的穆德尔也被列入了只有元帅才有资格签名的名单。

1944年3月19日, 伦德施泰特元帅做代表, 在上萨尔茨堡把这个签名效忠的信件呈送给希特勒。仿佛一个节日, 许多高级将领都来到了现场观礼。希特勒当时似乎很感动, 尽管他也清楚, 签名的元帅之中, 有许多人并不是出于本心。在1944年春季, 德军经过一连串的惨败之后, 只能在喀尔巴阡山以北建立一道持久的防线得以苟延残喘, 但即使这样, 也必须要从集团军现有的防线上撤退。此时苏军强大的装甲部队已经在南方集团军群的几段防御阵地中突破, 试图割裂各个军团分而歼之。德军不得不准备撤退。

在德军突围撤退的方向上, 曼施坦因与属于第1装甲军团司令的胡比将军之间产生了严重的分歧。曼施坦因想说服胡比撤向西方, 因为从根本上说, 第1装甲军团撤退是为了与西面的德军第4装甲军团建立接触, 以防止苏军突入喀尔巴阡山北麓的格里西亚。而向南则只有退往山地之中, 甚至连这一点把握都没有。从表面上看, 越过聂斯特河的撤退路线危险似乎很少, 但第1装甲军团缺乏架桥器材, 不能快速地通过聂斯特河宽阔的正面。如果从该河现有的桥梁上渡河, 就会暴露在苏军空军的攻击之下, 将丧失多数的重装备。更危险的是, 苏军此时早已进至第聂伯河南面, 迟早会包围向南撤退的第1装甲军团。

3月25日上午, 曼施坦因亲自面见元首, 把自己的决定向希特勒作了说明, 却惹得希特勒很不高兴。希特勒没好气地回答说, 西战场正忙于应付盟军的登陆, 自然无法抽调兵力解东战场之困。同时为了政治上的理由, 他也不能抽调匈牙利和罗马尼亚这些轴心国的部队。

希特勒反过来指责曼施坦因应对南方集团军今天所遭遇的恶劣处境负责, 指控曼施坦因浪费了许多兵力。根据戈林的空军提供的情报, 南方集团军的战区内, 曼施坦因所统辖的部队只有极少数的苏军坦克, 他因此非常气恼、失望。

在离开会议室时, 神情沮丧的曼施坦因写了一张字条给希孟德将军, 要求希孟德转告希特勒。字条中他暗示自己想辞职, 希望元首考虑好接替自己的人选。

希特勒对曼施坦因的评价: "曼施坦因或许是总参谋部培养出来的杰出人才, 但他只能指挥完整的新锐师, 却不会指挥我现在这样的残兵败将。我没办法为他组建一支全新的有作战能力的部队, 因此任用他毫无意义。"

1944年3月30日上午，曼施坦因与希特勒摊牌的最后时刻终于来到了。曼施坦因的副官把他从睡梦中叫醒，报告他说元首的座机已经从集团军群总部中接来了克莱斯特元帅，不久就会在南方集团军群司令部的卢俄降落，再接曼施坦因一同到上萨尔茨堡。

就在曼施坦因在机场等候那架元首专机的时候，南方集团军群参谋长夏尔兹将军与参谋总长柴兹勒尔将军通了电话，证实了希特勒要免去这两位元帅的职务的消息。这位一直受希特勒压制的参谋总长说，戈林、希姆莱和凯特尔在每次会见之后，都在说曼施坦因元帅的坏话。这促使希特勒免去两位元帅的职务。当希特勒把这个决定通知自己时，柴兹勒尔将军也表示应该立即辞职，因为他一直都是同意曼施坦因意见的，应该和他荣辱与共。不久，柴兹勒尔果然也用书面形式提出了辞呈，遭到希特勒的拒绝。不过他的这种姿态还令曼施坦因感动了一阵子。

与希特勒的最后一次会晤，给曼施坦因留下了深刻的印象。

3月30日那天黄昏，心情沉重的曼施坦因在上萨尔茨堡元首行宫谒见了元首希特勒。把宝剑夹在曼施坦因的武士级十字勋章上之后，希特勒温和地宣布：他决定将德军南方集团军群交给另一个人去指挥，因为在东线大规模作战的时代已经过去了，那时才是曼施坦因所适宜的。现在只是要求死守而已。新的目标要求有新的战术、新的指挥官，集团军群甚至会改换一个新的名称。希特勒再三向曼施坦因保证，绝不是对他不信任。希特勒又像是回忆起几年前的事："我从未忘记过，在西线战役开始之前，唯一劝我在色当实行突破的人就是您，曼施坦因元帅！"希特勒这套近乎外交辞令式的语言，让刚刚受到撤职打击的曼施坦因的心头气稍稍舒缓了一些，甚至使曼施坦因还抱有那么一丝幻想和希望。双方再也没有什么可说的了。曼施坦因起身与希特勒握手告辞："我的元首，我相信您今天所采取的步骤，不会引起任何不良的后果。"

接见过曼施坦因之后，希特勒在同一房间又接见了克莱斯特元帅，他也同样地被免职了。当这两位元帅离去的时候，他们的继任者早已等在门外。

曼施坦因的南方集团军群，在莫德尔接手之后，改名为北乌克兰集团军群。他接替曼施坦因之后，被晋升为元帅。虽然他在喀尔巴阡山前方和东加里西亚建立起新防线，并歼灭了突入德军防御阵地纵深的苏

军坦克军一部，但仍然没能阻止苏军的进攻。

曼施坦因后来回忆说，对于他个人而言，去职之后反有无官一身轻之感，因为责任一天比一天重，几乎无法担负了。他与希特勒之间的拉锯战已经使他感到心力交瘁。这是两种基本观念的冲突。这位独裁者是相信他的意志力不仅可以使其军队屹立不倒，而且甚至于还能挡住敌军。但是他却又不敢冒险，因为他害怕其威望受到损失。他固然有才能，但却缺乏真正的军事能力基础。反而言之，军事领袖们根据他们的教育和训练基础，却仍然深信战争是一种艺术，而敏锐的思考和果敢的决定也是必要的因素。只有在机动的作战中，这种艺术才能获得成功。因为只有在此种环境中，德国将领和部队的优秀水准才能发挥充分的效力。

1944年4月3日，曼施坦因元帅离开了卢俄的集团军总司令部，返回故里。所有的同僚都到车站去送行。当列车已经开动时，有一个人叫他。这个人是曼施坦因的座机驾驶员南格尔中尉，是他在各种意想不到的恶劣天气中使曼施坦因能在空中安全飞行。现在他已经志愿投效战斗机部队，不久就一定会捐躯殉国的。他高声喊着说："元帅，今天我已经把我们的胜利象征'克里米亚之盾'，从飞机上取下来了！"曼施坦因感到南格尔中尉的话代表了他的下属们对他的最后敬礼。

曼施坦因用希特勒给他的奖金以及每个月4,000马克的薪金在东普鲁士买了一处庄园养老。苏联红军逼近东普鲁士时，他逃往西线。

1945年，曼施坦因在林茨被英国人俘虏，囚禁在英国的布里金德。1949年，盟国军事法庭在德国的汉堡公审了他。1950年，他被英国军事法庭判处18年徒刑，同时移送维尔监狱执行。1953年，曼施坦因遇赦释放。

1954年，西德被允许建立国防军。大多数的前纳粹将军成了西德军队的骨干，最高军事会议的主席，就是前作战处处长豪辛格，而隆美尔的参谋长斯派达尔，也被任命为西德的武装部队司令。曼施坦因也曾为西德军队的重建，担任过顾问，但他还是把主要精力用于总结第二次世界大战德国失败的教训。他在不停地写作、回忆中度过了他的余生，写下了《失去的胜利》一书。

曼施坦因精通战术、技术，是个难得的战略家，擅长于组织计划周密的进攻战。在军事学术上，曼施坦因第一个提出了建立独立突击炮兵种的设想。英国的一家杂志说他是德国最伟大的指挥官。他的最大成功之处，就在于制订了一个入侵西欧的作战计划——"曼施坦因计划"。"曼施坦因计划"是兵家的典范，在作战指挥上，他的最大特点就是大胆果敢、思维缜密。但他无论是在战略上还是在战术上都存在重大的失误，例如发动库尔斯克战役就是他的一大败笔。他一生为希特勒战争政策卖命，最终得到的是失败的结果。

1973年，曼施坦因病死于巴伐利亚（慕尼黑），终年86岁。

Karl Dönitz

群狼之首

邓尼茨

他是德国海军总司令、海军元帅，
他是纳粹德国潜艇部队奠基人，
他是纳粹主要战犯之一。
他的"狼群战术"在第二次世界大战中产生了重要影响。
他在希特勒死后接任德国国家元首、武装部队统帅……
他是卡尔·邓尼茨。

No.1 战败之耻

邓尼茨1891年9月16日出生于柏林近郊的小镇格林瑙。他的祖辈几百年来一直是萨勒河口地区易北河旁古老的日耳曼新村的世袭庄园主和村长。他4岁时母亲去世，父亲是一个为了"威廉老国王"（威廉一世皇帝）宁可粉身碎骨也在所不辞的人。在邓尼茨的家庭里个人主义占不了上风，而是普鲁士的集体主义占统治地位。童年时代邓尼茨就知道，履行职责是头等大事。邓尼茨当了兵成为军官后，更是受到了这种精神的熏陶和感染。父亲对他非常严厉。他在学校学习很用功，喜欢读各类的书籍，对普鲁士的历史，尤其是对"老弗里茨"和自由战争的情况有不少了解。他最感兴趣的是在夏季跟随父亲到海边度假。浩瀚无边的大海吸引着年少的邓尼茨。他望着白帆点点的海面，产生过许多扬帆出征、漂洋过海的美妙幻想。1910年，18岁的邓尼茨高中毕业，加入了德国海军。1910年4月1日，邓尼茨作为见习水手到"赫尔塔"号巡洋舰服役。按德国海军当时的规定，所有见习水手在训练期间都必须到舰上烧3个星期的锅炉，以锻炼体力和耐力。闷热的锅炉房、繁重的体力劳动，使邓尼茨经受了第一次考验，特别是他的毅力。1912年秋天，邓尼茨被提升为海军候补军官，在"布雷斯劳"号巡洋舰服役。有一天，德皇威廉二世乘坐"戈埃宾"号战列舰观看军事演习。"布雷斯劳"号拖着靶船在前面行驶，邓尼茨则受命带一条小船尾随靶船报靶。突然，一条缆绳缠住了小船的螺旋桨，发动机停止了运转。德皇的"戈埃宾"号越来越近，情况紧急，邓尼茨不顾一切地迅速脱去外衣，口衔水手刀跳入海中，割断了缆绳。使演习得以顺利进行，因此受到了嘉奖。

第一次世界大战爆发后，邓尼茨随舰参加一些规模不等的海战。海战中，他以灵活运用战术、处置情况果断，表现出了一定的军事天才。有一次，"布雷斯劳"号与"戈本"号战舰在地中海陷入英国海军舰队的包围之中，但它们凭巧妙的战术，终于突出了重围，摆脱了英国人的追击，最后达到了土耳其的君士坦丁堡。为了不使这两条军舰落入英国人之手，德国政府在名义上将它们卖给了土耳其。这样，邓尼茨便随舰为土耳其政府服务了两年，直到1916年才返回德国。从土耳其回国后不久，邓尼茨便奉命被调入潜艇部队。

1916年10月，邓尼茨升为少尉，奉命到U-39号潜艇上服役。从那时起，他就与潜艇结下了不解之缘。1918年2月，邓尼茨调往U-68号潜艇任艇长。当时，德国的潜艇攻击战术一般是利用白昼实施攻击，然而在英国人采取护航措施以后，这一战术马上就遇上了克星，很难再发挥作用了。为了摸索出适合于新情况的新战术，邓尼茨与当时在德国最有声望的潜艇指挥官斯坦包尔约定，利用夜色掩护，穿过敌方驱逐舰的警戒线，然后对敌商队实施夜间水面攻击。但是遭到失败，被英军俘虏。

　　第一次世界大战结束的消息传来了，英国德累斯特的德国战俘营里欢呼雀跃，战俘们知道，不要多久他们就可以与亲人团聚了。然而，这股兴奋之潮却没能打动海军上尉邓尼茨，他仍像惯常一样沉默无言，刊登停战消息的报纸他看过了后就扔掉了。他内心燃烧着复仇的火焰。

No.2 "我们不久就会有潜艇"

　　1918年9月底，邓尼茨作为一个年轻的潜艇艇长和施泰因鲍尔海军上尉各率一艘潜艇在亚德里亚海岸奥地利的普拉军港（今属克罗地亚）准备起航。他们要出海协同作战，到马耳他附近海域等待英国穿过苏伊士运河从东面驶来的大型护航运输队，利用朔月时的光线在水面对其发起攻击。他们打算利用潜艇侧影小、不易被发现等有利条件，先从水面穿过英国的驱逐舰护航兵力，然后驶近护航运输队的核心，对多列商船纵队实施水面袭击。他们约定在西西里岛东南50海里处的帕塞罗角会合。据他们所知，两艘潜艇协同作战这还是第一次，在这之前，潜艇一直是单独作战的。它们单独出航，单独行进，单独自卫以对付反潜兵力，并单独搜索和攻击敌目标。那时，潜艇的通信手段——无线电报还无法使潜艇实施协同作战。当时尚无短波和长波通信，潜艇一下潜即失去任何无线电联络，在水面状态通信时也必须在两根桅杆之间架设一部天线，以便能用长波发报。但这种办法耗电量太大，而且通信距离也很有限。在发报时，潜艇处于半潜状态，处境非常危险，而且无法实施任何攻击。

1918年10月3日晚，邓尼茨率艇如约到达西西里岛东南的会合点，在那里等待施泰因鲍尔，但他却杳无音信。后来邓尼茨才知道，由于修艇，施泰因鲍尔推迟了起航时间。

深夜1时左右，邓尼茨艇值更官在指挥台上发现东南方向漆黑的天空中有一个黑色的庞然大物在蠕动，原来它是一个拴在一艘驱逐舰舰尾的系留气球。这艘驱逐舰就是所谓的"清道夫"，即英国护航运输队护航兵力的"开路先锋"。不久，他们发现在黑暗中蠕动的黑影越来越多，另外一些驱逐舰和护航舰艇也浮现出来，最终形成了船队的庞大的侧影：这是一支满载货物的护航运输队，从印度和中国来到马耳他海域并向西航行。邓尼茨艇悄悄地穿过了英国驱逐舰护航兵力，准备对外侧的那列商船纵队的第一艘商船发起攻击。突然整个船队转向，朝邓尼茨艇驶来。这种突然改变航向的做法就是按预定方案沿"之"字形航线航行的一种方式。整个护航运输队这样按"之"字形机动航行，目的在于增加潜艇实施攻击的困难。于是邓尼茨艇急忙下令转向，紧跟在刚才想攻击的第一艘商船的后面。突然邓尼茨发现自己的舰艇正处于第一列和第二列商船纵队之间。于是邓尼茨立即从这个位置对第二列商船纵队中的一艘大型商船进行攻击。一条巨大的明亮的水柱在那艘商船的前面升起，紧接着是一阵震耳欲聋的爆炸声。这时1艘驱逐舰劈波斩浪向邓尼茨艇急驶而来。邓尼茨急忙发出警报，命令下潜，并等待着深水炸弹的攻击。但是毫无动静。也许驱逐舰舰长怕误伤己方的船只，而未敢投放深水炸弹。

邓尼茨的潜艇从水下摆脱了敌护航运输队，然后小心翼翼地上浮，邓尼茨独自趴在刚露出水面的指挥台上向外眺望，发现护航运输队在继续西行。在潜艇附近还有1艘英国驱逐舰，它就在刚才被鱼雷击中而沉没的那艘商船旁边。邓尼茨下令把水柜全部排空，让潜艇完全浮出水面，跟随在那支西行的护航运输队的后面。邓尼茨企图尽可能利用黑夜对它再次实施水面攻击。然而黎明来得太快了，当追上护航运输队时，天已经大亮了，邓尼茨只得再次让潜艇下潜，打算在潜望深度实施水下攻击。但事与愿

违，由于潜艇失去平衡，艇内突然出现一片混乱；电解液外溢，灯光熄灭，在黑暗中迅速下沉。下面还有相当的水深，约2,500～3,000米。当艇下潜到60～70米深度时，邓尼茨便不敢让艇继续下沉了，因为这已是艇壳所能承受的最大压力了。他下令排空所有压载水柜，停下，然后倒退并急转舵，尽力制止潜艇继续下沉。这时值更官米森中尉用手电筒检查指挥台里的压力表。指针仍向右急转，潜艇仍在急剧下沉，最后指针在90米和100米之间来回颤动，然后又迅速回转。排空压载水柜还真的起了作用。排空了水的艇体轻盈地上升，就像一根压入水中的木棍在解除压力后迅速上浮到水面一样。邓尼茨打开指挥台的舱口盖环顾四周，外面已经大亮了。潜艇位于护航运输队中间，驱逐舰和商船都挂上了信号旗，汽笛声此起彼落，商船已转向，并用舰尾炮向邓尼茨艇射击；驱逐舰也向潜艇驶来，并向潜艇开火。当时情况非常紧张。邓尼茨本想尽快地再次紧急下潜，但已办不到了，因为压缩空气已经耗尽，潜艇已中弹，开始进水。邓尼茨知道接下来的结局，于是他下令："全体人员离艇。"

他们解开了白天准备好的拴在甲板上的一大捆软木，每个艇员除穿上救生衣外尽量再携带一块软木。潜艇沉没了，英国的护航运输队继续西进，他们漂浮在海面上。后来英国的1艘护航驱逐舰返回，把他们从水中捞起。

就这样，邓尼茨结束了在第一次世界大战中的潜艇航行活动。但最后一夜的战斗使邓尼茨懂得了一个基本原则：潜艇在夜暗的掩护下从水面对护航运输队实施攻击是大有成功希望的。同一时间发动攻击的潜艇数量越多，局势对每一艘潜艇来说就越有利。因为舰船的爆炸和沉没会使敌人在黑暗中变得混乱，使担任掩护的驱逐舰失去行动自由，并由于大量诸如此类的事件而被迫分散行动。除此之外，出于战略和战术上的原因，需要采用多艘潜艇攻击1支护航运输队。

在第一次世界大战中德国潜艇战曾取得了巨大战果，但自从1917年英国采用护航

∨ 一艘U型潜艇浮出海面。

运输队的编队方法之后，潜艇战便失去了其决定性的作用，由于有了护航队，海洋上很少遇到货船；德国潜艇单艘地在海上游弋，长期一无所获。有时，突然遇到一大批商船，约30～50艘以上，但其周围有各种军舰担任强有力的护航，因此无法对其实施攻击。有时，1艘潜艇意外地发现了1支护航运输队，并对其发起攻击，艇长的意志异常坚强，几天几夜连续攻击，直至全艇官兵筋疲力尽为止。攻击结果纵然有一二艘甚至更多的商船被击沉，但这个损失数对护航运输队而言，只是一个微小的百分比！护航运输队依然继续前进。在通常情况下，它们再也不会碰到德国潜艇了。它们安然地抵达英国，并把大批生活资料和原料运回国内。

因此，要改变潜艇单独作战的传统战术，对拥有大量舰船的护航运输队，必须尽可能使用许多艘潜艇来对付之，就像狼群捕食一样。

邓尼茨带着这种认识被押进了英国的战俘营。1919年7月，邓尼茨重返家园。当时，在新的帝国海军的基尔海军基地司令部里，有人问他是否想洗手不干了。他反问说："我们不久就会有潜艇，您信不信？"

No.3 潜艇部队的司令官

德国作为第一次世界大战的战败国一直受凡尔赛条约的束缚。在1935年之前，德国不许拥有潜艇，邓尼茨也就没有与潜艇打过任何交道。在那段时间里，他曾当过水面舰艇的驾驶员、战术研究员、鱼雷艇艇长、鱼雷艇支队长，也曾在波罗的海海军司令冯·勒文费尔德海军中将的旗舰上担任过航海长，后来又担任过"埃姆登"号巡洋舰舰长。在这几年中邓尼茨对水面舰艇战术有了非常深刻的了解。面对这几年相当虚弱的德国海军，邓尼茨心里一直在想怎样使海军变得强大和富有朝气。

1935年7月，邓尼茨率领"埃姆登"号巡洋舰结束了在非洲和印度洋的旅行后，到达亚德河口威廉港前沿的席林锚泊地。当时的海军大将、名誉博士雷德尔海军总司令来到了邓尼茨的舰上。同一天，"卡尔斯鲁厄"号巡洋舰舰长吕特晏斯海军上校也从南北美洲旅行回来。他们在舱室里向海军总司令汇报了航行情况，并对他们下次的出国航行提出了建议。按照海军总司令部当时的计划，吕特晏斯应率领"卡尔斯鲁厄"号再次到北美洲去，邓尼茨则率领"埃姆登"号访问日本、中国、当时的荷属印度、南太平洋和澳大利亚。吕特晏斯提议，是否将他与邓尼茨对换一下，以便让"卡尔斯鲁厄"也能领略一下文化悠久的东方国家的风光。邓尼茨对此表示反对，理由是，根据第一次世界大战中由冯·米勒中校率领的"埃姆登"号的前身所进行的一些著名的战斗航行，"埃姆登"号在传统上就属于东亚地区。

海军总司令严肃地说:"我的先生们,你们都别争了,你们两位都得离开巡洋舰。"邓尼茨和吕特晏斯感到十分惊讶,海军总司令接着说:"吕特晏斯将在海军总司令部担任军官人事处处长,负责为新组建的海军部队配备军官。你,邓尼茨,将去接管一支新组建的潜艇部队。"

这个决定出乎他们的意料之外。与英国签订海军协定决定了这次指挥官的变动。邓尼茨对这次调动并不感到高兴,因为原定的远东之行对他有着极大的吸引力。在组织均衡舰队的整个计划中潜艇只是很小和很不重要的一部分。邓尼茨认为自己被安排到一个次要的岗位上了。但后来的事实让邓尼茨明白当时的想法错了。这道命令对他后来漫长的军事生涯具有决定性的意义。它给邓尼茨带来了能充实人生的一切:责任感、成功、失败、人的忠诚和尊敬以及必要的考验和痛苦等。

1935年6月18日,德英双方签订海军协定。德国在该协定中承担的义务是,把海军装备限制在英国的35%以内。每一种类型的水面舰艇也要受此约束。只有潜艇的吨位可以达到英国的45%,必要时经过友好协商还可提高到100%。根据英国海军在1935年所拥有的舰艇吨位,按照协定允许德国建造的潜艇为24,000吨,是英国的45%。

这种自愿的自我限制是出于当时德意志帝国所处的地位。当时德国不得不屈从于凡尔赛条约的规定。该条约使德国不断裁减军备。希特勒想逐步挣脱这个约束,于1935年3月16日宣布德国拥有国防主权。他为了使英国不会受到其他战胜国反对的影响,与英国就签订一项海军装备协定问题进行了谈判。他认为这样做可以消除英国将来在政治上的对立情绪,因为通过自愿限制海军装备这一协定可以证明,德国不打算进攻英国。

< 1935年6月,纳粹德国建造的第一艘潜艇正在下水试航。

对于重新组建一支德国潜艇部队而言，上述的潜艇吨位数具有重要意义。虽然已占45%，但数量仍然是最少的。这是不难解释的。由于英国是一个岛国，其主要靠从海上运进生活资料和原料。此外，通向殖民地的海上交通线对英帝国的维持具有生死攸关的意义。因此，英国几百年来一直明确指出，保护海上交通线是英国海军的海上战略任务。这项任务只能由水面舰艇，而不是由潜艇担任。可想而知，由于潜艇在水面极易受到伤害（如火炮的攻击），航速慢，观察高度低，视界小，不适合担任上述任务。然而潜艇却是一种特殊的战术进攻武器。英国当时还没有假想的对手，不需要在一场军事冲突中用大量的潜艇去破坏敌国的海上交通线，因而英国海军也就不需要有较大规模的潜艇部队。因此，英国潜艇在30年代发展缓慢，数量很少，仅相当于法国潜艇数量的2/3左右（1939年英国拥有潜艇57艘，相反，法国却有78艘）。所以在英国海军中潜艇只起次要的作用。尽管英国允许德国的潜艇建造吨位可达45%，甚至在必要的时候还可达到100%，而不是像其他的水面舰艇那样只达到35%，但从上面的吨位分配来看，实质上数量还是相当少的。因此，这些数量的潜艇在德国新组建的均衡海军中也不能成为重要的因素。

1936年，一些海军强国在伦敦签订了一项完全符合英国愿望的关于军事上使用潜艇的议定书。根据这项议定书，潜艇要拦截和击沉商船时必须像水面舰艇那样在水面行驶。即使商船装备有"只用于自卫"的火炮，也不能改变这一规定。商船仍可按国际法的规定享受应有的保护。这就意味着潜艇必须浮出水面拦截和搜索商船。

1935年德英海军协定签署之后，1936年11月23日，德国也同意了上面所提到的1936年签订的潜艇议定书。于是潜艇的军事价值就更低了。

英国人在第一次世界大战后多次公开发表了有关对付水下潜艇的新型探测器，这种声呐装置利用超声波的作用能探测到几千米距离外的潜艇。因此，根据英国官方的观点，潜艇就成了一种过时的武器。英国人认为，其他国家已不值得再去建造潜艇了。

由于上述原因，德国海军在1935年对建造新潜艇的全部意义均表示怀疑。然而对那些年青有为的军官、士官、水兵和轮机兵来说，虽然在潜艇上服役无疑会遇到较多的风险，但德国潜艇在第一次世界大战中所表现的较强的独立行动的能力和不可磨灭的荣誉仍然吸引他们在新潜艇上工作。

1935年9月28日，组成的第一支前线潜艇支队——"韦迪根"潜艇支队服役。邓尼茨作为海军中校担任该支队的司令。为了顺利地组建这支新的潜艇部队，他把全部精力都用上了，邓尼茨又成了一个潜艇迷。他对训练这个支队有一套自己的想法，并对自己提出了十分明确的原则性目标。其要点是：

1. 要使艇员们热爱和信赖他们的武器，教育他们要具有忘我的精神。而光有军事技能是不够的。

2. 尽可能按实战要求训练潜艇部队。要让潜艇在和平时期就体验想象中的战时可能出现的每一种情况，而且要尽可能地细致、具体，以便使艇员在战时遇到任何情况都能处置自如。

3. 规定潜艇要在600米的近距离上实施水面攻击或水下攻击。

4. 潜艇是一种出色的鱼雷携载工具。

5. 非常重视利用潜艇在夜间实施水面攻击，并尽量把鱼雷艇的战术原则和经验运用到潜艇上。

从1935年10月1日起，邓尼茨和他的教官们按照这些原则开始对"韦迪根"潜艇支队进行训练，在海上从一艘艇登上另一艘艇进行讲课。特德森负责讲授潜艇的航行操作和下潜技术，邓尼茨主要负责讲授潜艇在潜望深度和水面状态的攻击战术。他的工作方式是亲自指导，这样艇员们就很快地了解他了。于是他们相互间取得了信任。

1936年秋，邓尼茨担任了潜艇部队司令。

1935～1936年这一年的训练最明显的成果是，全体官兵从思想上消除了这样一种确实广为流行的观点：潜艇已经过时，在新研制的先进的反潜装备面前，潜艇已无所作为。

No.4 咆哮海上的"狼群"

从远古时代起人类就懂得集中起来投入作战，或者在统一的领导下集合在一起作战。

但在第一次世界大战的海战中，尤其是潜艇没有遵循这个基本原则，它总是单独行动和孤军作战。当英国在第一次世界大战中采用了护航编队之后，潜艇战的这个致命弱点便暴露得更加明显了。

其实，在1917年和1918年就有人提出过潜艇协同作战的建议。遗憾的是，这些提议和这方面的其他一些想法在第一次世界大战中并没有被所有艇员接受。德国在第一次世界大战中的潜艇战败于护航编队。

因此，1935年当邓尼茨刚开始担任第一个潜艇支队的司令时，就清楚地认识到，潜艇协同作战的问题必须解决。

在集中兵力打击某一单个目标时，在指定的海域或作战区参战的潜艇有必要实施战术协同。重要的是，发现和通报敌情，集中尽量多的潜艇对敌实施攻击。于是，在

1935年年底产生了"狼群战术"的雏形，后来又逐步地加以完善。

在潜艇协同作战的试验中遇到了大量的具体问题。主要包括以下几个方面：

（A）指挥方面的问题。对潜艇的指挥能实施到何种程度？只是指挥到战术协同，还是也指挥到实施攻击？怎样才能把指挥与潜艇的独立行动最有效地结合起来？是否必须从海上（在一艘水面舰艇或潜艇上）实施指挥？在一艘潜艇上究竟能否实施指挥？为了指挥其他潜艇，指挥艇应在海上什么位置？能否完全或部分地从岸上实施指挥？是否还需要在海上设立下级指挥机关？怎样划分这两级指挥机关之间的指挥权限？

（B）通信方面的问题。当潜艇处于水面、潜望深度和全潜状态时，如何与其他潜艇、水面舰艇和岸上指挥所联络？为此，需要使用何种通信器材？应使用何种波段：短波、长短还是超长波？在昼夜各种海洋水文和气象条件下的通信距离应该多远？潜艇的发报条件如何？指挥艇必须具备什么样的收发报能力？另外还有无线电测向信号的收发和报告、下达命令和发报时密码的使用等一系列问题。

（C）战术方面的问题。协同作战时潜艇应如何行动？在开进途中，潜艇是集中航行，还是分散航行？应采用什么队形？潜艇在实施侦察时，或者在支援其他潜艇进行侦察时，或者由其他潜艇接替侦察时，采用什么样的配置和行动最理想？担负攻击任

∨ 隶属于"韦迪根"潜艇支队的潜艇。

务的数个潜艇群应如何配置？是密集配置还是疏散配置？横向配置还是纵向配置？艇与艇、群与群之间的间隔距离是多少？如果完全疏散配置，那么是采用线式配置好，还是采用方形配置好呢？

为确保同敌人保持接触，需用多少潜艇？要不要、能不能为它们划分区域？潜艇与潜艇的交接班如何进行？与敌保持接触的潜艇何时实施攻击？以及其他许多问题。

在1936～1937年这段时间，新的"集群战术"（也称"狼群战术"）已逐步形成。它基本上是一种潜艇在水面的机动战术，即通过预定的战术配置使潜艇能够发现敌人，在水面与敌舰保持接触，并尽可能召唤其他潜艇前来实施协同攻击。这种战术主要是夜间在水面实施。灵活而快速的W型潜艇对这种战术协同具有特别强的适应性。

邓尼茨在1935年年底就已拟定了第一个"集群战术"条令，以后不断加以修正。到战争开始时它编入了《潜艇艇长手册》。

英国海军对德国1935年以来演练"集群战术"反应迟钝。直到战争开始，英国人对于潜艇实施水面攻击和采用"集群战术"毫无准备。英国海军把他们的力量和注意力仅集中在对付水下潜艇的攻击上。英国海军对他们发明的利用声呐探测潜艇的方法寄予厚望。由于有了对付水下潜艇的有效方法，英国海军中的某些人在两次大战之间的那些年月里对潜艇的威胁采取视而不见、高枕无忧的态度，对潜艇的危险性估计不足。1937年英国海军部的报告甚至认为，"潜艇再也无法使我们面临像1917年那样的困难了。"英国海军的训练和思想都集中于水面舰艇之间的作战，就连商船的防卫也主要是从敌人实施水面舰艇攻击的角度来考虑的。"集群战术"使他们猝不及防。英国直到惨遭重创时才觉悟过来："敌潜艇战术的发展给我们带来了严重的问题，因为敌人采用了我们从未见过的攻击样式，我们无论在战术上还是在技术上都没有准备好对付措施。"

同样，德国海军的某些指挥机关和德国的首脑人物在第二次世界大战中也没有及时、充分地认识到潜艇的重要性，因此没有及时地在这方面投入必要的财力。这是第二次世界大战中德国潜艇战的不幸。

No.5 最合适的作战兵器

1935年签订德英海军协定时，德国海军中断潜艇建造已达17年之久。邓尼茨认为，在考虑潜艇建造方针时，第一个重要问题是明确战略任务。然后根据战略任务再提出第二个基本问题：需要使用何种海战武器来完成对付某个大陆国家这一海上战略。

邓尼茨对潜艇的优点和缺点作了仔细的分析：潜艇是一种很好的鱼雷携载工具，

＞ 在海军总司令雷德尔的陪同下，邓尼茨检阅潜艇部队。

但却是蹩脚的火炮携载工具。由于其平台低、观察高度有限，因此不宜使用火炮；潜艇的航速低于所有的水面舰艇，因此不宜与水面舰艇直接进行战术协同；此外，由于其观察高度太低，因此它是一种很差的侦察工具。潜艇特别适合于布雷，因为它能隐蔽地潜入敌沿岸水域和敌舰船航行最频繁的海区，能在没有引起敌人怀疑之前，就悄悄地返航。

他对大小潜艇的性能也作了比较：选择潜艇型号时可以不考虑其他国家海军潜艇的大小。因为潜艇的战斗力绝不会像其他作战舰艇那样随着体积的增大而增强。相反，潜艇超过了一定的体积，许多具有特殊作战能力的特性便会受到损害。潜艇从水面状态下潜到水下安全深度所需要的时间会更长，下潜机动会更加困难，潜艇大幅度前倾也会更加危险，因为较大的潜艇下潜时的整个操纵技术更加复杂。另外，艇体越大，机动性和灵活性就越差，无论在水面或水下，潜艇的旋回圈越大，在旋转同样角度时所需要的时间也就越长。因此，在适应快速多变的战斗情况方面，大型潜艇同小型潜艇相比速度较慢、性能较差，这尤其对于夜间攻击来说是个突出的弱点。此外，艇体越大侧影也越大，夜间易被发现。

但另一方面，较大的潜艇所携载的武器、给养和燃料较多，可增大活动半径和改善艇员的居住条件。

上述这些考虑使选择艇型有了一个广泛的范围。邓尼茨从这些矛盾中寻找最佳的综合方案：一方面要考虑到潜艇下潜性能和技术操纵的方便、视野的开阔和战术机动能力；另一方面还要使活动半径尽量满足设想的作战需要。他采用了"黄金分割"

法选择了500吨左右的潜艇为最佳潜艇，以满足两方面的要求。

因此，邓尼茨在1937年春向海军总司令部提出下列建议："应根据特德森关于增加储油量和适当加大艇体的建议，集中力量建造Ⅲ型潜艇，把德英海军协定所规定的潜艇吨位的3/4用于建造该型潜艇。建造4艘500吨的潜艇，而不是建造1艘2,000吨的潜艇，对我们更加有利。将剩余的1/4的吨位用于建造740吨，其活动半径为12,000～13,000海里的潜艇，以便能在远洋单独行动。"

但海军总司令部中大多数人对此却另有看法，理由是：潜艇在未来战争中仍将是单独行动和单独作战。"集群战术"在作战过程中必然会打破无线电静默，潜艇就会被敌人测出，从而暴露潜艇的位置。邓尼茨则持相反的意见，认为不管是否使用无线电通信都只能作为达到某种目的的手段而已。如果通过无线电通信能使我们集中大量的潜艇，从而取得更大的对敌作战的胜利，那么会打破无线电静默这一缺点就得暂且容忍。在辽阔的海域使用"集群战术"时，如果没有一艘装备特殊通信器材的指挥舰，是无法实施指挥的。

尽管邓尼茨提出了上述反对意见，但海军总司令部仍然认为：必须建造大型潜艇，如2,000吨级的巡洋潜艇。这种潜艇活动半径大、鱼雷舱大，而且特别适合于水面炮战，因此应该优先加紧建造。

由于对未来战争中潜艇的战斗类型和行动方式以及对建造何种最理想的潜艇问题看法不一致，使得海军总司令在1935年以后的那些和平年代中对潜艇建造问题未明确表态，因而延缓了继续建造潜艇的工作。

在1937～1939年，海军总司令部和潜艇部队司令之间在潜艇建造问题上的分歧日益严重。邓尼茨越来越感觉到，虽然签订了海军协定，但希特勒的政策以及不断增长的德国军事力量必然会引起英国的敌对情绪。1937年邓尼茨组织实施的演习很快表明，当邓尼茨要求一艘这样的指挥舰时，海战指挥部拒绝了他的要求，因为按照他们的设想，潜艇在未来的战争中仍然是单独作战。直到最后由于海军总司令的亲自过问才使邓尼茨要求得到一艘指挥舰的愿望得以实现。

颇为有趣的是，在同一时期英国帝国防务委员一致认为：战时敌方很可能对英国的商船进行无限制的潜艇攻击和空中攻击，护航编队必须采用。由此可见，德国从1937年起进行潜艇训练，是对形势做出了正确判断的结果。当时进行潜艇训练的目的，是演练同护航运输队作战和要求建造大量的潜艇。

1938年5月底，希特勒通知海军总司令，应将英国列为可能之敌，尽管当时还没有直接与英国发生冲突。于是，海军总司令于1938年秋在海军总司令部成立了一个计划委员会，专门研究由于这个新的潜在之敌而产生的海军的任务及完成这些任务所需要的海战兵器。

1939年1月，雷德尔海军元帅向希特勒提出了Z计划，其主要内容是，建造大型水面舰只编成战斗群，从德国的港湾经由北海直插大西洋，以攻击英国的生命线。这一大型水面舰队计划将于1948年建成。"Z"计划的重点是建立一支水面舰艇部队，希特勒很快批准了上述计划，并要求在6年内完成。

　　邓尼茨的构想与Z计划不相符合，他认为"Z"计划存在以下缺点：

　　（1）实现该计划至少需要6年时间。在这期间德国海军若与英国作战，势必处于无装备状态，何况这段时期的政治局势又相当紧张。

　　（2）如果我们着手建造大批的战列舰、巡洋舰和航空母舰，那毫无疑问敌人也会急起直追。在随之而来的军备竞赛中我们肯定会处于劣势，特别是刚开始时我们服役的大型军舰还远远不到敌人的35％。

　　（3）由于自第一次世界大战以来出现了空中威胁，在停泊港和修船港的德国战斗群易受敌国空军的攻击，而且距离很近无法躲避。对于潜艇，我们能建造钢筋水泥洞库来加以防护，而对于大型水面舰艇则不可能。相反，英国舰只能疏散到英国北部海区，而使德国空军鞭长莫及。

　　（4）该计划没有考虑与英国相对的德国的地理位置。德国的地理位置不合适建立战斗群在大西洋上使用。因为英国面对着德国的各个港湾，并且恰好能挡住德国舰队的出海航路。还能控制其在大西洋上的作战路线。此外，德国海军在大西洋上没有修理场所，一旦舰只被击中，其出境就很困难。还有一个不利条件：英国可以使用陆上飞机来攻击德国的水面舰只，而德国由于距离太远则不可能做到。

　　与雷德尔相反，邓尼茨已经看出了空军的重要

∨ 正在检阅潜艇的希特勒。

性，他认为飞机将发展成为一个决战的军种。1948年才能完成的大型水面舰只建造计划，势必与这种趋势相违背。鉴于德国在海上毫无防卫力量，邓尼茨要求建造300艘供第一线使用的潜艇，因为只有这种水下舰只才适合实施切断英国生命线的任务。

尽管邓尼茨当时只不过是一名海军上校和处于下级地位的前线指挥官，但他请求把他的意见转告希特勒。

1939年8月28日，邓尼茨向海军总司令和舰队司令递交了一份题为"关于建造潜艇部队的设想"的备忘录，其中写道：

"潜艇是最合适的作战兵器，而且建造速度也比水面舰艇快。所以，海军必须迅速

地组建潜艇部队，力争使自己在今后与英国的冲突中处于比较有利的地位。

在大西洋进行潜艇战的主要武器是鱼雷潜艇，需要100艘随时做好战斗准备的潜艇，因此这些型号的潜艇总数不得少于300艘。凭现有的潜艇，还无法在不久的将来同英国商船队打一场决定性的战争，而只能给英国的贸易往来'刺痛'一下……

因此，潜艇部队必须打破常规，采用一切手段，使自己能在战争中完成击败英国这一主要任务……"

邓尼茨的意见得到舰队司令伯姆海军上将完全支持。

9月3日，英、法对德国宣战。德国海军就像一个残缺不全的躯体，潜艇部队中做好战斗准备的潜艇总共只有46艘。这个数字在57艘现役潜艇中所占的比率已相当高了。但这46艘潜艇中只有22艘能到大西洋作战，其余的是250吨的小型潜艇，因活动半径有限，只能在北海海域作战。这就意味着平均只有5～7艘潜艇能在大西洋与敌周旋。在一场战争中一个兵种的武器数量少到如此程度实属罕见。这样少的武器只能起到刺痛敌人的作用，而不可能使一个世界大国、第一流的海军强国求和。

海军总司令曾提请国家领导注意上述情况，但是他还得按上级的指令行事，于是在德国海军史上一个最悲惨的局面便产生了。

战争爆发后，海军总司令立即下令停止所有（包括未下水的）大型军舰的建造，并撤销了"Z"计划中的潜艇建造方案，开始按照邓尼茨在1938～1939年军事演习和1939年8月28日备忘录中所要求的型号和数量加速建造潜艇。不言而喻，当时海军的当务之急就是要尽快建立一支大型的潜艇部队。

邓尼茨请求在柏林的海军总司令把当前组建大型潜艇部队的这一最重要的任务交给他。但是，海军总司令拒绝了邓尼茨的请求，因为他认为，潜艇部队指挥官应留在前线。邓尼茨认为，德国潜艇的目标必须是拦截敌护航运输队，并利用现有的少量潜艇集中力量将其歼灭。但在辽阔的公海上搜索敌护航运输队并非易事，因此，必须将兵力集中部署在敌海上交通线必经的海区——英国的西南部海区和直布罗陀海峡附近。邓尼茨决定派遣潜艇部队去袭击直布罗陀海峡的交通线。

在战争开始时，由于潜艇的活动受到各种命令的限制，加之潜艇数量又少，因此，邓尼茨对经济战的成功的可能性没抱很大的希望，选择在敌港口附近和交通枢纽附近海域使用潜艇布雷。到1940年3月1日止，德国潜艇在英国西部沿海、英吉利海峡的英国近海、英国东部沿海等近30个海湾和港口布设了水雷。在从布雷后直接截获的敌人情报来看，水雷障碍的效果是令人满意的。在布雷后几小时，英国海军部便将利物浦附近的几个海区宣布为危险区。到1940年3月1日止，英国共有115艘舰船触雷沉没，总吨位达394,533吨。

No.6 幽　灵

战争开始以来，邓尼茨就一直想派遣潜艇袭击斯卡帕湾。斯卡帕湾位于英国苏格兰地区最北端的半封闭水域，是一良好的天然海湾，长约24公里，宽13公里，面积130平方公里。有3条航道通大西洋和北海。曾为英国皇家海军重要海军基地。英国据此控制北海。

在斯卡帕海域，主要困难在于水流湍急，如波特兰湾的流速高达10节。因潜艇的水下最高速度只有7节，而且只在有限的时间内才能保持这种高速；所以这意味着潜艇在水下将随波逐流，无可奈何。在斯卡帕湾的7个入口中，有6个英军设有防潜栅、防潜网、水雷场，并有警戒舰艇封锁，唯独第7个出入口——柯克海峡，英军防备比较松。因为柯克海峡水道狭窄多变，波汹流急，水下密布巨大的岩石，构成险峻的天然屏障。同时，英军还在柯克海峡凿沉3艘旧船。这样，潜艇要想通过这个海峡，真比登天还难。英军以为3艘沉船已经将柯克海峡完全封死。战争一爆发，邓尼茨就要求海战指挥部根据掌握的现有情报制订一份突袭斯卡帕湾港的计划。计划应考虑到在进出斯卡帕湾港的各航道上可能会遇到的各种障碍。

1939年9月，通过对航空侦察拍照和潜艇搜集的情报的分析，认为从霍尔姆海峡突入是有可能的。霍尔姆海峡已被3艘沉船堵塞，两艘横在柯克海峡的航道中，另一艘在其北侧。沉船以南直到霍尔姆这一带水深7米，有一条宽17米的水道通向浅水区，在沉船以北还有一条狭窄水道，沿岸两旁无人居住。因此，趁落潮之时利用夜暗从水面突入是有可能的，但主要困难在导航方面。

邓尼茨挑选了U－47潜艇艇长普里恩海军上尉来执行这一任务。认为他具有完成这一任务的军人素质和航海能力。普里恩接受了任务，并有了一套成熟的方案。

这次行动最合适的时间是10月13日的夜晚，因为在这一天有两次落潮，且都将在夜间发生，而且又刚好是朔月。普里恩在10月8日从基尔起航，用G－7E型鱼雷装备他的潜艇，而不用水雷。潜艇进出霍尔姆海峡极其困难，沉船周围水道狭窄，海涛汹涌，水流速度达10节。霍尔姆海峡无人守备，艇长普里恩沉着、从容地指挥潜艇向前航行，闯过一道又一道难关，"U－47"号像一只幽灵偷偷地潜入了斯卡帕湾。U－47继续航行了大约3.5海里，终于看到前方有两个巨大的黑色舰影，它们正是英国皇家海军的两艘主舰"反击"号和"皇家橡树"号军舰。普里恩下令攻击。在首次攻击中，1枚鱼雷击中"反击"号前部；紧接着又装了两枚鱼雷，进行第二次攻击，这次两枚鱼雷击中"皇家橡树"号，几秒钟后该舰立即爆炸。仅几分钟，这艘巨大的战列舰就沉没了。舰上24名军官和809名士兵全部丧生。普里恩马上下令撤离。1个半小时离开霍尔姆海峡之后，10月14日11点钟，英国广播了"皇家橡树"号战列舰被1艘潜艇击沉的消息。

普里恩海军上尉，凭着丰富的军事知识和出色的才干，谨慎而又利索地完成了交给他的任务。10月17日，普里恩率领U－47号潜艇返回威廉港。

英国人对于"他究竟是从哪一条航道突入的问题一直没有弄清"。具有讽刺意义的是，有一艘废船按计划本应事先就沉在德国U－47号潜艇突入的那条航道上，但它却在"皇家橡树"号被击沉后才到达斯卡帕湾。

"皇家橡树"号被击沉后，英国宣布，目前斯卡帕湾完全不适合做舰队基地。经过慎重的讨论研究后，决定在改进斯卡帕湾的防御状况的同时，埃韦湾暂时仍作为基地使用。

潜艇的战斗行动除了使英国的舰艇遭到重大损失外，还给他们的基地带来了极大的麻烦。

这次出色的袭击使希特勒对潜艇的看法大为改观。希特勒当即批准了潜艇部队司令邓尼茨建造潜水艇的计划，同意采取"先发制人，进行无限制潜艇战"的战术。斯卡帕湾战斗行动标志着同敌水面军舰的斗争的开始，大西洋上"狼烟"升起来了。

1939年10月30日，邓尼茨收到了U－56号潜艇发来的电报："10时，'罗德尼'号战列舰、'纳尔逊'号战列舰、'胡德'号巡洋舰和10艘驱逐舰位于240度，3492的方格内。发射3枚鱼雷，失灵未炸。"

U－56号潜艇的艇员在水下听到3枚鱼雷击中"纳尔逊"号的3次声响，但鱼雷没有引爆。后来得知，当时丘吉尔也在"纳尔逊"号舰上，邓尼茨对此无比惋惜，认为U－56号潜艇这次行动的失败是军事上的一个重大失误。

下述几点值得一提：

艇员们的战斗士气高昂，他们深信潜艇在海战中具有很大的意义。

笔者认为潜艇在和平时期就进行深潜训练是正确的。在战争中潜艇经常需要处于深潜状态，因此，在和平时期就应对艇员进行深潜技术操作训练，对潜艇也须进行这方面的实验。

然而潜艇的鱼雷武器却性能不佳。它们经常失灵，必须改进。

英国的声呐定位器并不像英国人在和平时期所崇拜的或至少是吹嘘的那样完美无缺，否则U－39、U－29和U－56号潜艇就不可能击中在驱逐舰掩护之下的"皇家方舟"号、"勇敢"号航空母舰和"纳尔逊"号战列舰。

德国在这个阶段损失了14艘潜艇，约计9,500吨位，付出了约400名潜艇官兵的沉痛代价。在同一时期，潜艇使敌人损失舰船199艘，总吨位达701,785吨。此外，潜艇通过布雷炸沉敌舰船115艘，总吨位达394,533吨。其中包括击沉了"皇家橡树"号战列舰（9,150吨）和"勇敢"号航空母舰（2,450吨），击伤了"纳尔逊"号、"巴勒姆"号战列舰和"贝尔法斯特"号巡洋舰。通过上述对比可以看出潜艇战带来的经济效益是：使用较少的兵力，取得了显著的战果，而受到的损失没有越过己方的承受能力。

邓尼茨想起纳尔逊在谈到海战问题时曾说过："唯数量能胜敌！"这话对潜艇战尤其适用。在潜艇数量相当充足的情况下，总的战果必定是很大的。

No.7 "狼群" 纵横大西洋

1940年夏，德国国防军就着手准备实施代号为"海狮"的作战计划。在这一计划中，也准备动用全部潜艇（包括训练潜艇），邓尼茨对这次入侵行动缺乏信心，觉得成功的可能性不大。他认为，要迫使英国求和，只有采取这种办法：袭击英国的海上交通线。这对英国是直接的打击。英国的海上交通线与英国民族的命运休戚相关。英国要进行战争非依靠海上交通线不可。一旦海上交通线面临生死存亡的威胁，英国的政策必定会做出反应。

1940年10月，德国8艘潜艇一举击沉了英国63艘舰船，共计352,507总吨位。这对英国来说是一个严重的损失，它大大减少了英国舰船的总吨位。邓尼茨认为要取得对英战争的决定性胜利，在作战区同时参战的潜艇就不能只有8艘，而是需要100艘。因此，从现在开始，必须千方百计地在"大西洋战役"中尽快投入强大的潜艇部队。

英国立刻采取了相应的措施。在丘吉尔首相的领导下集中了一切力量来对付潜艇的威胁。丘吉尔亲自担任"大西洋战役委员会"的主席，该委员会是为解决与大西洋战役有关的所有问题而专门成立的。战时内阁成员、各部部长、第一海务大臣、空军总参谋长和一批技术顾问均是该委员会的成员。他同时又是反潜艇委员会的主要人物。丘吉尔认为，德国潜艇对英国来说是主要威胁，仅这一点就使他感到诚惶诚恐，并认为如果德国人不惜为建造潜艇而孤注一掷，那就会变得非常棘手。

令邓尼茨感到遗憾的是，德国对这场海战的认识是不足的。德国缺乏像英国国家和军队首脑以及英国公民那种对"大西洋战役"的清醒认识和理解。他们的目光较多地盯着陆上战役。德国的那些只注重陆上战争的国家和军队首脑们，始终没有清楚地认识到：在大西洋战场，德国的少量潜艇担负着同英国进行决战的重任。他希望能集

< 正在听取手下军官汇报的邓尼茨。

中一切力量尽快地铸造潜艇部队这把利剑，以构成对英国的严重威胁。

从1939年9月至1940年6月，这一时期只有极少量的潜艇在英国周围水区和比斯开湾海域单独行动。开始只有部分同盟国和中立国家的商船以护航运输队形式编队航行，因此潜艇可捕捉大量单个目标。

从1940年7月至1941年3月，这一时期由于占领挪威和法国西部，使潜艇得到了新的有利基地，潜艇从这些基地出发，采用集群或"狼群"战术对付往返于北海峡前方海域的护航运输队，并取得了重大战果。由于敌方把驱逐舰派去防御对方可能的入侵行动，这些护航运输队的护航兵力很弱。在这个阶段，德国重型水面舰只也参加了北大西洋的经济战。

在1941年3月至12月的这个阶段，英国集中反潜力量，尤其集中北海峡前方地区的近岸引导飞机。这样，潜艇不得不在大西洋纵深地区转移，在那里潜艇配置成侦察幕，在辽阔的海面上大范围搜索从6月份起在哈利法克斯—英国航线和弗里敦—直布罗陀—英国航线上航行的护航运输队。在这个阶段，美国海军也开始逐步参与海上作战。1941年下半年潜艇战战果大为减少。

在1942年1月至7月这一时期，随着美国的参战，潜艇在打击美国东岸海区无护航的往来船只的历次作战中，开创了它们的第二个"黄金时期"。

1940年至1942年的3年中，德国潜艇创造了辉煌的战绩。邓尼茨改进了他的潜艇"集群战术"，他让海军的远程搜索机构报告敌人船只的位置，并随之利用无线电指挥各潜艇群去攻击这些目标。同时，各潜艇群还攻击敌人的护航船只，使之陷入混乱后再行攻击别的船只。那时，人们对于这些海洋中的"灰狼"无不闻风丧胆。

在1942年7月至1943年5月的这个阶段，鉴于敌方在西大西洋采用了护航编队，潜艇部队被迫把作战重点重新转移到北大西洋护航运输队的航线上。那里的潜艇群与拥有海空护航兵力的护航运输队展开了决定性的搏斗，这场搏斗的胜负越来越取决于技术发展的水平。

1943年3月，邓尼茨的成功达到了顶峰。他的潜艇曾在20天内击沉敌舰75万吨。英国海军史学家罗斯基尔上校曾这样回忆当时的情景："我们感到，虽然没有人肯承认，我们的失败是注定了。"

邓尼茨认为搜索护航运输队的问题必须解决。理所当然的办法就是通过大范围的空中侦察来支援海上的潜艇部队。但是，德国在整个海上战争过程中都没有调动飞机来配合潜艇作战，这是一大错误。邓尼茨对希特勒说："德国在20世纪这个飞机世纪里进行海上战争时，却没有自己的空中侦察兵力和航空兵配合作战，就好像根本没有飞机存在一样，这简直是不可思议的。"

然而戈林将军对此表示反对。自从1933年开始组建新的德国空军以来，他一直坚持一个观点："凡是天上飞的均属我管。"海军总司令雷德尔海军元帅在1933~1939年期间曾多次进行交涉，希望国家领导同意海军拥有自己的必要的航空兵力量，但是未能如愿。

1939年1月27日，海军总司令和空军总司令关于这个问题的谈判最后以戈林的胜利而告终。谈判达成的协议书规定，空军也参加海上战争，海军在实施舰队联合作战时，可得到配属的只供侦察和战术空战用的飞机。这支海上航空兵部队的建设、部署、隶属关系和训练都由空军决定。

邓尼茨认为，德国海军占领大西洋海岸已5个月了，但潜艇部队尚未得到空中侦察兵力的足够支援，也未能根据作战的需要由潜艇部队领导来指挥

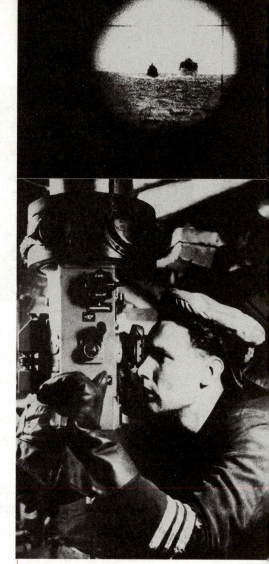

∧ 水兵通过潜望镜，侦察着海面上的动静。

空中侦察部队遂行任务。因此，1940年12月14日，邓尼茨再次向海军指挥部全面地重申了他的想法。

1941年1月2日，邓尼茨在柏林向雷德尔海军元帅汇报了这个问题。雷德尔让邓尼茨去见国防军统帅部国防军指挥参谋部参谋长约德尔将军，以便亲自向他说明目前潜艇战难以为继的局面和派飞机进行日常侦察的要求。

邓尼茨与约德尔交谈的结果，促使希特勒在1941年1月7日过问由帝国元帅戈林主管的空军事务，并将第40轰炸机联队归邓尼茨指挥。希特勒做出上述决定时没有征求戈林的意见，戈林是不同意把一部分空军兵力给海军指挥的。1941年2月7日，戈林的指挥列车在法国指挥所附近停车，他邀请邓尼茨到他那儿去。这天是邓尼茨第一次见到戈林。谈话中戈林想让邓尼茨同意撤销领袖的上述命令，邓尼茨生气地拒绝了。谈话结束后戈林请邓尼茨用餐，被邓尼茨婉言谢绝。他们的第一次见面不欢而散。

这样，戈林只得把第40轰炸机联队交给一位前海军军官哈林豪森中校指挥。

No.8 海军总司令

1943年1月中旬，海军元帅雷德尔给邓尼茨在巴黎的指挥所打去电话，告诉邓尼茨，他打算辞职，准备提议让卡尔斯将军或邓尼茨作为他的继任人担任海军总司令。他询问邓尼茨的健康状况是否能担任这一职务，要邓尼茨在24小时后做出答复。

邓尼茨感到非常意外，他没想到雷德尔海军元帅会有辞职的打算，也没想到，希特勒与雷德尔之间会因使用大型战舰打击从挪威北部海区驶往苏联的护航运输队的问题，而在1942年12月底产生分歧。当时大型舰只没有取得希特勒所预期的那种战果，因此，他命令大型舰只退役，他认为这些舰只已失去军事价值。

雷德尔海军元帅对这项命令持反对态度，当希特勒坚持执行这项命令时，他提出辞职。希特勒对此也感到意外，做了一些努力，想使雷德尔回心转意，但无济于事。结果只好同意他辞职。

24小时后，邓尼茨告诉雷德尔：我的身体很健康，完全有能力接受海军的最高指挥权。

雷德尔提议，卡尔斯海军大将和邓尼茨都可以作为继任者。"如果希特勒想强调潜艇部队目前对他来说是居于首位的话，那么选择邓尼茨是完全合理的。"

希特勒决定由邓尼茨任海军总司令。雷德尔所陈述的理由在这件事上起了决定性的作用。也许他认为，作为潜艇部队司令的邓尼茨在大型舰只退役问题上与他有共同的看法。

1943年1月，邓尼茨被任命为海军总司令。当上海军总司令后，邓尼茨与作为国防军最高司令和国家元首的希特勒就有了直接和经常的接触机会。在此之前，除了和所有的国防军高级领导人一样向希特勒作一些军事汇报或者奉命向他汇报情况外，邓尼茨与希特勒没有任何个人接触。

邓尼茨一开始就遇到了麻烦。1943年1月30日，就任海军总司令的那天，邓尼茨向希特勒作汇报时，这位元首滔滔不绝地讲了为什么要大型军舰退役的问题。他讲完后，邓尼茨对他表示，自己对现在这一新的职务的使命还没有充分的领会。

1943年2月8日，邓尼茨看了一下大型军舰的退役计划，这个计划是他的前任海军总司令拟订的。起初他对该计划没有提反对意见。

但很快邓尼茨发现，有关大型军舰的报废问题必须重新研究。因为，大型军舰退役，尤其是军舰报废需要花费劳动力和工业力量，这两者都不会给人力和物力带来值得一提的好处，这些措施必然会在军事和政治上产生不良后果。邓尼茨向希特勒做了有关这方面问题的汇报，简单明了地向他解释了不能同意他的命令的理由，并请求他撤销这个命令。当时希特勒感到分外的难堪，因为他万万没有料到这个一向要求大力支持潜艇战的前潜艇部队司令会有这种态度。他十分恼怒，但最后还是愤愤地同意了邓尼茨的请求，并对他下了逐客令。

在这次汇报后的一段时间内，邓尼茨曾怀疑，他担任海军总司令的日子是否能长久。但很快他就发现，反对希特勒的结果完全不像自己所想的那样，后来他对自己异乎寻常的客气，这种态度一直保持到1945年4月底。

1943年5月当潜艇战崩溃之际，邓尼茨丝毫没有受到希特勒的责备。此后不久，在一次大规模的形势讨论会上，有人向他报告，说一艘重要的油船在达达尼尔海峡附近被英国潜艇的鱼雷击中，这艘油船是从黑海驶往被德占领的希腊途中遇到袭击的。希特勒怒气冲冲地说："英国的潜艇是能做到这一点的，可是我们的潜艇在直布罗陀海峡却一无所获！"当时邓尼茨站在他的对面靠近地图处，周围约有20人，都是国防军的首脑人物。这时邓尼茨立即用强硬的语气答道："我的领袖，我们的潜艇必须与世界上最强大的海军作战。假如我们的潜艇也能像英国潜艇在达达尼尔海峡前方海域那样如入无人之境的条件下作战，那么它们起码也会取得同样的战果。我派往直布罗陀海峡的都是一些地中海的优秀艇长，他们比英国人要能干得多！"

由于邓尼茨的回答措词激烈，当时整个会议厅鸦雀无声，希特勒面红耳赤十分尴尬，但即刻就恢复了平静，并对向他报告情况的约德尔将军说："请说下去！"邓尼茨对希特勒的这种评语十分恼火，随即离开了会议桌走到窗口旁。当讨论会结束的时候，邓尼茨走在后面，但希特勒走到他面前，用亲切的口吻问他，是否愿意与其共进早

餐，邓尼茨表示同意。他把戈林、凯特尔和约德尔打发走后，只留下邓尼茨一人。

此后，希特勒再也没有干预过海军的事情，他似乎相信邓尼茨是可以胜任的。当其他人向他提出对海军的建议或要求时，或在他面前以某种方式指责海军时，他经常这样回答："海军元帅一定会尽快按要求去办的！"

这种关系的逐步发展，大大方便了邓尼茨对海军的领导。

但是，这种关系也带来了反作用，使邓尼茨遭到其他军种和帝国元帅以及戈林的非难。

戈林喜欢在希特勒面前指责其他军种。他的这种行为给邓尼茨的前任海军总司令雷德尔元帅带来不少困难。当雷德尔移交最高指挥权告别希特勒时，为了助邓尼茨一臂之力，曾对希特勒说："请您在戈林面前支持海军和我的接班人。"

邓尼茨很快觉察到了戈林所耍的手腕，那就是经常把其他军种的失误当做头条新闻不切实际地告诉希特勒，因此邓尼茨与他之间发生了冲突。最激烈也是最后一次的冲突发生在一次大的形势讨论会上。会议一开始，戈林就报告德国的快艇在英吉利海峡沿岸的某港受到英国飞机轰炸，损失惨重。造成这次事件的原因很可能是海军的快艇没有分散隐蔽，为了图方便全部集中在了一起。

邓尼茨立即反唇相讥："我不允许您抨击海军的事，元帅先生，您最好还是去关心关心您的空军吧，那里够您忙的。"

顿时会议室里死一般的寂静。后来希特勒要求那位做报告的军官继续讲下去才打破了这种沉闷的气氛。

∧ 戈林、凯特尔、邓尼茨、希姆莱、鲍曼(从左起)正在商讨作战计划。

这次讨论会结束后，又出现了与第一次同样的情况：希特勒有意留邓尼茨吃早饭，而与戈林握手告别。

这次以后，戈林再也不敢像上次那样指责海军了。他似乎也打算与邓尼茨和解，这次冲突后几天，他还出乎意料地给邓尼茨送来了用钻石做的航空兵徽章。

邓尼茨在希特勒面前仍然坚持坦率而坚定地表达自己观点的原则。他甚至好几次想过或许海军总司令的职务干不长了。

1944年7月20日中午，福斯海军中将从东普鲁士希特勒的大本营给邓尼茨在柏林以北的兰克指挥所打电话，告诉他情况紧急，火速赶到大本营去。关于原因在电话里无法说明。

邓尼茨于7月20日傍晚赶到那里，福斯和希特勒的海军副官冯·普特卡默尔海军少将告诉他，后备陆军的几个总参勤务军官行刺希特勒。邓尼茨对这次抵抗运动的规模、人员组成及其动机一概不知，因此骤然听到谋反和行刺希特勒确实使他大吃一惊。对军官们在战争期间竟会做出这种事，他觉得难以理解。

邓尼茨对希特勒是忠诚的。他认为，谋刺成功无疑意味着一场内战。在7月20日晚对海军的广播讲话中明确表示反对这次谋刺行动。邓尼茨作为一个军种的总司令，他命令要采取相应的行动，果断地逮捕海军中每一个动摇者，并明确表示："可以肯定，我是无论如何不会容忍而会反对这些罪行的。"多少年后，他仍然坚持："7月20日谋刺者所寄托的期望是错误的，今天我仍然这么看。"

1944年7月20日以后，希特勒不再邀邓尼茨与他共餐，邓尼茨只能在大庭广众中见到他，与他说说话。但希特勒对邓尼茨的态度一向都很亲切，在工作上对邓尼茨很信任，凡是海军装备方面需要的物资，一般都能让其如愿，但与海军无关的问题他从来不问邓尼茨，更谈不上征求对这些问题的意见。限制每个负责人的职权范围是希特勒的原则。

No.9 剿灭"海狼"

1943年2月1日，邓尼茨继任海军总司令后，海战出人意料地激烈起来。德国潜艇频频出击，击沉英国护航油船队、商船。特别是3月16日夜，德国潜艇发现两支联合的护航运输队，且无空中掩护，于是不失时机地利用这一有利条件，3个潜艇群的38艘潜艇像狼一样扑了过去，击沉了14艘商船，共计90,000总吨位。

英国海军部对这次惨败印象特别深刻，罗斯基尔海军上校在他的《海上战争》一书中这样写道：

"德国人从来没有像在1943年3月前20天那样几乎掐断了新大陆之间的交通线。……在这20天中我们被击沉的舰船达50多万总吨位，在这1个月中护航运输队的船只几乎有2/3被击沉……每当我们回忆起这个月中所遭受的损失就会不寒而栗。看来我们再也不能把护航编队当作有效的防卫措施了。"

　　不过，这个月取得的辉煌战果也是德国海军在与敌护航运输队的作战中取得的最后一次重大胜利。英国人准备已久的护航航空母舰开始投入使用。航空母舰的出现终于弥补了北大西洋上空无空中掩护的"空白"，使英国护航运输队始终处于飞机的掩护之下。

　　邓尼茨发觉，虽然他的潜艇部队官兵勇敢，战术成功，但总的趋势已完全改变——在烟幕中浮出水面并加以伪装的潜艇，会突然遇到敌机的攻击并被击沉。邓尼茨想不出敌机如何能够发现这些伪装良好的潜艇。

　　原来，英国的远程轰炸机装备了一种新式的、准确程度极高的定向器，即所谓"鹿特丹器材"。从那时起，德国潜艇蒙受的损失不断增加，邓尼茨不得不暂停作战研究对付方法。

　　英国不仅依靠新式定向器，而且还采用了一种新的护航战术对付潜艇群战术：各运输船队由飞机掩护，机上的定向器可以探知潜艇动向，船队侧面，则有反潜舰只实施警戒。北大西洋的空中被严密封锁了，迫使邓尼茨撤回所有的潜艇，这样，盟军的护航作战反败为胜了。

　　1943年6月1日，邓尼茨又派出435艘潜艇去攻击敌人的护航船队。此时，一种新型潜艇研制成功。这种潜艇的水下航速由7节增至16～18节，并且依靠一种吸气装置能在水下停留更长时间。可惜这种潜艇未能大量投产，且因盟军对德国造船厂实施了轰炸，使邓尼茨终未获得海战形势的转机。

　　为了扼制并挫败"狼群"的攻击，英、美海军开始全力实施反潜作战。随着强大的护航舰队的建立，严密的空中、海上监视网的形成，特别是用于反潜作战的新型雷达和新型深水炸弹投入实战，盟军在大西洋上布下了围捕"狼群"的天罗地网。"狼群"的末日到了。德国潜艇的受损数量不断增多，最终不得不于1943年5月下旬退出大西洋。

　　大西洋之战以盟军的胜利而告终。邓尼茨使出浑身解数，力图挽回败局。他下令建造使用通气管的 XXI 型潜艇，但新潜艇的建造受盟军战略轰炸的影响，直到1945年4月才正式服役出航。此刻，邓尼茨已不可能有所作为了。然而邓尼茨的官运却始终吉星高照，由于希特勒的赏识，他于1943年出任海军总司令，后又晋升海军元帅。希特勒自杀前，指定他继任国家元首，做了3个星期的首相。

　　在其空军失败的情况下，海军又无当时的英国强大，于是便派出众多数量的潜艇在海上游弋，封锁英国的海上交通运输线，艇与艇间隔为15～20海里，"结群"平

<U型潜艇行进在大海上。

行搜索敌船队，正面宽度有时可达300～400海里。这些潜艇一旦发现敌舰船，先不忙攻击，立即发出信号，等待其他潜艇迅速赶来，只要己方参战单位之间有默契的配合，利用特有的阵形，往往能发挥出数倍的攻击能力。当然"狼群战术"的前提就是偷袭，简单地说，"狼群战术"就是发现—召唤—集群—潜行攻击—撤出，二战时的德国海军的U型艇肆虐于大西洋和地中海，几乎断送了英国的命运。

随着各种反潜技术的不断更新和适用，尤其是声呐的运用，还有护航航母的使用，使得"狼群战术"的实施者——潜艇本身损失惨重。装在军舰上的米波雷达帮了英国皇家海军的大忙，10厘米的最新式雷达使德国潜艇的接收仪无法接收到电波，因而也就不能预先防备敌人的搜索和发现。这种雷达使英国海军能够不分昼夜地在任何气象条件下，如黑暗、浓雾和能见度不良的情况下发现水面的潜艇，并引导飞机直接对潜艇实施攻击。

德国潜艇在北大西洋的损失率上升到20%，邓尼茨只能改变他的作战方法以尽量避免与英国强大的护航兵力相对抗，并尽力寻找同盟国护航能力弱的海域。

为了彻底摧垮德国的"狼群战术"，1943年6月，盟国将攻击德国潜艇的矛头直接指向比斯开湾——德国潜艇的主要基地。整个作战行动击沉德国潜艇28艘，迫使邓尼茨于8月初下令，潜艇暂停从比斯开湾起航。比斯开湾一战，盟国达成了对驻法国西部的德国潜艇的实际封锁，并使1943年同盟国共击沉德国潜艇的总数达到237艘，"狼群战术"已名存实亡。

整个大西洋海战，同盟国被击沉商船2,775艘，共约1,500万吨。德国投入战争的潜艇总计1,175艘，损失了781艘。1945年5月8日，邓尼茨签订了无条件投降书。在邓尼茨宣布投降时，由他一手调教指挥的德国潜艇部队却拒绝放下武器。随着总部下达的一道代号"彩虹"的暗语命令，分布在世界海洋上的203艘潜艇全部凿艇自沉。这是"狼群"绝望中的最后一次疯狂。碧波万顷的大西洋终于又恢复了昔日的安宁。

No.10 希特勒的"继承人"

1945年1月，德意志帝国政府获得了英国代号为"日食"的作战命令。该命令的内容包括关于在德国无条件投降后"占领德国的计划和各项准备措施"。在该命令的一张附图上，标有苏联、美国和大不列颠等国瓜分德国的情况。除法国的占领区外，瓜分情况基本上与后来实际的区域划分情况相符，法国的占领区一直到1945年2月的雅尔塔会议上才得到盟国的承认。

1945年1月12日，苏军开始向东线发起进攻。他们突入西里西亚地区后，进而到达奥得河中游的库斯特林和法兰克福。东部边境的德军部队无力完成他们保护德国东部居民及其家乡的这一理所当然的军事任务，因此东部居民纷纷涌向西部。

当苏军在1945年2月突入德国后，东波罗的海沿岸的陆地、船厂和训练基地就受到威胁或被占领；这时邓尼茨很清楚，潜艇部队再也不可能大规模使用它们多次战胜过敌反潜兵力的新型潜艇了，因此，潜艇战已不再是海军的主要任务。邓尼茨把大部分潜艇用来支援东线和拯救德国人民。他把准备分配给建造之中的潜艇或战舰的海军人员和并不急需的其他人员都给了陆军，或者把他们编成海军陆战分队和海军陆战师加入陆上的对苏作战。在战争的最后几个月中，以这种方式在德国东部陆上作战的海军人员约有50,000名。

1945年3月19日，希特勒下达了众所周知的代号为"焦土"的破坏命令。

邓尼茨希望在他的权限之内采取一些能使海军免遭这次灾难的措施，终于在1945年3月23日他得到希特勒的一次命令，内容是各海港的破坏需得到邓尼茨的批准。

当邓尼茨到达莱茵斯贝格的国防军统帅部时，他看到希姆莱也在那儿。在形势讨论会结束后，他把话题转到了希特勒的接班人问题上。"假如希特勒在柏林遇难的话。"他问邓尼茨，"如果希特勒的接班人委托您而行使国家职能的话，您是否愿意为他效劳。"

> 一度是希特勒心中"红人"的戈林。

邓尼茨说："当务之急是避免可能引起更多流血牺牲的各种混乱，因此愿为任何一个合法的政府效劳。"

在莱茵斯贝格举行的讨论会很清楚地表明，德国的首脑已无法再与外界隔绝的柏林地下室里实施统一的领导。虽然那里有电话与外界联系。而当时被定为国家元首接班人的戈林正在德国南部。

4月23日，邓尼茨从柏林的帝国总理府那里得到消息，说戈林准备发动一次政变，希特勒决定解除他的一切职务。在得到这一消息时，邓尼茨就明白了，戈林已不再可能成为希特勒的接班人了。

从那时开始，邓尼茨就不再相信还有可能形成一个统一的领导。邓尼茨决心只要有一丝可能，就要在最后时刻使用海军来拯救德国，若海军的努力也无济于事的时候，就准备和海军一起投降。

1945年4月30日，邓尼茨收到了从帝国总理府用海军绝密电码拍来的一份电报：

新的背叛活动正在进行。根据敌台广播，帝国领导人（希姆莱）已通过瑞典向盟国提出投降。领袖指望您飞快而果断地处理所有叛逆者。

鲍曼

邓尼茨觉得这又是一件海军中称之为"违法事件"的事，他认为当前维持秩序是最重要的任务。

4月30日18点左右邓尼茨重新回到普伦，在那里他遇上了波罗的海海军总司令库梅茨海军大将，库梅茨准备向邓尼茨报告波罗的海的局势及海上运输情况。此外，军备部长施佩尔也在场，他很长时间以来一直待在德国北部。邓尼茨的副官吕德·诺伊拉特海军少校当着这两位先生的面把1份从柏林的领袖地下室用海军绝密电码拍给邓尼茨的电报拿给邓尼茨看。电报内容如下：

FRR邓尼茨海军元帅：

领袖任命您，海军元帅先生，为他的继承人，以代替前帝国元帅戈林。书面的委任状现在途中。您必须立即采取适应当前形势需要的一切措施。

鲍曼

邓尼茨对这个任命感到十分意外。从1944年7月20日以来，他仅在公众场合与希特勒谈过话，元首从来没有向他暗示过考虑把他当作继承人，自己也从未从其他方面得到这一暗示，更不相信其他任何一个首脑人物会猜到这一点。虽然邓尼茨在4月底的几天中已经明白，戈林已不可能成为希特勒的继承人了，但很明显，希姆莱在四处活动，企图代替戈林的位置。邓尼茨从未想过，这种重任会落到自己的头上。当他接到那份电报时仍没有搞清楚这个任命是怎么回事。后来他才知道了以下的情况：帝国部长施佩尔在4月23日再次从德国北部飞往柏林的帝国总理府，他准备向希特勒告别。正好希特勒在考虑起草一份他的遗嘱，于是施佩尔自己向他提议，任命邓尼茨为继承人。希特勒显然对此经过了一番慎重考虑，每次当他处理非常事件时总是这样。经过施佩尔的这番解释，邓尼茨认为希特勒是根据施佩尔的提议才想到让他担任他的继承人的。但在1945年4月30日，他接到这份任命电报时，当时也在场的施佩尔却没有给他透露其与希特勒的这次谈话。邓尼茨那时推测，希特勒决定由他来担任这个使命是因为他想通过一位军人毫无约束地走结束战争之路。后来，他才知道，他当时的估计错了，希特勒在遗嘱中曾要求继续战斗。

读完这份电报后，邓尼茨毫不犹豫地接受了这个任务。

他很清楚，他现在正面临一个军人生涯中最黑暗的时刻，即军事上无条件投降的时刻。他也知道，他的名字将永远和失败连在一起，人们会恨他，会不顾事实真相地攻击他的声誉。但他的责任要求他面对所有这一切应毫不在乎。

邓尼茨政府纲领是很简单的，就是尽可能多地保护德国的利益。首先他想搞清楚希姆莱的事。在接到任命电报到达的那天下午，希姆莱的态度给他的印象是，他将成为国家元首。这对自己来说是个危险。希姆莱有党羽，而自己却没有。

希姆莱在当天夜晚12时左右，在6名武装党卫队军官的陪同下来到邓尼茨处。邓尼茨的副官吕德·诺伊拉特接待了这批随从。邓尼茨递给希姆莱一把椅子，自己则在写字台后坐了下来，他已事先在这张写字台的纸下面藏了一把打开保险的手枪，准备随时射击。

邓尼茨把当晚收到的任命电报递给希姆莱看，并注视着他的脸部表情。他读电报时惊奇不已，甚至露出惊慌的神色，看来他的希望已破灭了。他脸色煞白，然后起身鞠了个躬，并对邓尼茨说："请让我在您的国家里当第二号人物吧！"邓尼茨告诉他，这是办不到的，这里用不着他。在明白了这一切后希姆莱便在深夜2时向邓尼茨告别。5月6日邓尼茨解除了希姆莱的一切职务。

5月1日早晨，邓尼茨收到柏林的帝国总理府在7时40分发来的第二封电报。电文如下：

FRR海军元帅邓尼茨（密件）：

遗嘱已经生效。我将尽快到您那里来。在我到来之前建议您不要公布这一消息。

鲍曼

> "狼穴"中的希特勒与希姆莱。

　　邓尼茨从这封电报中推断,希特勒已经死了。实际上当第一封任命电报在4月30日18时15分在柏林发出时,希特勒已经离开人世,关于他自杀的情况邓尼茨当时却丝毫不知。根据对希特勒性格的了解,邓尼茨认为他是不可能自杀的,还推测他是在柏林的战斗中遇难身亡的。为什么要对他隐瞒这一点,他也不知道。邓尼茨没有按照鲍曼在第二封电报中所说明的"暂时不要急于公布上述消息"那样去做。他于1945年5月1日通过北德意志广播电台向德国人民公布了上述消息。他在广播讲话中说:

　　"领袖指定我为他的继承人。在这命运攸关的时刻我接受了这一领导德国人民的重任,我意识到我责任的重大。我的首要任务是拯救德国人民,使其免遭挺进中的布尔什维克敌人的歼灭。仅仅为了这个目的,战斗还要继续进行。只要英国人和美国人阻止我们实现这个目标,我们也将继续对他们进行抵抗并同他们继续作战。英美人继续作战已不再是为了他们本国人民的利益,而仅仅是为了在欧洲扩散布尔什维主义。"

　　同时,邓尼茨还在5月1日对德国国防军发布了以下命令:

　　"领袖指定我为他的继承人充当国家元首和国防军最高司令。我接受德国国防军各军种的最高指挥权,决心把反对布尔什维克的战争继续下去,直至英勇奋战的部队及德国东部地区的数十万家庭摆脱奴役或毁灭。只要英美人阻止我进行反布尔什维克的斗争，我就要把战斗一直进行下去。"

邓尼茨在5月1日的命令中对德国军人们说：

"我要求大家遵守纪律，服从命令……你们中间的每一个人以前对于领袖的效忠誓言，从现在起就得统统用在我——领袖指定的继承人——身上。"

5月2日15时18分邓尼茨在普伦接到帝国总理府14时46分发出的第三份也是最后一份电报：

FRR海军元帅邓尼茨（密件X只传达到军官）：

领袖昨日15时30分去世。4月29日的遗嘱委任您为帝国总统，帝国部长戈培尔任帝国总理，帝国指导部部长鲍曼任党务部长，帝国部长赛斯——英夸特任外交部部长。按照领袖指示，为了公布这份遗嘱，特将遗嘱从柏林取出交给您和舍尔纳元帅。帝国指导部部长鲍曼争取今天到达您处，向您讲清当时情况。向部队和人民公布遗嘱的形式和具体时间由您自定。

收件证人：戈培尔，鲍曼

邓尼茨感到这份电报的内容是以希特勒的遗嘱为基础的。但是遗嘱中有关人事安排的命令与他为结束战争而挑选的顾问和政府成员完全不一样，而且与他已经采取的一些措施相矛盾。从形式上看，这份电报与第一份授权于他"立即采取适应当前形势需要的一切措施"的电报也是不尽一致的。因此，不管在哪一方面他都不打算按照这份新电报的旨意去做，他决心要走而且必须走自己的路。于是他命令副官妥善地收藏好这份文件，防止任何内容被泄露，只有这样，他才能避免内部的骚动和混乱，否则大家一旦了解了这份电报的内容，骚乱现象必然会发生。在当前的局势下，保持安定是最重要的事。

同时，邓尼茨下令，如果戈培尔和鲍曼真的来到普伦的话，那就立即逮捕他们，在当时所面临的困难局势下，他绝对不能容忍纠缠和干扰。

5月2日，形势发生了迅速的变化。

英国人自4月26日起在易北河东岸的劳恩堡筑起了一个桥头堡，5月2日从那里发起进攻，一举攻破了德国不堪一击的防线，接着英国部队和坦克便迅速向吕贝克推进。与此同时，美国人在南翼也越过易北河，不费吹灰之力便到达了维斯马。

5月8日，邓尼茨代表纳粹德国签署无条件投降书。

5月9日零点，各战线均停止一切军事行动。国防军5月9日的最后一次报告说："从午夜起所有战线开始停火……因此每个军人可以坦然和自豪地放下武器……"

从1945年5月中旬起，敌对国家似乎也面临着对是否保留德国的政府要做出决定的问题。

从5月中旬开始，邓尼茨停止了与监督委员会代表的会谈。敌方新闻界尤其是苏联广播电台开始谈论起"邓尼茨政府"。苏联人拼命攻击邓尼茨政府，很明显，苏联人不希望有一个主管所有地区事务的德国联合政府。看来丘吉尔一开始好像是反对把邓尼茨排挤掉的。他想把邓尼茨当做"有用的工具"使用，并通过他向德国人民转达各种命令，这样英国人就用不着亲自"把手伸进骚动的蚁穴中"去了。丘吉尔还认为，如果邓尼茨对英国人有用的话，他们可以对他担任潜艇部队司令以来所犯下的罪行一笔勾销。从当时英国的对外政策中邓尼茨已估计到这一点。"在他们达到目的之前，他们会一直需要我。"大概在1945年5月15日，艾森豪威尔考虑到与苏联的友谊，提出了应该把邓尼茨排挤掉的要求。

1945年5月22日，邓尼茨的副官及朋友吕德·诺伊拉特通知他，同盟国监督委员会的首脑要求他同弗里德堡和约德尔在第二天早上到监督委员会的所在地"帕特里亚"号兵营船上去。邓尼茨只回答了一句话："准备行李。"他相信，通过逮捕来排挤他的时候到了。

当他们走上"帕特里亚"号的舰梯时，那里出现了一番不同前几次他拜访监督委员会时的情景：没有一位英国中校在下面迎接，也没有向他致敬的岗哨。相反却涌出了一大批新闻记者在抢着拍照。

约德尔坐在"帕特里亚"号上方，弗里德堡和邓尼茨坐在一张桌子的一边，另一边是监督委员会的首脑们，中间是美国的鲁克斯少将，两旁是英国的福特将军和苏联的特鲁斯科夫将军。邓尼茨预感到德国的命运已经是大势已去，他和他的两位同伴都镇定自若。鲁克斯将军向邓尼茨公布了一项宣告，并说根据这项宣告和艾森豪威尔的指示必须逮捕他以及德国政府和国防军统帅部的成员。从现在开始就得把他看作战犯。他问邓尼茨是否还有什么话要反驳的，邓尼茨嘲讽地说："每一句话都是多余的。"

1945年5月23日，根据艾森豪威尔的指示，盟国逮捕了邓尼茨和德国政府、国防军统帅部的成员。从此邓尼茨结束了他一生最辉煌的短暂时刻，开始了战犯生活。

1946年10月，在纽伦堡国际军事法庭上邓尼茨受到了审判，他被判处10年有期徒刑，1956年刑满出狱。对这一判决，邓尼茨直到临死之前仍表示不服。

刑满释放后，他定居联邦德国。后来，他接受了法国记者的采访，并以答记者问的形式整理出版了一部题为《第二次世界大战中的德国海军战略》的书。书中对第二次世界大战中德国潜艇的战略战术作了回顾和总结，并借机吹嘘自己，为自己开脱战争的罪名。

1980年10月24日，邓尼茨病逝，终年89岁。

Erwin Rommel

隆美尔

他是纳粹德国陆军元帅、军事家，
他是第二次世界大战期间纳粹德国的三大名将之一，
他是北非战场上一只狡猾的"狐狸"，
他的军事行动迅速、处事果断，
他能以少胜多……
他是埃尔温·隆美尔。

No.1 平定的生活

隆美尔1891年11月15日出生于符腾堡州斯瓦比亚地区一个叫海登海姆的地方。童年时代受到的教育很少，在他7岁那年本来应该上小学，却由于他父亲由海登海姆的小学校长提升为阿伦的中学校长而取消了当地小学，隆美尔不得不从私人教师那里学习必要的知识，直到两年后才考进一所拉丁学校并在那里读了5年书。1908年起，他进入格蒙登皇家现代中学又读了两年。这就是他终生所受的全部教育。由于1907年他在跳过一条小溪时不幸摔断右脚踝骨，至此便不再喜欢任何活动了。他把空闲时间全都用在做家庭作业和读书上，他最感兴趣的学科是数学和科学。

就隆美尔的家庭来说，他的父亲毫无显赫背景，与他祖父一样，都是中学的校长。倒是隆美尔的母亲海伦的社会地位较高，是曾任符腾堡州州长的冯·鲁斯的女儿。隆美尔在家里排行第二，他还有一个哥哥，一个弟弟和一个妹妹，4个孩子对家庭的感觉基本一致：喜欢他们的母亲，讨厌他们的父亲。

他的父亲活得并不久，在1913年就去世了。但在去世前，他却做了一件大事，以一位校长的身份将隆美尔推荐给了附近的伍尔登堡军队。他在推荐信中极尽溢美之词，把隆美尔说成"健壮、可靠，是一个很好的体操运动员"。他的这番做假之举当然难以瞒天过海，连遭炮兵和工兵的拒绝，最后还是伍尔登堡的第124步兵团好心同意接收隆美尔。可在体检过程中，医生却发现隆美尔患有腹股癫，隆美尔的父亲无奈，只得答应给隆美尔做一次必要的手术。1910年7月，18岁的隆美尔在离开医院后的第6天，终于挤进了军人的队伍，3个月后被提升为下士，6个月后又成为军士。1911年3月，他被送进了德国东北部的但泽（即今波兰的格但斯克）皇家军官候补生学校进修。

但泽是当时德国最美丽的港口城市，到处都是宏伟的建筑，街道繁华，人潮如涌。这个城市在第一次世界大战之后根据《凡尔赛条约》割让给了波兰。礼节繁复的盛大舞会是但泽的一大特色。军事院校的军官团体也经常组织各种各样的大型舞会，而被邀参加的女人们几乎都是当地很有教养的中上阶层市民家的女儿。尽管隆美尔既不喝酒也不吸烟，而且一生都奉守着禁欲主义的原则，几乎不与任何女人来往，但在周末时也偶尔到舞会上来坐一会儿，看看热闹。正是在但泽皇家军官候补生学校接受培训期间的舞会上，隆美尔找到了他的终身伴侣。这是一位别有风姿，长相漂亮、体态苗条而且非常擅长舞蹈的女子，她的名字叫露西·莫琳。露西有着意大利和波兰的混合血统，她已去世了的父亲和隆美尔的父亲一样，曾任过中学校长，相似的家庭背景让两个人认识后有了很多共同的话题。有时候露西觉得隆美尔过于严肃了一些，可有些时候她却被隆美尔严肃中显露出的幽默逗得哈哈大笑。在那个时期，隆美尔就开

∧ 21岁的隆美尔。

始表现出对眼镜的极大爱好，虽然军校里规定军官候补生不准戴眼镜，可隆美尔还是经常偷偷地打破这条限制，出了学校他就会神气十足地戴上眼镜，而一旦碰到一个上级军官从对面走来，便马上手忙脚乱地把眼镜藏起来，这种从神气十足到惊惶失措转变的狼狈过程，是最令露西发笑的经典场面。两人逐渐坠入爱河。

1911年11月，经过了8个月的培训，隆美尔顺利地从军官候补生学校毕业了。校长对他评价较高，说他"相当出色"，在体操、击剑和骑马等科目中做得很好，而且"性格倔强，有极大的意志力和满腔的热情，守纪律，时间观念强，自觉，友善，智力过人，有高度的责任感，是一个很能干的军人，只是体质方面差了点，身材中等，瘦弱，体格相当糟糕，而且很虚弱"。

1912年1月，隆美尔被授予中尉军衔。他又回到了124步兵团，在此后的两年里，一直负责训练新兵的工作。离自己深爱的露西远了，隆美尔开始每天都和她通信，白天全身心地投入到训练新兵的工作中，晚间回来又沉浸在与露西的书信往来里。因为当时他还没有正式求婚，所以他总是将信秘密地转交给露西所在地的邮局，以防止信件被她的母亲中途截获。露西经常将自己的照片给隆美尔寄来，但隆美尔总是不满足，不断地催促露西寄更多的照片来。两个人都深深地沉浸在这种书信频繁往来的热情中。1916年隆美尔与露西结婚。婚后12年，1928年他们的儿子曼弗雷德出生，这是他们的独生子。

在回到了124步兵团后到1914年第一次世界大战爆发的这段时间里，隆美尔养成了一个不可变更的日常习惯，只要一离开露西，就会坚持每天给她写一封信，这一习惯伴随了他一生，即使后来在战火纷飞的沙场上也是如此。这对隆美尔来说，的确也算得上是一种充实而又幸福的生活。但这种生活仅仅持续了两年，1914年第一次世界大战的爆发打断了隆美尔平定的生活，但带给他一个展现其军事天才的大舞台。

No.2 功勋奖章

1914年8月1日，第一次世界大战爆发。8月5日，隆美尔乘火车开往德法边境，参加第一次世界大战。9月，法国向德国发起反攻，在一次战斗中，隆美尔使用1支空步枪与3名法国士兵孤身奋战，这一英勇行动使他获得了平生第一枚战斗勋章：二级铁十字勋章。但他也为自己的英勇付出了代价：他的左腿被一颗步枪流弹打伤，并且不得不住进医院。直到1915年1月13日，他才从医院里出来，重新回到了124步兵团。这时候，德法双方已进入了阵地战。124步兵团正陷在阿恭纳斯森林里，与法军进行着难解难分且疲惫不堪的堑壕战。两个星期后，隆美尔带着一队士兵主动向法军发起了进攻，他们爬过了100米带刺的铁丝网，闯进了法军的主要阵地，并一口气攻占了法军的4个地堡，随后，他们又凭借着这4个地堡打退了法军1个营的反攻，惹得法军愤怒异常，组织了一次更大规模的反攻。隆美尔知道自己寡不敌众，便在法军新反攻开始之前，巧妙地带着手下的士兵顺利撤回了。在整个过程中，隆美尔的损失不足12个人。他的这一勇敢行动让他获得了另一枚更高的勋章：一级铁十字勋章。在124步兵团里，隆美尔成了第一位获得如此高荣誉的中尉级军官。随后不久，隆美尔再次负伤，还是伤在腿部，但这次是被弹片打伤的。

1916年隆美尔所在营被调离了西线战场，前往罗马尼亚。到1917年1月的时候，隆美尔因其作风勇敢而被授权指挥一支执行冲锋任务的先遣队。这个先遣队是从各个山地连队中抽出3～7名士兵组成的。1917年8月，德军加紧对俄国的进攻，隆美尔所在营又回到俄国前线。8月10日，隆美尔在重新走上德俄战场的第3天再次受伤，一颗子弹从他的背后穿过了左臂。但这次，他没有去医院，他舍不得离开战火纷飞的、真正意义上的战场。因此，他不顾自己的伤势，坚持战斗了两个星期。

1917年9月末，隆美尔所在营被调往了欧洲战场上更为激烈的地区，即意大利北部。10月，隆美尔参加了第一次世界大战中著名的德意奥伊松左会战。意大利战场是典型的山地战场，到处是高耸的山峰、陡立的峭壁，每个制高点上都有几万名意大利士兵和构造精良的大炮控制着。他们的上司贝洛将军曾经向官兵们许诺，谁在夺取这些制高点的过程中，如果表现得好，可以获得普鲁士军队的最高勋章。这可是人人艳羡的功勋奖章，有无数的德国军人终其一生都在为获得这个最高荣誉而不惜一切代价地奋斗。隆美尔跃跃欲试，十分渴望获得这样的功勋奖章。

∧ 隆美尔佩戴着十字勋章与妻子露西在一起。

　　战斗开始了，隆美尔的先遣部队迅速插入了意军布防阵地的前沿，接下来仅用了3个小时，攻占了库克山。接着又以只牺牲了一个士兵的代价攻下高达1,600米、几乎每块岩石后面都埋伏着1名意大利士兵和1挺机枪的蒙特山。攻克这座山峰的隆美尔本应获得的勋章却落在了别人手上，于是他便开始抱怨这个勋章的公正性。德军高层这种不公正的做法，极大地伤害了隆美尔，他几乎要为此事而发疯。

　　但失望和不满没有打消隆美尔的战斗热情，他是一个一冲到战场上就忘了一切的人，是个天生的战争机器。德军攻破意军的防线后，迅速地进入了追赶溃败的意军的战斗中。由于隆美尔所在营是第14军团的先锋，而隆美尔指挥的先遣队又是他所在营的前锋，所以他一直冲在最前线。11月7日，隆美尔所在的部队攻克了一座高达1,400米的山峰，并连续抢占了几个重要隘口。之后，他们沿着一条又窄又深的沟壑杀向整个意大利军队山地防御系统的中坚部分——隆格诺恩镇，整整1个师的意大利部队全部投降了，卡波雷托战役结束了。他率领几个连的兵力，以死6人、伤30人的极小代价击败了意军5个团的兵力，并俘意军上万名。此战是隆美尔初露锋芒的一战，隆美尔开始显示出其灵活多变的高超指挥艺术。

隆格诺恩镇战斗成为隆美尔在第一次世界大战中的最后一战。在这场战斗结束后1个月的时候，也就是1917年年底，德皇威廉二世授予了他渴望已久的礼物——至高无上的功勋奖章。嘉奖令上说：这是对隆美尔突破科罗弗拉防线、攻克蒙特山并占领隆格诺恩镇的奖赏。隆美尔对获得这枚实在是来之不易的奖章惊喜无比。这是一枚镶金的灰蓝色珐琅质地的十字勋章，它闪动着耀眼夺目的光彩，系在一根银灰色的级带上。在德国，曾经获得过这种勋章的大多数人，都是曾在时代背景下显耀一时的英雄人物，所以，隆美尔对这种奖章十分渴望。如今，终于如愿，他恭恭敬敬地把它挂在了自己的脖子上。从此以后，在隆美尔的一生中，他几乎从没有将这枚勋章摘下来过。

No.3 "我经常和元首在一起"

1934年9月30日在戈斯拉，隆美尔平生第一次与希特勒相遇，但这一次并未引起希特勒的注意。

1936年9月，隆美尔作为一名上校成为了希特勒警卫部队的指挥官。但这时的隆美尔仍然没有引起希特勒的注意。此时的希特勒正在忙于发展军工生产的"4年计划"，即：德国军队必须在4年内做好准备；德国经济必须在4年内做到能够应付战争。为了推行这个计划，希特勒不断地与代表们在纽伦堡进行会议协商。

一天，希特勒决定乘汽车出去兜一兜风，他指示担任警卫部队指挥官的隆美尔，他的车后最多只许跟6辆车。隆美尔预先做好了准备，但等到希特勒的汽车开出来的时候，他发现在希特勒的公寓旁路边上已挤满了部长、将军、省长的汽车，他们都想跟在希特勒的身后在大街上转几圈，显示一下自己的威风。隆美尔迅速地站好位置，让过最前面的6辆车后，果断地站在了路中央，命令那些兴致勃勃、刚发动起汽车的纳粹高官们停止前进。这些要员们极为愤怒，他们向隆美尔大声吼叫："你这个无法无天的小上校，我们要把这事报告给元首。"隆美尔回答："随便，但现在不行，我已经在前面路口停了两辆坦克，道路已被堵死。"

当天晚上，希特勒派人将隆美尔叫去，当面赞赏他执行命令的坚决果断。这是希特勒第一次注意到隆美尔。

1936年11月25日，德国又与日本签署了《反共产国际协定》。德、意、日三个法西斯国家被希特勒捏合在一起了，战争即将到来。这是希特勒的计划，也是希特勒的预感。所以，他对德国军事的发展十分重视。在此背景下，1937年年初，隆美所著《步兵攻击》一书的出版，使希特勒再次将目光投向隆美尔。

《步兵攻击》是隆美尔根据他在波茨坦担任高级课程教官期间的授课教案整理而成的，这本书的出版正值德国军国主义空前高涨之际，因此受到了广泛的赞扬，多次再版，被认为是一部有关步兵教程的最好的书。隆美尔一夜之间成了畅销书作者。他不仅因此获得了大把的钞票，而且迅速地成为很多德国青年的偶像。为此，在1937年2月，隆美尔被指派了一项新的任务：担任希特勒青年团的领袖巴尔杜·冯·席腊赫的作战部特别联络官。隆美尔与希特勒的这个宠儿席腊赫合作得并不愉快，席腊赫经常在公开场合故意做一些让隆美尔不自在的事情。有一次，在戏院举行庆祝晚会时，席腊赫自己坐在第一排，却把隆美尔安排在了第二排。隆美尔直截了当地走到席腊赫旁边的一个空位上坐下，然后他大声宣告："在这里，我是德国军队的代表者，在我们这个国家，军队是第一位的。"

希特勒很欣赏隆美尔的这种作法，所以，他跟席腊赫的对抗不仅没有毁了他的前程，反而使他获得了进一步的提升。不久，隆美尔被提拔为德国元首大本营的临时司令官，负责指挥警卫部队，成了希特勒的首席陪同者。由于与希特勒接触的机会增多，隆美尔很快就把这个具有强烈种族主义色彩的好战分子当作了自己心目中最完美的人物。这种崇拜无以复加，甚至他在写给朋友的私人明信片上的落款也要先签上"嗨，希特勒"的字样，然后再写自己的名字。

1938年3月11日，希特勒访问波兰的了尼亚港，希特勒的随从们决定把车子开到边上去。由于当地街道狭窄，坡度陡斜，隆美尔又一次扮演起交通指挥的角色来，他竟然下达命令："只有元首的车和另1辆警卫车可以开过去，其余的车辆都在原地等待。"他没有忘记在纽伦堡那次，正是由于他不畏权势的强硬指挥，得到希特勒第一次的当面赞赏。他站在道路中央，确信每个人都会服从他的命令。这时，紧跟在警卫车后的第3辆车已经启动，隆美尔跑过去，坚决地要求那辆车停下来。坐在车上的那个身材壮实的人不是别人，正是纳粹党魁马丁·鲍曼。鲍曼根本没把隆美尔这个小官放在眼里，他一边挥动手势一边大声嚷嚷："我是大本营的司令官，"要隆美尔让开，要求跟过去。可是隆美尔却一动也不动，大声回应道："这不是幼儿园出外游玩，你必须照我说的去做。"隆美尔的这种斥责，使鲍曼气得涨红

∧ 在隆美尔的陪同下，希特勒检阅大本营警卫部队。

了脸，他把这次屈辱足足牢记了5年。在1944年隆美尔被卷入暗杀希特勒的密谋中后，鲍曼在促使希特勒做出让隆美尔自杀的决定中起到了关键的作用。但隆美尔此时还不知道已在无意中触碰了决定自己后来命运的一颗灾星，他还沉浸在自己与希特勒关系亲密的自豪中，他为自己被允许坐在希特勒的旁边与希特勒同桌共餐而万分荣幸。

9月26日，希特勒离开了波兰，隆美尔也跟着一起回到了柏林。随后他和自己的家人回了新维也纳的军事院校小住了几天。在希特勒离开波兰的第二天，德军攻下了华沙，到9月30日，波兰战争结束了。

这个时候，隆美尔对希特勒已崇拜得五体投地，他为希特勒的纳粹哲学所折服。早在1937年和1938年，隆美尔曾两次出席纳粹向军队进行思想灌输的课程。1938年12月1日，听完希特勒在作战部大厅里所作的秘密演说后，他曾十分赞许地记下了两句令他十分感动的话："今天的军人必须有政治远见，因为他必须随时准备为我们的新政治而战斗";"德国军队是德国哲学生活所挥舞的利剑"。

自从担任元首大本营的警卫营指挥官以来，随着与希特勒直接接触的机会增多，隆美尔感到自己已深深地被希特勒的无穷魄力所吸引了。他相信只要有希特勒在，德国就不惧怕遇到任何障碍。他在前往波兰的途中，还曾得意洋洋地向别人夸耀说："我经常和元首在一起，我们甚至进行十分亲密的讨论，更有意义的是，他对我特别信任，这远比提升为将军更为重要。"

No.4 突破，马奇诺防线

德军占领波兰之后，希特勒论功行赏，让隆美尔指挥1个装甲师——第7装甲师，满足他埋在心中的愿望。1940年2月15日，隆美尔升任第7装甲师师长进入了军事上的黄金时代。

1940年5月10日，希特勒终于发动了准备已久的侵略战争。在西线，德军采取闪击战术，只用了十几天的时间便越过了荷兰、比利时、卢森堡，继而侵入法国。在向法国的进攻中，隆美尔的第7装甲师负责突破缪斯河向瑟堡入侵的任务。在越过法国边界后，隆美尔的前卫部队一直尾随撤退的法军第1、第4两个骑兵师前进，5月12日下午到达缪斯河。这时，位于地南特和豪克斯的两处桥梁已被法军炸毁，隆美尔的装甲师渡河受阻。

隆美尔的第7装甲师就像一只长长的食指，直接插入对方的防线深处。他不怕暴露翼侧和后方的危险，只是快速大胆地向前推进，他认为快速进攻给对手在精神上造成的打击能够大大弥补这种危险带来的损失。有时由于前进得太快，竟远远脱离了第4集团军的大队，但他冒着可能被敌方切断的危险，仍然我行我素地沿着进攻道路全速前进，仅仅与后面的后勤补给部队保持着单线的联系。隆美尔一直冲在装甲师的最前面快速推进，果断行动，不给对方喘息的机会。

5月12日晚，隆美尔经过两天多的长途奔袭，突破了阿登山区，终于抵达了马斯河畔。由于这里是从比利时进入法国的最重要的天然防线之一，所以，他遭到了法军的拼死抵抗，而且河上的桥梁已被法军炸掉。5月13日凌晨，第7装甲师部分队伍开始利用橡皮艇强行渡河作战，在法军的猛烈火力打击下，德军伤亡惨重，渡河行动被迫终止。在这次行动中，隆美尔由于不停地高声呼喊，下达命令，最后嗓子都嘶哑了。随后，他又调集了所有坦克和大炮，向对岸的法军藏身处进行了密集、高强度的疯狂轰击。在法军强大火力受到压制的情况下，他冒着法军小股火力的射击，身先士卒，于当天下午过了河，并与后续部队一起，打退了法军一次又一次的反扑。

13日夜里，当隆美尔的反坦克炮和坦克最终渡过100多米宽的马斯河后，第7装甲师继续风驰电掣，横扫弗拉威和菲利普维尔城，滚滚向前推进。一路上，隆美尔不断地运用他的新发明和新创造，而且屡建奇功。早在渡过马斯河时，他为了让渡河的德军得到烟雾的掩护，点燃了河岸上的所有房屋，飘荡在马斯河上的浓烟使法军无法找到目标所在。在用无线电向坦克指挥官下达命令时，他为了保证命令不被对手所截获，发明了安全性很高的延伸网。在前进过程中，为了找出哪些村庄有敌人驻守，他采

Λ　正在通过法国南部的德军第7装甲师。

取利用1个装甲团一起开火的方法引诱对方暴露自己的位置。如果对手是驻守在一片树林中，隆美尔则会长驱直入，各种武器一齐发射。他对自己的这种做法深为得意，说："事实证明，要取得胜利，最重要的就是要重创敌人。我命令所有武器一起开火，直闯敌阵，除非敌人破坏了我们的坦克，否则我们绝不停火，这种做法非常有效。这样做虽然消耗了许多弹药，但却减少了坦克的损失和人员的伤亡。敌人对这种办法至今仍然毫无对策。当我们用这种方法突然向敌人袭击的时候，他们的精神很快就崩溃了，甚至连许多重型坦克也纷纷投降。如果他们知道我们的装甲和他们的相比是多么单薄的话，真不知道最终情形会怎么样。"

　　隆美尔简直到了疯狂的地步。在奔袭的路上，隆美尔曾经遇到一队迎面开来的卡

车群，等车队开近时，隆美尔命令所有的机关枪向卡车司机扫射。卡车司机还来不及反应就全都丧了命，卡车翻到了路边的沟里，一共有10辆左右。当经过这些车辆的时候，他们才发现，这些全都是德国的救护车，等隆美尔命令停止射击时，一切都已经晚了。

1940年5月16日，隆美尔的装甲师推进到了切丰特恩森林，法军在这里建筑了前沿工事。经过这片森林，将是马奇诺防线的地堡区，突破了马奇诺防线，就已经进入了法国城区内。隆美尔想尽快地闯过这片森林，但又要避免因为与森林中的法军发生交火，引起地堡区法军的警惕，隆美尔很快就想出了一条诡计，并且得到了第4集团军司令的批准。他向全师下达命令，要求所有的坦克手，包括炮手、装弹手、指挥官和电报员全都爬出坦克车，坐在车身上，手持白旗随着坦克的前进而拼命摇动，隆美尔自己也坐在卢森堡上校的坦克外边。防守在森林里的法军被这支庆祝狂欢节似的队伍搞得莫名其妙，他们看着这队坦克从身边开过去，未采取任何措施。

就这样，他们成功地穿过了森林。隆美尔随即要求最后一个营掉转头去，以防法军明白过来之后发起进攻，而其余的大部队则在森林掩护下迅速地编好了战斗队形，直接杀向地堡区。隆美尔和卢森堡的坦克仍然冲锋在最前面，他命令炮兵向地堡区发起猛烈的轰击，并让工兵们借助炮火的烟幕迅速实施爆破。法军地堡在德国重磅炸弹的爆炸声中纷纷陷落。子夜时分，隆美尔命令先头坦克用炮火和机枪开路，后面的坦克不断跟进，向道路两旁不断地猛烈扫射，乘坐汽车的步兵部队快速跟上。这支恐怖的队伍咆哮着直冲进法国的村庄，熟睡的村民被这雷鸣般的巨响惊醒过来，不知究竟发生了什么事。当发现德军后，惊惶的老百姓和法国士兵在沟渠里乱作一团，仓皇逃命。德军坦克的履带在他们身上轧过，昂扬地向前方开去。

已进入法国的隆美尔显得兴奋异常，他面对前面暴露在苍白的月光下一马平川的乡村，纵情呼喊："我们突破了，突破了马奇诺防线！"他想起了在第一次世界大战中德国的惨败，而今天终于复了仇。"我们已突破了举世闻名的马奇诺防线，并正在向法国的腹地推进。这不再是美丽的幻想，而是千真万确的事实。"

法国人万万没有想到，他们用了10年时间在法德和法意边境建造的、曾寄予极大希望的马奇诺防线，竟然被隆美尔的第7装甲师如此摧枯拉朽般地一踏而过了。被法国人神话般信奉的、以为固若金汤的马奇诺防线最终成了无用的摆设和历史的笑柄。

当天夜里，隆美尔和卢森堡上校在法国境内继续向前推进了60公里，而在右翼的友军、坦克装备要比隆美尔好得多的第5装甲师，却已落在隆美尔后面整整50公里了。

隆美尔在对法作战中总结出一条经验：在两军对战中，谁先用火力压制住对方，

∧ 正在指挥部队渡过马斯河的隆美尔。

谁就往往可以获得胜利；在静止时等候战况发展的人，常常会被对方击败。因此，即使不曾发现对方准确目标，也要先发制人。

1940年5月至7月，隆美尔的第7装甲师在法国境内一马当先、屡立战功，用1个月的时间打败了超过他20倍的敌人，一举攻克法国，被称为"魔鬼之师"。

No.5 狡猾的沙漠之狐

1940年6月，正当法西斯德军进攻法国的时候，意大利则一面向英法宣战，一面乘机出兵北非，进攻英属埃及和索马里，企图夺取苏伊士运河，控制地中海直通印度洋的通道。12月，英军开始反攻。意大利军队被迫向利比亚境内撤退。1941年年初，英军在利比亚的托卜鲁克登陆，对从埃及撤退的意军进行夹攻，经过两个月激战，意军10个师被歼。1941年2月6日，德军决定派1个轻快师、1个装甲师去援救意军。这又是希特勒的一个重大战略举措，其主要目的是谋求在印度洋海岸与日本人携手会师。隆美尔被任命为援救意军的德国非洲军的军长。当初隆美尔本人恐怕也不曾想到，在北非戈壁沙漠中的胜利竟成就了他的一世英名。

隆美尔一到北非便以闪击战屡败英军，他利用英军调整兵力的机会，连连发起攻击。从1941年3月到4月中旬，隆美尔攻下卜雷加港、阿杰达比亚、梅基利，包围了托卜鲁克、巴尔迪亚、攻下卡普措堡和塞卢姆，冲出利比亚，反攻至埃及境内。仅数月就使英军在北非战场仅有的战果丧失殆尽，非洲战局已基本被扭转。

5月15日，英军执行"短促行动"计划，反击德意军队，被隆美尔挫败。6月15日，英军实施"战斧行动"计划，兵分三路，向托卜鲁克外围的德意军队发动进攻，欲将德意军队从埃及境内赶回到托卜鲁克以西，并钻到德意军队的后方，切断德军本来就十分脆弱的交通补给线。隆美尔找到了一种可以在较远距离击穿英军坦克装甲的武器，那就是88毫米高射炮，这种高射炮的口径已经决定了它是英国坦克的克星，虽然它较高的炮身是个非常显著的目标，但是却可以在敌人坦克炮火的射程以外开火，英国人一直到1942年才确信隆美尔是在用打飞机的东西打自己的坦克。这种炮在非洲一共有8门，隆美尔将其中一半用于哈尔法亚山岭上，这里是英军进攻的必经之路。他用第15装甲师守住卡普措小道，而将第5轻装甲师作为侧翼攻击部队，准备用来迂回敌人的侧翼，也就是我们通常所说的"手肘弯击"。不谙机动战术的英国人，还没弄明白自己已经成了瓮中之鳖。战斗开始后的第3天，英军才突然明白过来，不等隆美尔的包围圈合拢，在慌慌张张地烧毁了各种辎重物资后逃之夭夭。丘吉尔的"战斧"被隆美尔折断了。在这之后，隆美尔被任命为德国"非洲装甲兵团"指挥官，并晋升为上将。

　　11月18日，英军发起"十字军行动"，在隆美尔进攻托卜鲁克之前率先发起大规模反攻。隆美尔不敌英军的进攻，撤回到托卜鲁克以西。12月16日，隆美尔主动撤离昔兰尼加半岛，于1942年1月2日撤到卜雷加。1月21日，隆美尔在阿杰达比亚向英军发起反击，大获全胜。1月28日，隆美尔不顾墨索里尼的命令，奋起反击，收复班加西。29日，希特勒提升隆美尔为标准上将。6月20日，隆美尔攻克托卜鲁克。两天后，希特勒提升隆美尔为陆军元帅，成为德国26个元帅中最年轻的一个。7月初，隆美尔向亚历山大西部重要城市阿拉曼发起进攻，将战线从利比亚推移到距埃及亚历山大港约100公里的阿拉曼地区，致使埃及首都开罗陷入一片惊慌和混乱之中。

　　在非洲战场的这一系列胜利，使隆美尔得到"沙漠之狐"的称号。

隆美尔纵横驰骋，使许多英国名将均遭败绩。当他率军冲锋陷阵时，像一只下山猛虎；当他施展各种诡计蒙骗对手时，又似一只狡猾的狐狸。就连英国首相丘吉尔也曾在英国下院发出这样的感叹："一个勇敢而老练的对手在同我们作战，虽然我们双方在战争浩劫中相互攻杀，请允许我说，他是一位伟大的将军。"

　　到此时为止，大英帝国在所有的战场上几乎尽是惨败的记录，敦刻尔克、新加坡，特别是关系到其中东利益的非洲战场上。面对隆美尔强大凶猛的攻势，英国国内早已是一片惊慌，丘吉尔在议会中也受到了猛烈的抨击。老谋深算的丘吉尔本人也早意识到了这种局面的危险性，他担忧如果德军再次突破防线，冲入埃及，推进到苏伊士运河，然后打通伊朗、巴基斯坦，俄国人的南翼就会受到威胁，意大利和德国的舰队就可以自由出入红海，控制南非航线，渗入印度洋。这样一来，就没有任何力量可以阻止德国与日本的会师了。

No.6　阿拉曼的炮声

　　英国急需打一次胜仗，以提高英国民众的士气和丘吉尔内阁的威望。可以说，打败"沙漠之狐"隆美尔是英国举国上下一致的心愿。1942年8月4日，丘吉尔直接飞抵开罗，解除了第8集团军奥金莱克的指挥权。原本丘吉尔是任命戈特为第8集团军司令的，但戈特在乘飞机去开罗途中，遭德机攻击而丧命。于是，丘吉尔又急令蒙哥马利将军接掌英军第8集团军的指挥权，并指令亚历山大将军为中东战场总指挥。他命令要不惜一切代价打败隆美尔的非洲军团。

　　蒙哥马利本人大概也没有想到，戈特的丧命使他有机会成为阿拉曼战场的指挥官，而此次走马上任也成了他军旅生涯的一个转折点。正是此战使蒙哥马利成为英国历史上最著名的将军之一。

　　1942年8月15日，蒙哥马利前往沙漠前线接管第8集团军司令部。刚一上任的蒙哥马利，面对着的是混乱的部队和低落的士气，全军上下充满了准备撤退的气氛。

　　蒙哥马利并没有因此而动摇自己的信念。当天晚上，他就召集60名高级军官和作战参谋训话。他以坚定、沉着、充满自信的语气对部属说："我不喜欢这儿的气氛，这是一种怀疑的气氛。是向后寻求增援部队、挑选下一个撤退点的气氛，是对我们能够击败隆美尔失去信心的气氛……我们将在此战斗，决不后退。如果我们不能在此生还，就让我们在此献身。"蒙哥马利这次激动人心的讲话产生了巨大的精神力量，一扫众人心头悲观失望的情绪，使遭受暂时挫折而萎靡不振的军队又重新振作起来。紧接着，蒙哥马利对军团进行了大规模的改组，解除了一批意志软弱的指挥官的职务，命令部队，无论发生什么情况都不准撤退，号召官兵"向敌人进攻，歼灭他们。"

　　蒙哥马利上任后不久，丘吉尔就急不可待地来电催促他进行反攻，但在这种情况下仓促实施反攻，弊多利少，无取胜的把握。于是，他据理说服丘吉尔，把反攻的时间推迟到10月，以便做好充分准备工作。随后，蒙哥马利调查研究了英军在北非作战的情况，认为英军接连失利有以下主要教训：一是对装甲部队在沙漠地区作战的特点和作用缺乏认识，作战指挥因循守旧；二是陆军和空军各自为战，不能密切协同；三是在战术上零星分散地使用坦克，给敌人以各个击破的可乘之机。蒙哥马利还研究了隆美尔消灭英军装甲力量的常用手段，是以少量装甲部队做诱饵，将英军装甲部队引入预先设置好的反坦克阵地中加以消灭，或引诱英军装甲部队孤军深入，然后断其退路，将其分割围歼。在总结教训和研究了敌人之后，蒙哥马利决定将一些分散使用的坦克部队的装甲车部队集中起来，编为装甲军，以集中力量对付隆美尔的装甲军团；成立联合指挥部，以协调各军兵种在作战中的行动，并要求部队遇到敌步兵坦克协同作战时，先消灭其步兵，割断敌步坦之间的联系，孤立敌坦克，使其陷于被动挨打的境地。

　　8月下旬，蒙哥马利获悉隆美尔将对英军发起新的攻势，仔细检查了英军在阿拉曼地区的防务。鉴于该地区满威萨高地和阿拉姆·哈法高地以南地形平坦，英军防御力量薄弱，蒙哥马利判断隆美尔将集中装甲部队，从上述两高地以南实施主要突击，然后由南向北攻占这两个高地，或者向东迂回，绕过阿拉姆高地，打击英军侧后，向开罗方向发起进攻。根据上述判断，蒙哥马利决心依托有利地势和阵地，组织防御和反坦克火器构成的多面夹击的火力网，以对付隆美尔和集群坦克突击，挫败其进攻。据此他部署英军第7装甲师在阿拉姆·哈法高地南侧占领有利地形，组织防御，阻止敌向东迂回。当敌北上攻击阿拉姆高地时，则集中力量从侧后袭击敌人的坦克和战车；步兵第44师固守阿拉姆高地，并集中反坦克火器沿该高地西侧进行配置，形成一道火力密集的反坦克阵；第10装甲师和第22装甲旅的坦克，主要配置在上述反坦克阵地前沿的工事内，以协同第一线的步兵和反坦克炮兵，打击进犯的敌装甲部队，并视情况需要向阿拉姆高地西侧地区机动，以截击经该地区北犯的敌人。航空兵待敌进入英军预设战场后，集中力量袭击敌人，并破坏其后勤补给；如敌人采取迂回行动，直接向开罗方向发起进攻，则集中英军装甲部队，猛击敌侧后。

　　隆美尔的行动果然不出蒙哥马利所料。8月31日夜，隆美尔以意大利军在北面实施助攻，以德军第15装甲师、第21装甲师等部向英军南线实施主要突击。德军装甲部队在进攻中由于通过英军的雷区和遭到英军第7装甲师的阻击，进展迟缓。隆美尔担心英军出动装甲部队从北面侧击他的主力，于是令德军装甲部队一再东进，立即向北对阿拉姆高地展开攻击。这样，德军的装甲部队就陷入了英军预设的战场内。蒙哥马

∧ 蒙哥马利视察英军部队。

利抓住这一有利战机，按预定部署，以坦克和反坦克火器从多面向德军装甲部队射击，同时出动航空兵对德军进行猛烈轰炸，并破坏其后方运输线。德军在多面受击的情况下，阵势混乱，遭受了巨大的损失。加上后方遭到严重破坏，补给困难，遂被迫撤退，转入防御。

德意军队是在阿拉曼西南沿地中海到卡塔拉盆地之间组织防御的，其正面宽60公里，纵深为15～20公里，防守兵力达8万余人。尽管隆美尔的部队是被迫转入防御，但其防御工事的坚固在沙漠战场上却是前所未有的。不仅有宽而广的布雷场，而且没有公开暴露的侧翼。要想战胜沙漠作战经验丰富的德意军队，对于蒙哥马利来说是一个十分艰巨的任务。蒙哥马利坚持不打无准备之仗，他较长时间没有发动攻击，因为他认为第8集团军的将士们虽然重创德军，但整个军团的士气还需要认真整顿。

为了彻底打败隆美尔，蒙哥马利精心策划了代号为"轻盈"的反攻计划。这个计划主要战术构想是：在阿拉曼南面佯攻，在北面实施真正的进攻。主力沿西迪向哈米德方向实施主要突击，将德意联军沿海集团压缩至沿海一带，尔后予以歼灭。蒙哥马利认为实现这一计划的关键，在于能否成功地进行战役伪装，骗过敌人，达成战役进攻的突然性。

交战的准备工作是按计划开始进行的。首先，蒙哥马利派人破坏了德国的情报机构，并破获了隆美尔的全部情报，掌握了他的电报密码，这样，蒙哥马利就能采取相应的防御措施来对付隆美尔的每一次进攻。其次，为确保德军相信英军的战术欺骗，蒙哥马利专门组织了一支用来示形欺骗的部队，它被称之为A部队，由克拉克上校和怀尔德上校负责指挥。A部队的成员可以说是个"大杂烩"，他们中有商业银行家、药剂师、音乐厅的魔术师、电影脚本作者、艺术家、情报人员，甚至还有几个大学讲师。A部队虽然是这样一支杂牌军，却有着惊人的伪装能力，他们可以制造一个根本不存在的陆军师或方面军。不过，A部队此次的任务是十分艰巨的，欺骗活动得南北同时进行，不仅在南线要暴露进攻的态势，使隆美尔感到大兵压境，而且还要把北线兵力的集结尽量缩小，给隆美尔造成是一个辅助攻击方向的错觉。

首先，部队必须在北线把蒙哥马利的庞大队伍伪装起来。这支部队共有1,000辆坦克、1,000门大炮、81个步兵营、还有几千辆军车和数万吨战争物资。他们利用夜间把战争物资运进进攻出发地域，然后分成若干组，用网子盖上后，远远望去就像是10吨大卡车；把牵引车和大炮倒开再盖上伪装网就变成了3吨卡车，而敌人对这种卡车的集结是习以为常的，当敌人在南线觉察到有大部队的集结时，他们就自然得出结论：北线这些车辆的集结只不过是前线步兵的军需品。

与此同时，南线的欺骗活动也在加紧侦察、拍照。部队除了模拟集团军的集结外，为了在进攻的时间上进一步造成德意军队的错觉，蒙哥马利命令伪装部队在南线铺设一条长达30公里的模拟输油管、修筑一条与输油管平行的模拟铁路，并在沿途建立供水站。在工程进度方面，有意显示出完成输油管道和铁路的铺设，时间在11月上旬，使隆美尔判断英军进攻将在11月份。

为切断隆美尔的"输血管"，断绝他与海上的联系，英军发动了一次规模空前的空中和海上战役。这次战役卓有成效，在秋季的4个月里敌军的汽油损失达66%，船只损失达20万吨以上，这对隆美尔的军队来说是一个严重的打击。他们已陷于极端困窘的境地。而此时，希特勒正忙于攻打斯大林格勒，根本顾不上增援北非。隆美尔本人也疲惫不堪，苦恼至极。到了9月底，隆美尔把非洲军的指挥权交给了他的副手施图姆将军，自己抱病回德国休养。回到德国后，隆美尔向希特勒汇报了阿拉曼的形势，在说到德军的后勤供应情况时，他非常坦率地说，非洲军已陷绝境，只有足够的、不间断地供应才能拯救。的确，到阿拉曼战役开始时，德意军队人数不足8万，坦克540辆、飞机675架。而英军经过补充，兵力23万、坦克1,229辆、飞机1,500架、1,219门大炮和反坦克炮。德意军队明显处于劣势。

1942年10月，蒙哥马利将军率领的第8集团军和德国元帅隆美尔指挥的德意联军"非洲"坦克集团军，在距埃及的亚历山大港只有60公里的阿拉曼地区对峙着。这两位对垒的将军，都是本国能征善战的名将，他们除了各自对自己的祖国忠诚以外，还有许多相似之处：两个人都很孤僻，在同行中，敌人多于朋友；两人都很专横、傲慢，难以使人接近。在受到约束的情况下，两人都是难以对付而又抗上的军官，然而当一切由他们自己支配的情况下，却又是最优秀和最有独到见解的战役指挥官。此次，两人北非决战，可以说是北非有史以来一场最大的争斗，谁要想轻易赢过对方都是非常困难的。阿拉曼之战，既是斗勇，更是斗智。

1942年10月23日夜晚，阿拉曼前线一片寂静，只有不时传来的野狗的狂吠声。21时40分，英军的1,000多门大炮同时对敌人的炮兵阵地齐声怒吼，划破了埃及西部沙漠的寂静，映红了海滨的天空，蒙哥马利指挥的阿拉曼战役终于打响了。20分钟之内英军就重创了德意炮群，然后调转炮口，把暴风雨般的炮弹泻向敌人的步兵阵地，在强大的炮火的掩护下，英军第30军和第13军的士兵冒着战场上令人窒息的烟幕尘雾，向敌人的步兵展开了进攻。一排排头戴钢盔的士兵，伴着尖厉急切的风笛声向前挺进，月光下，刺刀闪光，杀气逼人。英国对德意联军南北两线发起了进攻。北线英军主力在强大炮火和空军支援下，很快在敌防区打开了缺口，并乘胜发起进攻。

由于进攻出其不意，德军前线指挥官施图姆和他的所有师长们都极为震惊，不仅其防御东线出现激烈的枪炮声，而且沿地中海一线也有英军的攻势行动。正当施图姆还搞不清哪里是英军的主攻方向时，他的司令部接到了地中海沿岸巡逻队的报告。

这份报告表明，英军在强大的轰炸机群的支援下，正在轰击达巴和西迪德埃尔拉赫曼之间的第90轻步兵师的地段。猛烈的英军炮火已扑向德军阵地，鱼雷快艇驶来驶去，散布烟幕。从烟幕中传来的似乎是大规模的两栖进攻的声音：发动机发出的声音和气味、锚链的格格声、扩音器里的叫喊声，另外还有一连串的照明弹照亮的海滩。施图姆根据这份报告立即着手行动。他命令轰炸机和战斗机起飞，指令第90轻步兵师的后备团开往这个地区，去击退好像要在德军前线后边企图登陆的英军，同时命令大炮和坦克向海面射击。但是，当烟幕消散以后，只见几个木筏在海中漂浮，全然不见英军的两栖登陆部队，原来这是一次佯攻。英国人展示了他们特殊手段器库中一种新式武器，即声音和味觉欺骗。格格的声音是由鱼雷快艇带到海滩附近的扩音器放大的录音；照明弹是自动对空发射的；发动机的气味来自木筏上的罐子。英军此次佯攻的效果毫无疑问是成功的，德军前线司令施图姆把一个最精良师的一部分重要部队调出了主战场，大大减轻了英军在阿拉曼主攻方向上的压力。施图姆的司令部直到天亮仍然弄不清英军的意图。

炮兵摧毁了德军的通信网。为了摸清情况，施图姆亲自乘上半履带式装甲车奔赴第90轻步兵师司令部，然而还没有到达目的地，就在北段第21高地地区遭到英军反坦克炮和机枪的伏击，从车上掉下来，心脏病发作而死。

10月25日凌晨，隆美尔在希特勒的督促下火速从德国返回阿拉曼指挥所，此时，阿拉曼战役已经进行了48个小时。隆美尔察觉到英军进攻重点在北线。26日清晨5时，隆美尔驱车赶往前沿，用望远镜观察英军方面的调动和部署，发现英军正在28号高地挖筑工事，26日下午，隆美尔将后备部队从南部防线调过来，包括第212装甲师和炮兵主力部队。这是一场孤注一掷的赌博。事实证明隆美尔是正确的。10月27日，隆美尔挫败了英军的突破进攻。下午，隆美尔投入了装甲和炮兵主力向28号高地发起反攻，但未能得手。

在蒙哥马利的猛烈进攻下，隆美尔已陷入了绝境。10月28日，一夜未眠的隆美尔起床后第一件事就是给露西写了一封满怀绝望的信："亲爱的露西，以后我是否还能在安宁之中给你写信，只有天知道了……我深信我已尽了最大的努力去争取胜利。我并不怜惜自己。倘若我回不去，我将从内心深处为你的爱情和我们的幸福，向你和我们的孩子致谢……在我死后切勿悲伤，要为我感到自豪。几年以后曼弗雷德就会长大成人，愿他永远保持着我们家的光荣。"

开战几天以来，蒙哥马利的头脑更加清醒，行动也更加明确。26日中午，他下令第51高地师继续进行扫荡，令澳大利亚师于28日夜向北进行第二次进攻，第30军暂不采取重大军事行动。但他已决定实施更大渴望获胜的行动，并通过重新部署部队来建立一支强大的预备队，以实施猛烈的最后打击。

隆美尔料到蒙哥马利会更大规模地进攻，28日8时50分，他向濒于绝境的指挥官们发布命令：全军必须决战到底，临阵逃脱或违抗命令者，无论职位高低，一律军法惩处。当天下午，隆美尔看到一张缴获的英军地图，证实蒙哥马利的作战意图是突破北部角落的主要防线，然后长驱直入，打到达巴海岸。晚9时，震撼大地的炮击开始轰鸣。10时，英军总攻开始。

突击第28号高地北部的英军部队是勇猛的澳大利亚第9师。不出隆美尔所料，英军进攻被迫转向靠海岸北部的布雷区纵深地带。扼守这一地带的是德军第125坦克步兵团的2营。此外，在这一地段还没有强大的反坦克屏障。进攻这一地段的澳大利亚师受阻。经过5天的血战，英军伤亡近万人。10月29日将近中午，蒙哥马利不得不考虑新的战略部署，他把出击线向南部移动，使新西兰师能够进攻德意部队的接合部，并决定澳大利亚师在30日夜到31日黎明前以相当大的攻击力量发起第三次进攻，向海边推进，次日夜将主攻矛头指向德意军接合部，主攻意大利军队。由于步兵感到疲乏，侦察以及把各国参战部队及其支援火力结合在一起尚有困难，蒙哥马利将代号为"增压"的作战计划总攻时间推迟到11月2日1时5分。

隆美尔很清楚自己所面临的不利战局。如果他的部队坚守在原地，一旦英军突破防线，就会形成包抄的态势，德军必将彻底覆灭。因为他根本不可能迅速地将辎重装备和大批非机械化的意大利步兵撤到新的防线。隆美尔不得不酝酿撤退到新防线的计划，因为阿拉曼战线北段已经被英军突破。29日下午4时，隆美尔命令所有非作战部队撤至梅尔沙马特鲁地区，组成新的防线。于是，隆美尔便悄悄地开始了全线大退却。

11月1日至2日夜间，在蒙哥马利的指挥下，英军惊天动地的进攻开始了。夜间10时左右，200门大炮同时向隆美尔防线的一段狭窄地带齐射猛轰，构成了一条密集的火力网，重型轰炸机如潮水般地向该地区和后方目标狂轰滥炸，2日凌晨5时，隆美尔乘车赶到北部前沿，了解战事进展情况。他获悉，凌晨1时，英军的第2新西兰师坦克群和步兵在1,000米宽的德意防线上突破了28号高地西面的防御工事，第1装甲师和第9装甲师此时正长驱直入，通过布雷区，企图打开一条通道，向阿拉曼挺进。天刚放亮，英军成百辆坦克排成纵队涌向突破口，有20多辆坦克已冲破防线，向大后方防守薄弱的给养部队射击。上午11时，隆美尔被告知，英军坦克群已突破28号高地西南的地段。这时，隆美尔调集全部残存的坦克，对英军的侧翼实施反击，企图向西推进。

∨ 正在向德军阵地发起进攻的英军坦克。

但由于缺乏空中掩护，在英空军的袭击下损失惨重，大部分坦克被击毁，有生力量只剩下1/3，反击遂告失败。

隆美尔曾多次在一座山巅观察这场坦克大战。使德军惊恐的是，英军的主力坦克部队使用了数百辆从未见过的美利薛尔门式坦克。这种坦克远比德军的W型坦克厉害，它可以在1,000米的距离外开火，而口径88毫米的德国高射炮（用高射炮打坦克是隆美尔的常用手段之一）几乎连它的装甲都无法穿透。下午3时30分，隆美尔决定当天晚上就开始从前线撤退。接着，他被告知，次日能作战的坦克只有35辆了。

隆美尔被迫决定将部队后撤到富卡，以免被英军全歼。他在给妻子的信中写道："仗打得异常艰苦，战事对我们越来越不利。晚上，我睁开眼睛躺着，绞尽脑汁为我这支不幸的部队找寻摆脱困境的办法……死去的人们是幸运的，对他们来说一切都已了结。"

隆美尔最后下定决心，命令全军边打边撤，退到西线。然而，11月3日，隆美尔接到了希特勒的紧急命令：

陆军元帅隆美尔：

在你的处境下，不能有别的想法，只能坚守，把每一支枪、每一名战士投入战斗。现在做最大努力帮助你。你的敌人，尽管占着优势，也一定是精疲力竭了。历史上，坚强的意志取胜于实力强大的军队也并不是第一次。至于你的部队，你要给他们指出，要么就胜利，要么就死亡，没有其他道路可走。

阿道夫·希特勒

隆美尔看完这份电报，绝望地把它放在一边。这分明是一道要部队去送死的荒唐命令。然而他是个军人，他的天职仍是服从命令。此刻，他难以决断，究竟应该服从命令而让部队遭受一场无法逃脱的灾难；还是拒不服从，从而招致必然的个人不幸。军人的职业感最终使隆美尔做出了坚决执行希特勒命令的决定，他要求部属在力所能及的范围内，竭尽全力取得当前战斗的胜利。他强调，元首的命令已排除任何机动防御的可能，并命令非洲军守住现在的阵地。这一命令坚持到4日下午3时左右，在英军的猛烈打击下，隆美尔的防线被打开了一个20公里宽的突破口，4个意大利师全部投降，9名意大利将军被俘。直到此刻，隆美尔已无法再执行希特勒的命令了，他意识到如果再这样守下去，他的非洲军将全军覆灭。他断然把命运操在自己的手中，下令部队准备撤离。晚8时50分，希特勒也终于同意撤退，就这样，隆美尔的7万残兵败将开始艰难的撤离。

6日凌晨，隆美尔向梅尔沙·马特鲁进发。这天，蒙哥马利在马特鲁正东方向收紧罗网。这已是他第4次夹击，但"沙漠之狐"又再次得以逃脱。当时正是大雨如注，沙漠泥泞，使英军迂回的企图搁浅。隆美尔利用两天的时间整顿部队继续向西逃。隆美尔领着这支败下阵来的大军，终于穿过了北非海岸数百英里荒无人烟的沙漠。一路上，他们忍受热带白昼酷热的煎熬，经受了急风暴雨的吹打。这支首尾长达100公里的撤退大军，一路上经常遭到无情的空袭，士兵们在缺水少粮的情况下，仍然为掩护撤退进行着殊死的抵抗。几个星期、几个月过去了，一片青山丛林映入眼际，突尼斯到了。

第8军团创造了辉煌的功勋，赢得了一场历史性的胜利。阿拉曼战役最后以蒙哥马利大胜隆美尔而告终。这是英国在第二次世界大战中首次取得的决定性的胜利，也是1940年到1943年北非战局的转折点，它使纳粹德国从此彻底丧失了对北非和地中海的控制，对战争的全局也产生了深远的影响。此役，德意军队伤亡两万人，被俘3万余人，其中1万是德国人。英国首相丘吉尔听说这一消息后，破例下令要伦敦的教堂敲响报警的钟声欢庆大捷，同时丘吉尔对此次战役的胜利也予以高度评价："它实际上标志着命运的关键。我们可以说，在阿拉曼战役以前，我们是战无不败，在阿拉曼战役以后，我们是战无不胜的。"

此战也使蒙哥马利成了捕猎"沙漠之狐"的英雄，被晋升为上将，获巴思骑士勋章，还被封为阿拉曼子爵。

1943年3月9日，隆美尔离开非洲返回本土，结束他在非洲的沙漠生涯。3月11日，希特勒授予隆美尔骑士十字勋章上佩戴的钻石。隆美尔成了第一个荣获钻石的德国陆军军官。

No.7 大西洋上的铜墙铁壁

1943年8月，希特勒又起用隆美尔，任命他为驻意大利北部集团军司令。1943年12月，又任命他为驻法国的B集团军群司令，并负责沿海要塞工事的构筑。

早在1941年12月，即德军在莫斯科城下开始遭到失败的时候，希特勒就担心盟军可能在西欧登陆，下令从挪威到西班牙沿岸构筑一道防线，由相互支援的坚固支撑点组成，称为"大西洋壁垒"。

1943年11月，希特勒派隆美尔元帅到西线彻底检定和加强"大西洋壁垒"海防。隆美尔首先巡视了丹麦一段海岸，接着观察了法国一段防线。结果令他大为震惊。大肆宣扬的"大西洋壁垒"，与其说是不可逾越的工事，不如说是戈培尔吹嘘宣传的产物。沿岸只有少数地段修筑了一批相距很远的坚固支撑点，多数地段的防御设施不是形同虚设就是根本就没有修筑。隆美尔立即着手加强"大西洋壁垒"的防御工事。在他的督促下，德军加快了防御设施建设，并在海滩高低潮水线下设置了铁（木）桩、混凝土多角体等障碍物；在靠近海岸线的前沿阵地上布设了地雷带；在海岸纵深的开阔地带竖立了防滑翔机木桩，这些斜插入海的木桩被盟军称为"隆美尔芦笋"。在西线的每时每刻，隆美尔都在想着他的海滩防御工事。甚至到了每一个风景名胜区，不论他手下的参谋和随行人员如何劝说他去看一看，他都不予理睬。在传奇故事的发祥地圣·米歇尔山，大家正在抒发着幽古情怀，他却关注着那里的大片沙滩地带，认为那可能是理想的空降着陆场。当手下人指着修道院那带有神话色彩的尖顶让他看时，他带着一脸思考的表情点了点头说："我认为，从下面顺延至尖顶部分需要部署两个高炮连。"途径比萨时，他根本不理参谋们想去一睹斜塔的请求："比萨斜塔已经斜了许多年，战争打完它还会斜着。"但是由于时间短促，隆美尔的防御设施建设计划远没完成，除了加莱地区的工作进展较快外，诺曼底却并没有太明显的成果，海底障碍物仅在高水位地带完成，反空降设施才刚刚开始动工。

到1944年5月底6月初，西线德军兵力共58个师，飞机500余架，100艘潜艇和500余艘轻型舰只。地面部队分为B、G两个集团军群和1个西部装甲集群，由德军西线总司令伦德施泰特元帅统一指挥。其中B集团军群35个师，由隆美尔元帅指挥，辖有第15集团军（兵力为4个军17个师）、第7集团军（兵力为3个军15个师）和独立第88军（兵力为3个师），部署在荷兰到法国西海岸线上；G集团军群13个师，由布拉斯可维兹将军指挥，辖有第1集团军和第19集团军，部署在法国南部和西南部海岸；西部装甲集群辖有10个装甲师，由吉尔将军指挥，其中4个装甲师拨给隆美尔的B集团军群，其余6个装甲师做总预备队，由希特勒直接调动。

关于装甲师等战略预备队的部署位置问题，伦德施泰特和隆美尔之间发生了激烈的辩论。隆美尔认为由于盟军享有绝对的空中优势，装甲师在白天将很难运动，这是他在北非所获得的教训。因此隆美尔主张把装甲部队部署在海岸附近，以免盟军的空中力量切断预备队与战场的联系。但伦德施泰特则认为把装甲部队部署在海岸附近，不利于迅速调动，因此，伦德施泰特坚持把装甲师部署在后方地域，在判定敌军主攻方向后再对其实施反攻击。时任装甲兵总监的古德里安和西部装甲集群司令吉尔也支持伦德施泰特。希特勒对两种争执不下的意见莫衷一是，只好采取了一个折中的方案：将装甲师集结在距海岸不远的地方。拨给B集团军群的4个装甲师中，第21装甲师由隆美尔直接指挥，其余第116装甲师、第SS12党卫装甲师和李尔装甲教导师则必须获得了希特勒的授权才能动用。

"大西洋壁垒"无疑是欧洲人在历史上建造过的规模最大的防线。它有10公里宽、5,000公里长（相当50个阿拉曼战线长度），布置的障碍物数量、雇用的劳工数量、耗费的水泥以及钢材数量都是空前的。虽然法国人和德国人曾经分别修建了马奇诺防线和齐格菲防线，但同"大西洋壁垒"比较就相形见绌了。

1943年12月，苏、美、英三巨头在德黑兰会议上正式商定：1944年5月由美、英驻军在法国北部沿岸塞纳湾的诺曼底地区登陆，进行"霸王"作战。与此同时，在法国南部进行牵制性登陆。其后不久，美国陆军上将艾森豪威尔被任命为"霸王"作战的最高司令。

盟军究竟会在哪里登陆？如何粉碎盟军的登陆？德军高级将领们众说不一。最初，希特勒认为盟军在加莱方向登陆可能性最大；海军将领根据盟军在英吉利海峡的布雷情况判定盟军可能在诺曼底登陆，但未引起希特勒和陆军将领的重量视。在如何粉碎盟军登陆的问题上，伦德施泰特元帅主张纵深防御——在盟军登陆后使用配置在纵深的大部队实施反突击；而隆美尔则持相反意见认为防御纵深应从高潮线开始延伸到内陆8公里或更多一点的地方，依托抗登陆防御阵地歼敌于海滩。

在"大西洋壁垒"的后面，希特勒布置了近百万军队，只要德国人判断出盟军的准确登陆地点，他们就能以逸待劳，将登陆部队歼灭在海滩上。即便"霸王行动"在诺曼底取得了立足点，希特勒也会迅速把兵力集中起来，使盟军难以向前推进半步。

在这次关乎生死存亡的决定性战役中，盟军遇到的第一个问题，就是把登陆地点选在哪里？

当时，法国北部较适宜的登陆地点有康斯坦丁半岛、加莱海滨和诺曼底。康斯坦丁半岛登陆最易成功，但地形狭窄，登陆后不宜展开兵力向纵深发展；加莱地区虽距英国海岸最近点只有33公里，但是是德军重点设防的地区，而且缺少内陆通道；而诺曼底地区，既有能同时容纳30个师的登陆场，又距英国西南海岸各大港口较近，虽缺乏良港，但可以人造港桥。于是，盟军最后决定从诺曼底突击登陆。

可是，如此大规模军事行动，要想做到神不知鬼不觉，谈何容易？在德国的飞机、雷达、哨兵和间谍都处于高度戒备的状态下，为了能够使登陆开展以前，庞大的人员和装备在英格兰集结而不被发觉和登陆地点不暴露，盟军制订了一个详细而庞大的欺骗计划。这就是著名的"杰伊计划"（也称为"坚韧计划"或"卫士计划"）。

英国专门控制双重间谍活动的"双持委员会"决定用这些人来散布关于"卫士计划"和"杰伊计划"的假情报。

这是一个极其大胆、极其宏伟的欺骗计划，堪称是战争史上经典的"真实的谎言"。它虚构了一支由50个师，100万人组成的美军"第1集团军"，正在英格兰的东南部集结，准备在加莱地区发动进攻，这样让德军深信加莱是盟军的主要进攻方向，巴顿担任"第1集团军"的总司令。巴顿开始以"第1集团军"统帅的身份出现了，在英国他经常出现在各种公开场合，伪装的"第1集团军"不停地发送无线电信号。

∨ 隆美尔视察"大西洋壁垒"，手下将领在汇报工作。

为了以假乱真，英国女王和蒙哥马利都亲自来到码头视察这一史无前例的"杰作"。同时英国的战斗机不断地在码头上空盘旋，仿佛是在保卫这一设施。工兵则用燃烧油的方法，使码头上空烟雾弥漫。当一切都安排好之后，他们故意将一些德国的侦察机放入该地区，但只让它们待在1万米以上的高空，使摄像机无法辨别出码头设施中的破绽，而当德军的远程炮群对码头进行袭击时，一些工人便四处点火，伪装造成被击"中"而起火的假象。

　　这些假情报向德国人表明了"第1集团军"确实存在，德国人已完全相信了间谍们的欺骗计划。1944年3月20日，西线德军情报分析科在一项情报通报中写道："现已查明曾在北非，以其胆略和效力而闻名的巴顿将军，目前正在英格兰担任某种高级军事职位"。在截获的一份德军电文中，标示着盟军及其那支并不存在的"幽灵部队"调动的情况。

　　这支完全由盟军情报机关杜撰出来的军团，尽管没有在战场上打死一个德军，但

∨ 正在一起探讨诺曼底登陆计划的盟军最高司令部成员。

却发挥了无可比拟的"战斗威力"。

1944年3月14日,这一天伦敦的《新闻时报》刊登了一张剧照,一个名叫詹姆斯的皇家陆军中尉,头戴贝雷帽,形象酷似蒙哥马利,剧照的旁边用典型的广告写道:"你错了!他的名字叫詹姆斯。"

英国特种作战委员会的副主任杰维斯里德中校看到这张照片时,脑海里顿时冒出了一个近乎荒唐的计划:让詹姆斯扮演蒙哥马利,故意给敌人一些证据,证明英国登陆部队的司令官"蒙哥马利"元帅已经离开英国本土,前往直布罗陀和阿尔及利亚视察,从而诱使德国人做出错误判断。1944年5月25日夜晚,詹姆斯装扮的"蒙哥马利"来到了布罗涅机场,开始执行他的"特殊使命"。"蒙哥马利"在其随行人员的陪同下,登上了飞往直布罗陀的专机。第二天专机到达了直布罗陀机场,他走下了飞机,向前来迎接他的人们行了一个著名的蒙哥马利式"军礼"。很快整个直布罗陀都知道,蒙哥马利到了本市,让德国间谍确信无疑,甚至连直布罗陀总督,蒙哥马利的老同学——伊思伍德将军也信以为真。在随后的几天里,人们经常可以看到"蒙哥马利"的高级轿车,在摩托护卫下,风驰电掣般地从街上驶过,直到诺曼底登陆行动开始前几天,他才悄然消失。

到此为止,"卫士计划"已以其精妙绝伦的表演,赢得了预期的效果,但是,仍然有一些严重的障碍,那就是分布在法国和德国葛尔台池之间的近百个雷达设施。为了保证盟军登陆成功,必须把这些雷达全部摧毁或使之失灵,于是,一系列战术欺骗行动就此开始了。

登陆前,盟军对加莱地区的德军防御体系,进行了集中轰炸,其投弹量比诺曼底地区多出1倍,造成盟军就要对加莱地区实施大规模登陆作战的假象。

6月5日黄昏,英国皇家的18艘小型舰只,驶向了多佛海峡的安特卫普港,给德国人造成盟军将在此登陆的错觉,每艘舰船的后面都拖着几个缤纷的气球,以便在敌人的雷达屏幕上造成大型舰只"回波",皇家海军还派出12架飞机紧贴海面飞行,每隔一分钟便撒下一大束金属箔,以使敌人误以为有一支大型护航舰队,在徐徐地向法国前进。

在布罗涅地区,29架发出"回波"的轰炸机,不断地向敌方口岸沿线飞行,以欺骗德国人以为布罗涅地区是威胁最大的地方,因此,集中了大量武器装备和探照灯加以防守。

盟军伞兵在诺曼底空降的前一天,英国空军的一支小型机群,投下了大量带着假人的降落伞,使敌人的雷达误以为空降兵要比实际人数多20倍。

1944年6月6日,9点30分,英国广播公司正式广播了诺曼底登陆的消息。10点,艾森豪威尔发表讲话,把诺曼底登陆说成是进攻的开始阶段,并号召各国的抵抗力量,遵守纪律，克制蛮干。随后，挪威国王、荷兰首相和比利时首相分别讲话，声称盟军最初的登陆行动，只是大决战计划中的一环，决定性的战斗的时刻尚未到来。同时，丘吉尔在英国下议院作了10分钟的讲话，他似乎是漫不经心地宣布说："今天清晨，我们的首批部队已经登上了欧洲大陆，事实证明我们已经达到了战术奇袭的目的，而随着战局的进展，我们还将向德军发起一系列的出其不意的进攻。"各国领袖协调一致的讲话，对转移希特勒的注意力和稳住德军统帅部，起到了不可估量的巨大作用。

由于欺骗行动近乎天衣无缝，使希特勒犯下了不可逆转的重大战略错误，他把90个师，近100万人，全部部署在了远离诺曼底登陆的滩头和欧洲各国，等待着永远不会到达的盟军部队。

诺曼底登陆战役背后的暗战，其计划之周密、规模之宏大、执行之巧妙，都是史无前例的。那扑朔迷离的"卫士计划"、天衣无缝的谍影案件，不仅让这场惊心动魄的战役，增添了让人们津津乐道的传奇色彩，也让人们尽情领略了出神入化的战争艺术。

由于登陆日（代号D日）推迟到6月初，盟军统帅部开始确定具体的日期和时刻。这是一个复杂的协同问题，各军兵种根据自己的需要提出不同要求，陆军要求在高潮上陆，以减少部队暴露在海滩上的时间；海军要求在低潮时上陆，以便尽量减少登陆艇遭到障碍物的破坏；空军要求有月光，便于空降部队识别地面目标。最后经认真考虑，科学拟定符合各军种的方案，在高潮与低潮间登陆。由于5个滩头的潮汐不尽相同，所以规定了5个不同的登陆时刻（代号H时），D日则安排在满月的日子，空降时间为凌晨1时。符合上述条件的登陆日期，在1944年6月中只有两组连续3天的日子，6月5日至7日，6月18日至20日，最后选用第一组的第一天，即6月5日。

盟军的空降，在登陆的最初时间里夺取了至关重要的交通枢纽、桥梁、海滩通路，摧毁了德军的炮兵阵地，破坏了德军防御的稳定性，牵制了德军的预备队，使德军处于被动局面。为登陆的胜利创造了条件。

盟军选择的登陆地点诺曼底海滩，位于法国的西北部，从东到西有5个滩头——宝剑海滩、朱诺海滩、黄金海滩、奥马哈海滩、犹他海滩，全长约80公里。登陆计划第一批进攻部队是5个师，每个师占领1个滩头。

1944年6月6日凌晨，美国和英国的2,390架运输机和846架滑翔机，从英国20个机场起飞，载着3个伞兵空降师向南疾飞，准备在法国诺曼底海岸后边的重要地区着陆。这就是著名的"诺曼底登陆"的开始。

6月6日，盟军登陆诺曼底，这一天正是隆美尔妻子露西的生日，他紧急赶回前线。

黎明时分，英国皇家空军的1,136架飞机对事先选定的德军海岸的10个炮垒，投下了5,853吨炸弹。天亮以后，美国第8航空队又出动了1,083架轰炸机，在部队登陆的前半个小时，对德军海岸防御工事投下了1,763吨炸弹。接着，盟军各种飞机同时出动，轰炸海岸目标和内陆的炮兵阵地。5点50分，太阳已经升起来了，盟军的海军战舰开始猛轰沿海敌军阵地。诺曼底海滩成了一片火海，地动山摇。

进攻部队由运输舰送到离岸10～17公里的海面，然后改乘大小登陆艇按时到达预定攻击的滩头。跟在后面的是运载重武器和装备的大型登陆艇。

盟军在7天里共登陆士兵32.6万，物资10.4万吨，并继续向欧洲大陆运送更多的人员、物资、装备和补给，且成功建立了滩头堡。到6月12日，盟军在诺曼底的几个滩头已经连接成一条阵线，后续部队源源而来，军需物资不断增加，这些，都保证了诺曼底登陆的成功。8月19日，盟军占领了塞纳河西岸的芒特。这一天，巴黎人民举行武装起义，解放了自己的首都。8月25日，艾森豪威尔指挥的法国第2装甲师从巴黎南门和西门进入市中心。当天下午，法国勒克莱将军奉命接受德军投降。

巴黎的解放是诺曼底战役的结束。德军有40多万人伤亡和被俘。德国再次被迫两线作战，陷入了苏联和美英盟军东西夹击的铁钳之中，灭亡的日子已经为期不远了。

希特勒所吹嘘的长达4,000公里"大西洋壁垒"防御工事为什么不堪一击呢？原来每年6月，英吉利海峡总是狂风大作，恶浪滔天，舰只行驶艰难。德军在西线的大部分将军都认为在这个气候恶劣的6月里，盟军是不会发动进攻的。6日凌晨2点左右，驻守在巴黎的德军总司令部接到报告说，有美英空降师着陆，看来像是一次"大规模行动"。但总司令伦德施泰特却认为这是盟军声东击西的手法，并不在意。接着，西线德国海军部队又向总司令部报告说：据海岸雷达报告，荧光屏上有大量黑点，一支庞大的舰队正向诺曼底海岸进发。而德国西线的参谋长却回答："什么？在这样的天气里？一定是你们的技术员弄错了！也许是一群海鸥吧？"后来，当他终于看到形势不好，请求希特勒出动两个装甲师去对付盟军空降师时，希特勒却禁止动用他的这支战略预备队。希特勒还是坚持认为这只是牵制性的佯攻，盟军一定会在加莱地区登陆。

德军以为还有第二次登陆，但这一切都是骗局。

No.8 没有审判的死刑

1944年，各路死神都向隆美尔走来。

英国人一直在想着如何用特别的方法除去这个令盟军头疼的对手。正如他们在非洲所做的那样，英国人再一次启动了暗杀小组。

为了保证这次暗杀隆美尔的计划获得成功，英军好几个月来一直在寻找隆美尔的秘密司令部。早在5月26日，一名英国间谍就已将隆美尔在拉·罗歇-基扬的消息报回了总部。7月14日，英国一支山地部队通过侦察最终确定了隆美尔的所在地。

∧ 隆美尔和他的妻子、孩子。

　　于是，一个由5名英军特种空军人员组成的暗杀小组成立了。这个暗杀小组由职业杀手莱蒙德·李指挥。他们在得知隆美尔指挥所的确切地点后，开始通过空中侦察和地面探路等方法进行大量的准备工作。

　　7月20日，英国上级部门对这个暗杀小组下达了行动命令：

注意：击毙陆军元帅隆美尔或他参谋部里的高级官员，或将他们绑架到英国。

　　7月25日，这个暗杀小组被空投到法国的夏尔特市附近，暗杀隆美尔的行动正式开始了。但令莱蒙德·李奇怪的是，他在那里四处搜寻，却再也没有见到隆美尔。

　　隆美尔哪去了？

　　隆美尔正躺在医院里，他在7月17日遭到盟军的猛烈空袭，头部受了重伤。

　　那些天里，隆美尔每天乘坐他的车子至少要行驶400公里路，到各地去看望正在作战的指挥官们，同时也在争取各级军官支持他背着希特勒与盟军和谈。

　　在下午6时左右，车上的瞭望员发现有两架敌机正朝着他们俯冲下来，隆美尔大叫把车子开进前面300米处的一条小岔路。但他的车子还未来得及驶抵那里，第一架"烈焰"式飞机已经在他们背后的上空怒吼了，在不足500米的距离内，飞机上的机关枪炮一齐开火。紧张的隆美尔手拉着车门把手回头看了一下，火花四溅，炮弹正在后面的路上爆炸，接着车子的左边落下1颗炮弹。炙热的金属和玻璃碎片一下子飞在他的脸上。汽车司机的左肩被一块弹片削掉了，车子飞似的朝路旁冲去，立即撞在公路另一边的树上，车上的人被抛到人行道上，汽车则腾空而起，飞过公路，落进一条沟渠里。

隆美尔的头部不知被什么东西击中了，伤得很重，他的头骨凹陷了下去。接着第二架"烈焰"式飞机又赶来了，俯冲下来对他们一阵扫射。

过了很久，那两架飞机早已远去了，但空中的轰炸仍在进行着。几个冒着战火路过的当地法国人发现了隆美尔。他们首先用碎布条缠住隆美尔已凹陷下去、正在流血的头骨，随后设法与利瓦诺特的药剂师玛尔赛·莱先生取得了联系。莱先生立即赶到现场，给隆美尔注射了两瓶樟脑油，这是对防止突发的心脏衰竭很古老也很有效的方法。接着，莱先生快速地将隆美尔受到重伤的消息通知了最近的一家军队医院。

经过简单的处理，隆美尔被抬上了前往军医院的汽车，并慢慢地恢复了一小部分知觉。他感到了火辣辣的疼痛，但头部缠着的绷带使他什么也看不见，只觉得自己的血液正在从眼里和耳朵里不停地淌出来。直到7月18日他才恢复了全部知觉。

1944年7月20日，施道芬堡暗杀希特勒，未获成功。

8月1日，隆美尔在巴黎召开记者会，向英国人宣称自己还活着。8月8日，隆美尔被送回赫尔林根的自家别墅养伤。

8月25日，隆美尔的参谋长斯派达尔被逮捕。

9月3日，隆美尔被正式解除B集团军司令一职。

9月末，希特勒最信任的心腹鲍曼在从元首大本营发出的一份印有"帝国秘密事务"字样的呈文中报告，隆美尔曾说"暗杀成功后他将领导新政府"。这份文件意味着对希特勒最喜欢的隆美尔将军做了死刑判决。因为鲍曼诬陷了隆美尔，那些试图在1944年7月20日用炸弹炸死那位独裁者的人和隆美尔一点关系也没有，而几年前，隆美尔对鲍曼的羞辱使他记恨在心。由于失去左耳左眼，他连距离都已判断不准。盖世太保怀疑隆美尔是密谋分子的核心，希特勒终于做出决定：他以前一度十分宠信的、同时也是在德国最受欢迎的这位隆美尔元帅必须死去。但希特勒不敢像对待"7·20密谋者"那样，绞死这位最高勇敢荣誉勋章的获得者。5年前遭隆美尔羞辱的希特勒办公室主任马丁·鲍曼、德军总司令凯特尔、坦克上将古德里安、坦克中将寇彻海姆等5人组成军事法庭，出于种种原因，没有人愿替隆美尔说公道话。

10月1日，隆美尔给希特勒写了一封长信，表示自己的忠诚。

10月4日，陆军荣誉法庭在隆美尔缺席的情况下确定了隆美尔涉嫌密谋活动的罪行。

10月14日早晨，身穿上开领非洲军制服、满身勋章的隆美尔还在等待希特勒把他派往前线的命令。可来访的希特勒副官布格道夫将军摧毁了隆美尔的全部希望："陆军元帅隆美尔被指控谋害元首。"面对种种天衣无缝的"证据"，谁也不相信他至今对谋杀计划一无所知。布格道夫宣布，鉴于隆美尔的战功，元首允诺，隆美尔死后实行国葬，家属享受元帅抚恤金。考虑到他的妻子露西和时年16岁的儿子曼弗雷德，隆美尔服从了。这也是他生命中的最后一次服从。

隆美尔最后一次拥抱了妻子："我将在15分钟后死去。"他把钥匙和钱包交给独子曼弗雷德，然后戴好军帽，穿上大衣，手握元帅杖跟在布格道夫身后，钻进前来接他的汽车。15分钟后，陆军元帅隆美尔死于车中。

这是没有审判的死刑，对外公布的死因是中风。10月16日，希特勒专程给露西（隆美尔的妻子）发来了电报："您丈夫的逝世给您带来了重大的损失，请接受我最真挚的吊唁。隆美尔元帅的英名，与他在北非的英勇战绩一样，都将永垂不朽！" 1944年10月18日，希特勒为隆美尔举行国葬。陆军元帅冯·伦德施泰特在悼词中高度评价道："他的心属于元首。"

不能否认隆美尔是个军事奇才，在战术方面有着很深的造诣，在军事领域内有着特殊的地位，但他缺少战略眼光。就隆美尔自身来说，他也是个爱荣耀高于爱生命的人。隆美尔喜欢别人吹捧他，喜欢人群为他欢呼的场面，也喜欢听到"隆美尔必胜"的口号。隆美尔对希特勒忠心耿耿，死心塌地为其卖命，他的军事才能和在战术领域的创造是为德国法西斯推行侵略扩张政策而服务的，是反历史潮流而动的，他不可避免地成了千古罪人。后终因与希特勒意见相左，不可调和，希特勒便借他涉嫌暗杀行动之机而令其服毒自杀，但这并不能抹去他个人所犯下的战争罪行。即使他活下来，也一定会被列为战犯，受到历史严厉的审判。

∨ 德国士兵在守护隆美尔的遗体。

Heinz Wilhelm Guderian

"闪击战"的创始人

古德里安

他是德国陆军一级上将，杰出的军事家，
他是"闪电战"战术的创始人，
他是"世界装甲之父"，
他是希特勒祸害天下的杀手……
他是海因茨·威廉·古德里安。

No.1 军事之家

1888年6月17日，一个星期天的上午，古德里安在维斯托拉河边的库尔门出生了。他的父亲菲特烈·古德里安是第2波美安里亚轻步兵营的中尉，而他的先世只有地主和律师两种职业。

古德里安的父亲于1891年调驻阿尔萨斯州的柯尔马。6岁那年，他就在那里入学读书了。到1900年，他的父亲又调驻柏林州的圣阿伏德。这个地方小，没有高级中学，家里就只能将他送到一个可以寄宿的学校里去。因为当时他父亲的收入很有限，所以他父亲希望他的两个儿子都以军人为职业，于是为他们选定军官学校为升学对象。1901年4月5日，古德里安就和他的弟弟一起进入了卡尔希鲁赫军官学校，一直到1903年4月1日，古德里安才转到柏林附近的学校——大里希特场的中央军官学校去学习军事。在军官学校所受的训练，是以严格的军事纪律生活为主，所学的课程特别注重近代语文、数学和历史方面的学习。这些课程为学生们的人生打下了良好的基础，使得军校毕业生的文化程度绝不比一般学校毕业的稍有逊色。1907年2月，古德里安毕业了。他被分配到罗林州，比特赫的第10汉罗福里亚轻步营当见习官，而这个营的营长正是他的父亲。这真是个意外的好运，离家已6年的古德里安，又可以暂时享受到家庭生活的快乐。

∧ 20岁的古德里安。

1907年4月至12月间，古德里安被派往梅兹参加一次短期军事训练。训练结束时，学校给他的评价是："才华出众，积极进取，忠于职守。"1908年1月27日，他被正式授予少尉军衔。从此一直到第一次世界大战爆发为止，他都过着一个很愉快的低级军官的生活。1909年10月1日，他们的轻步兵营被调到汉罗威省担任驻防的工作。在那里他和一个医生的女儿玛加丽特·哥尔尼相识。玛加丽特·哥尔尼漂亮、温柔、大方，古德里安热烈地追求她，两人很快坠入爱河。但他父亲认为他还太年轻而不应该过早结婚，因此派他到第3无线电营执行任务。1913年，在经过4年的浪漫恋爱生活之后，这两个有情人终成眷属。但是他们新婚的快乐很快被第一次世界大战的战火所打断。从1914年8月，古德里安不得不离开已有身孕的妻子到前线作战。以后的4年中，他只回家过一次度过一个短短的假期。他们生有两个儿子，二战期间都跟随装甲部队作战，大儿子后来成为了一名将军。

战争开始不久，古德里安从陆军中将之位退役的父亲就去世了。这让古德里安非常难过，因为他一直把自己的父亲当作典范军人和完整人格的楷模，并且很为自己是位军官的儿子而感到高兴和自豪。

在第一次世界大战中，古德里安所在部队频繁调动，他参加过著名的凡尔登战役和索姆河战役，还参加过在色当的参谋官军事训练，成绩优异。1919年，第一次世界大战结束，德国战败，已是连长的古德里安在轻步兵营度过了3年时光。

No.2 装甲、运动和火力

1922年，古德里安调到陆军运输处，研究与摩托化运输有关的各种问题。起初，他对这个问题既不了解，也无兴趣。但随着研究的深入，很快他就对机械化着了迷，开始确立机械化观念。他逐步认识到：用摩托化运输部队能做到快速反应，但在机动战中对摩托化进行保护，这就需要装甲车。此后，不管岗位怎么调动，有一个问题始终不离他的头脑——装甲兵。古德里安从不满足于现有的战术、技术和兵器，他广泛收集有关的各种资料，认真总结了第一次世界大战中使用摩托化车辆运输部队的经验和教训，仔细研究了英国人福勒、李德哈特等人著作中的主张和思想。李德哈特是第一个提出使用装甲兵作远距离的突击，向敌人的交通线发动攻击，而且建议成立一种装甲和装甲步兵混合单位的新兵种的人。古德里安从中得到重要的启示，逐渐萌生了以机械化部队为主体，各军兵种密切协同的战术思想。他经常在《军事周刊》杂志上发表探讨当代军事问题的文章，以至这个周刊的主编阿托克将军经常访问这位年青的军官。他常常利用战术演习和兵棋推演的机会，发表自己关于战车将成为地面战场主宰的新观念。于是，古德里安逐渐有了名气。1931年，他出任摩托化部队总监部的参谋长。

古德里安关于装甲兵的战术思想就是坦克集群的高速进攻。1936年至1937年，他写了一本名叫《注意——装甲兵》的书，书中阐明了他之后在战争中一再运用的坦克战术。1938年，希特勒任命古德里安为机动部队总监，统管装甲部队的一切组织和训练事项。这一年，德国又试制成功了两种新型坦克，并成为了第二次世界大战中德国装甲部队的基本装备。

古德里安的理论在他所著的回忆录《闪击英雄》一书中有如下的叙述："1929年我已确信，坦克单独行动或协同步兵行动都不能取得决定性的成果。对军史的研究，在英国举行的演习和我们利用模型的演练都加深了我的如下认识：只有支援坦克的其他兵种具有与坦克相同的行驶速度和越野力时，坦克才能充分发挥其威力。在诸兵

∧ 希特勒在古德里安（右一）的陪同下视察德军装甲部队。

种合成兵团内，坦克应起主导作用，其他兵种则根据坦克的需要行动。因此，不要把坦克编在步兵师内，而要建立包括各兵种的装甲师，以使坦克能更好地发挥作用。"

　　他认为坦克武器具有3个特征：装甲、运动和火力。凡是要准备进行激烈战斗的一切坦克，应具有相当强度的装甲，能够不为对方的防御火力所击毁；要想取得胜利，尽量使坦克运动迅速，不顾敌人的阻挠，一直向前运动，使敌人无法建立一条新的防线，最后把攻势深入敌人的后方。火力是坦克武器的最重要特征，它的火炮在坦克静止和运动时，都可以开炮射击，坦克前进时，可以把它的火力携带着一同行走。古德里安认为：在以坦克攻击为基础的攻势中，胜利的主角就是坦克本身，而不是步兵。只要坦克攻击成功，那胜利就会成为定局。他认定，坦克是现代攻击战中能用的最好武器，也最有效。古德里安所提倡的闪电战术有3个要素，即奇袭、快速和集中。他认为在作战中应大量而集中使用坦克，坦克与飞机密切配合，突破对方的某一狭窄地区，其后由坦克和步兵的合成军队着手扫荡对方的阵地及据点，迅速扩大占领区域，实施包围、合围，歼灭对方部队，迅速向纵深发展胜利。古德里安认为这种战术对进攻战役的胜利和整个战争的胜利将起到重要的作用。

　　古德里安的军事理论、建议和实践，遭到一些高级将领的激烈反对。他们墨守成规，坚持认为坦克只是步兵的支援武器，而对于古德里安的关于坦克战车部队是一种主要的新兵种的新观念毫无兴趣。但是，机会终于来了。1933年，德国兵工署主持的近代兵器发展表演会上，当希特勒看到古德里安亲自指导的摩托化部队表演时，情不自禁地一再说道："这就是我所希望的东西！这就是我所需要的东西！"极富侵略性的希特勒，出自他对外扩张的需要，大力支持古德里安的战略战术观点。1934年，德国成立了装甲兵司令部，希特勒任命古德里安为参谋长。1935年德国建立起3个装甲师，古德里安任第2装甲师的师长。每个装甲师中有1个装甲旅，其坦克总数不少于561辆，支援它的有1个摩托化步兵旅，另加摩托化炮兵、工兵、通信和战防等单位，还有1个搜索营。从此，德国装甲兵得到了迅速的发展。

显然，古德里安的理论和创立的兵种是服务于法西斯的对外扩张行动的，他是希特勒对外侵略的帮凶。1938年3月，希特勒吞并奥地利，古德里安率领两个装甲师打头阵，向维也纳进军。这是使用装甲部队于战争之中的第一次尝试，尽管路上有些战车因技术故障而抛锚，但还是在两天之内前进了数百公里，创造了部队机动速度的新纪录。从而显示了装甲部队的优越性。德国年轻的装甲兵部队初露锋芒。

No.3 闪击波兰

1939年4月，希特勒在他50寿辰来临之际做了秘密动员，并签署了进攻波兰的"白色方案"。1939年9月，经过精心策划，德国法西斯对波兰进行突然袭击。当时古德里安刚就任第19军的军长，下辖有1个装甲师、两个摩托化步兵师。他的任务是突入波兰边防线，切断波军通往"波兰走廊"的退路。古德里安在率部进攻波兰时，遭到波兰骑兵的顽强抵抗。但是，战马与装甲搏斗，马刀马枪与坦克火炮对阵，终于造成波军的惨败，使古德里安初次尝到了坦克战的甜头。"波兰走廊"之战刚一结束，希特勒就亲临战场视察。一路上，他看到被毁的波兰炮兵团和被炸毁的桥梁，就问道："这是我们的俯冲轰炸机炸毁的吗？"古德里安平静地回答说："不，是我们的坦克干的！"希特勒大吃一惊。

在突袭波兰的战斗中，古德里安遇到一次险情，差点丧命。古德里安不喜欢在司令部里发号施令，经常是在前线直接指挥。他往往乘坐装甲指挥车随同领先的装甲部队一起前进。这样，他可以及时掌握多变的战况及有利战机，用无线电与军部及各师师长联系，并下达命令。在这次闪电战中，由于他乘坐的指挥车突进太快，竟然进入了自己炮火的射击区，险些被自己的炮弹击中。对此，他在回忆录中有这么一段惊险的描写："9月1日清晨4时45分的时候，全军都同时在边界上开始行动。最初地面上有一层浓厚的晨雾，使空军不能对我们做任何支持。我在第一次攻击波中，就和第3装甲旅一同前进，一直到曾贝堡以北的最前线，那就是序战开始的地方。不幸得很，虽然我已经严令第3师的重炮兵不得开炮射击，但是在大雾之中，他们还是忍不住开炮乱打起来。第一颗炮弹恰好落在我的指挥车前50米的地方，第二颗就落在后50米的地方。我马上想到要是再来一颗的话，就一定会直接命中。于是马上就命令驾驶员转过车来离开这个地区。这种突如其来的炮击使驾驶员有一点神经紧张，拼命地一冲就掉到一个沟里去了。"古德里安在回到军部指挥所后，把不够冷静的炮兵狠狠地训斥了一番。

波兰战役速战速决，9月底波兰终于败亡。德国之所以在这一次战争中能够这样迅速地取得成功，使用装甲兵力量和进行闪电战是一大原因。这是闪电战的第一次实地表演。古德里安通过波兰战役证实了自己理论的价值。在波兰战役之后，古德里安的名字就频频出现在报纸、军事刊物上，伴随着一起出现的还有一个新名词——"闪电战"。

1939年10月27日，古德里安在希特勒总理府得到骑士铁十字勋章，他为自己如此之早就获得了这种勋章深感荣耀，并认为这是他经过长期苦斗建立起来的新型兵种——装甲兵的一张成功证明书。在这次战争实践中，古德里安感到坦克需要更厚的装甲，其火炮的射程和穿透力也需要增强。

No.4 西线生死战

1940年2月，德国陆军总司令颁发了关于进攻西线——"黄色方案"修正案的训令。这次战役的目标是占领荷兰、比利时和法国，迫使英国缔结有利于德国的和约。"黄色方案"是曼施坦因拟制的，但是，古德里安在计划和执行该方案中都起了一定作用。为了进行西线战争，希特勒调集了136个师，3,000余辆坦克，4,500余架飞机，分为A、B、C三个集团军群。由伦德施泰特上将指挥的A集团军群担任主攻。古德里安的第19军隶属于A集团军群。3月，A集团军的高级将领被召集到柏林总理府中，每一个将领都要报告自己所担负的任务，以及将如何去执行自己的计划。古德里安谈到自己的任务是：在奉命进攻之日，就要越过卢森堡的国界。经过比利时南部，然后突破色当，渡过马斯河，并在对面建立一个桥头阵地，以掩护后续的步兵军渡河。他计划战争的第5天就强渡马斯河，并在当天下午在对岸建立好桥头阵地。当古德里安汇报到这里时，希特勒发问道："那么以后你又准备做些什么呢？"古德里安的头脑中始终抱有一个坚定不移的原则——装甲兵在进攻时应永不停顿。他毫不犹豫地回答说："除非我已经接到了其他的命令，否则我将决定次日继续向西推进。最高统帅应该决定我的目标是亚眠还是巴黎。我个人的意见认为正确的路线是通过亚眠，直趋英吉利海峡。"

1940年5月10日，德国法西斯野蛮地对西线发动了前所未有的大规模进攻。第19军作为在色当地区的攻击主力，从法军防线上打开一个缺口，5月13日就渡过马斯河。

∨ 古德里安在法国。

一天之后，古德里安坦克军在色当以西和以南扩大了桥头阵地，并击退了法军第3装甲师的多次反击。5月16日，古德里安和士兵们沉浸在一片狂喜之中，他在回忆录中这样写道："迷惑着我们的战争之雾不久就完全廓清，我们已看见青天，结果一切都在我们预料之中。我从第1装甲师的前进纵队旁边走过。那些士兵个个神采飞扬，他们都了解我们已经获得一个完全的胜利。他们向我欢呼着说：'老头子，这一仗打得真好！'现在所有的道路部分配给3个装甲师，他们一路马不停蹄向西疾驶。"

当时在古德里安看来，只有两件事可以阻止装甲部队的前进，即汽油耗尽和到达英吉利海峡。但是，德国最高统帅部包括希特勒在内都对装甲部队高速进攻获得的巨大战果感到惊疑，为防止法军发动翼侧反击，急令各坦克部队停止前进。对前线情况了如指掌的古德里安及一些前线指挥官们认为，这无异于放弃奇袭，会丧失一切初步战果。古德里安以要求免职而力争，终于获准继续做"威力搜索"，"扩大桥头阵地"。古德里安立即对这项命令作了符合自己意愿的解释：在没有接到停止前进的命令时，部队沿索姆河一线迅速挺进。5月18日，古德里安部到达圣昆丁，次日强渡索姆河。5月20日，他亲自督导第1装甲师占领亚眠城后前出至英吉利海峡沿岸。5月23日，进抵距敦刻尔克约20公里的运河地区，封锁了布伦和加莱。当时，40万英法联军退缩在敦刻尔克的狭小地区内，前面是波涛汹涌的大海，后面是如虎似狼的追兵，丢盔卸甲，溃不成军。就在这千钧一发之际，5月24日，希特勒在戈林等人怂恿之下，给A集团军群的坦克部队下达了停止前进的命令。这样英法联军便取得了3天时间修筑防御工事，掩护退却。

从5月26日到6月4日，英法和其他盟军经过9个昼夜的苦战，33万多人渡过海峡，进入英国，另有4万多名法军未来得及撤退当了俘虏，这就是历史上著名的敦刻尔克撤退。尽管英军失去了大量的装备和军需物资，但保留了一批经过战争考验的官兵。这是一批纪律严明、训练有素、作战英勇的精锐官兵，4年后在诺曼底登陆的英军中，这些人成为反击法西斯的中坚骨干力量。

5月29日，古德里安指挥的第19军奉命从敦刻尔克附近撤回，由第14军接防。他对希特勒停止前进的命令深为不满，对英法等国军队能生还英国深感为憾。他在回忆录里这样写道："假如当时我们能够俘虏到英国远征军的全部兵力，那么未来的战局发展恐怕也很难预言了。无论如何，像这样一个大规模的军事胜利，也可以使外交家多一个讨价还价的机会。不幸得很，这个大好机会却给希特勒个人的神经质弄糟了。"关于希特勒为什么要命令停止前进的问题，军事历史学家们众说纷纭，至今没有一致的看法，竟然成为一大历史悬案。

1940年6月1日，为希特勒卖命有功的古德里安得到了重用，担任了第2坦克群司令。1940年7月19日，升任陆军一级上将，并受命训练刚刚组建的德国装甲部队。

No.5 用速度占领斯摩棱斯克

1941年6月22日，德国发动侵苏战争，古德里安指挥的装甲兵团属中央集团军群，担负了向莫斯科方向突击的任务。战争初期，他们节节获胜。6月27日，他率领的第2装甲集群与第3装甲集群在明斯克汇合，完成了对苏联的纵深包围。

7月11日，古德里安决定：迅速渡过第聂伯河，继续向前挺进，直取莫斯科西大门斯摩棱斯克。苏军开始猛烈地反攻，对古德里安的迅速突进，进行了顽强的抵抗。古德里安感受到了极为沉重的压力，几乎喘不过气来。

在德军中，古德里安是一个有特点的人物，更为重要的是他特立独行的性格。他是德军中少数几个敢于在希特勒面前不唯命是听的人，他不仅敢于坚持自己的见解，还能够根据战场的实际情况凭自己的判断做出决定，并坚持这个决定。

通过对目前的战况及其可能发展趋势的分析，古德里安感到在目前这个时候，苏军围绕着第聂伯河所建立的防线只是刚刚开始修筑，还没有那么牢固，如果在这个时候对其发动攻击，可以迅速击破不坚固的防御。但这也预示着如果古德里安打算渡河进攻，则不免要使自己3个装甲军的翼侧完全暴露，有可能会遭到苏军猛烈的反冲击，产生难以预料的结果。反过来，如果不这么做，而等到德军步兵赶到，至少还需要半个月的时间。现在德军装甲部队的快速推进，已使它们与步兵部队之间拉开大约14天的距离。即使步兵部队到了，它们也不能保证击破苏军沿江构筑的坚强工事，让装甲部队继续向前推进。

只有装甲部队才具有这种强大的攻击力量！

为了实现在1941年秋季结束对苏战争这个目标，古德里安当即决定：迅速渡过第聂伯河，继续向斯摩棱斯克挺进！

古德里安一切准备就绪，就等待下进攻的命令了！

7月9日这天，第4集团军指挥官克鲁格元帅一大早就来到了古德里安的司令部，当时他表面上是要听取古德里安的情况汇报和对下步行动的打算，其实是他听到了古德里安准备行动的打算，赶来制止他的行动。古德里安一切的准备是没有向上级汇报的。所以克鲁格听完古德里安想要渡过第聂伯河的打算后，坚决反对这一主张："立即将这个作战行动停下来，各单位都留在原地待命，等到步兵部队赶上来。"

古德里安依然决定按自己的计划实行。他特别强调，命令已经下达，要收回是不可能的了。如果现在停止行动，则部队就将完全暴露在苏联的火力之下，成为对方的靶子，部队要遭受到重大损失。这时的情况已是箭在弦上，不得不发！同时，古德里安也为克鲁格描述了一幅美妙的前景，他说突击成功的可能性是非常大的，他有这个把握，这个目标的实现是非常有利于在当年结束对苏战役的。而且，古德里安承诺达成既定任务，功劳归克鲁格，如果失利，责任则由他一人承担。古德里安运用自己的三寸不烂之舌，终于将顽固的克鲁格元帅说服，使他不得不改变自己的打算。最后克鲁格无奈地说："你的作战行动总是箭在弦上，让人不得不干下去。"

第2装甲兵团的先头部队在古德里安的指挥下，率先到达第聂伯河一线，并首先对该河上的主要渡口罗加切沃、莫言廖夫和奥尔沙同时发起强攻。但在苏军早已设防的坚固阵地面前，古德里安所部的奇袭未能奏效，一次接一次的进攻均被粉碎。不仅

> 在苏联，古德里安正在听取手下军官的汇报。

如此，苏军的援军还在源源不断地向这条生死攸关的第聂伯河防线开来。当天，古德里安从侦察中得知，第聂伯河的另外几处渡口，即旧贝霍夫、科皮斯和什克洛夫3处，苏军的防守较为薄弱。随即古德里安果断命令正在开来的兵团主力，迅速改变方向，向着这3个地方扑去。果然，在旧贝霍夫，乘坐攻击艇渡河的德军摩托化突击部队，很快就在河的对岸夺取了一小块桥头阵地。后续的工兵部队接着便以最快的速度在河上架起了浮桥。数个小时之内，两个装甲师的坦克就隆隆地开过了河。在科皮斯渡口，德军的摩托化步兵冒着苏军密集的炮火和空中的袭击，乘坐攻击艇向对岸发起了一波

接一波的猛攻，经过艰苦的激烈战斗才得以渡河。而第10装甲军则仅是以1个机枪团的短促战斗便解决了渡河问题，接着通过架设的浮桥迅速渡河。

到7月10日，古德里安所属各部队在迂回莫言廖夫时以两个强大的突击集团，依照原定计划渡过了第聂伯河，代价只是相对来说极轻微的死伤。这时德军几乎占领了白俄罗斯的全部领土，向西推进了450～600公里，斯摩棱斯克面临被德军突入的危险。西方方面军亡341,012人，伤76,717人，平均每天伤亡23,207人。

古德里安指挥部队渡过河以后，并没有看到苏军守河部队。因此，他只留下了少数的部队担任左翼警戒，命令各装甲师火速向北，直接奔向斯摩棱斯克。

自从7月13日起，苏军就开始做猛烈的反攻。使古德里安渡河后的攻势完全丧失，铁木辛哥命令位于戈梅利周围的20多个师，向古德里安这个装甲兵团的右翼发动了攻击。

古德里安在下午5点到达了接近前线的新司令部，到了半夜时分，突然收到了一个求救信号：担任翼侧掩护任务的"大德意志"步兵团和苏军交上了火，他们所有的弹药都打光了，需要支援！

古德里安思考了一下，果断地向参谋人员下达了命令："命令第1骑兵师向苏军进攻部队翼侧出击，第10摩托化步兵师随后增援该师行动！"没想到，在这场机械化部队争抢时间与速度的较量中，德军在对苏作战中所投入使用的唯一一支骑兵部队竟然起到了举足轻重的作用。第1骑兵师的出击和其他部队的配合行动，将苏军的反攻击退了，古德里安的装甲部队得以继续向斯摩棱斯克挺进。

斯摩棱斯克的苏联防守部队已奉命实行"总体防御"，坚决保卫斯摩棱斯克，不惜战至最后一兵一卒。所有人被告知，如果城市外围防御阵地被突破，那么每一个能够拿起武器的人都要与敌人进行逐街、逐屋的战斗。

7月15日清晨，古德里安的前线部队——德军的第71步兵团，从西南方向沿着苏军不太注意的一条乡间小路，悄悄地跑到了苏军的面前。在苏军守军尚未做出有效反抗之前，便迅速占领了斯摩棱斯克外围防御阵地中的重要炮后阵地，从而为德军随后的攻城行动奠定了基础。事实证明，古德里安坚持进军的要求是相当正确的。晚上7点15分的时候，古德里安和第29摩托化步兵师的作战科长、古德里安手下能力出众的法朗兹少校，在斯摩棱斯克的城外见了面。他们开始商讨攻城的问题。

7月16日，中央集团军群的前锋古德里安第2装甲兵团攻占了斯摩棱斯克，打开了通往莫斯科的大门。博克和古德里安等前线德军将领们踌躇满志地准备杀向莫斯科，布劳希奇和哈尔德等陆军首脑们也欲挥师继续东进，提前占领苏联的权力中心。

古德里安为希特勒所付出的辛劳，希特勒是不会忘记的，他要给这个能干的部下一些赏赐。7月17日，希特勒为对苏战争初期立下战功的人授勋，并颁发十字勋章上的橡树叶。受勋的人员有古德里安、霍特等人，古德里安的姓名排在了陆军受勋名单中的第5位，所有陆海空三军中的第24位。他率领的第2装甲集群恢复了它的老名字——古德里安兵团。

No.6 剑锋南指

希特勒对下一次攻势的打算是：南下攻占基辅。他的想法是：德国需要乌克兰的粮仓、高加索的油田和克里米亚，而克里米亚是威胁罗马尼亚普洛耶什蒂油田的"俄国航空母舰"。博克和一部分陆军将领则认为：放着近在咫尺的莫斯科不去夺占而分兵南北去争夺那些经济目标，这简直不可思议，应直取莫斯科。希特勒嘲讽他的将军们"不懂战时经济。"

8月下旬，希特勒决定南北分兵，命令博克的部队就地转入防御，并从中央集团军群抽出装甲部队加强给南方集团军群和北方集团军群。古德里安的装甲部队加强给了南方集团军群。

德军计划目标是夺取基辅，并在一个巨大的舌形地区中，将布琼尼元帅麾下的苏重兵集团围歼。这个舌形地区北起杰斯纳河北岸的图比齐夫斯克，南达第聂伯河河湾的克里门巧格，西以基辅为顶点。担任包围作战任务的是南方集团军群的第1装甲兵团、第6集团军、第17集团军，中央集团军群的第2装甲兵团和第2集团军。古德里安的第2装甲兵团从图比齐夫斯克以西渡过杰斯纳河向南挺进，直插基辅后方的罗姆尼；魏克斯的第2集团军从戈梅尔向南运动，掩护古德里安的右翼；克莱斯特的第1装甲兵团则从第聂伯河河湾上的克里门巧格向北进攻，与古德里安在罗姆尼和罗赫维策地区会合，把第聂伯河西岸的苏军切断在大河曲一带；施普拉格的第17集团军负责把苏军牵制在切尔卡赛以北第聂伯河河湾，同时掩护克莱斯特的左翼；赖歇瑙的第6集团军向东运动，渡过第聂伯河，进入基辅，围歼这批苏军重兵集团。

8月25日，古德里安率第2装甲兵团突然调头南下，第二天就突进到杰斯纳河北岸。古德里安的南下，给苏军最高统帅部造成了错觉，认为古德里安兵团是要包围和消灭铁木辛哥的西方方面军和大本营预备队方面军，于是，便命令布良克斯方面军和预备队方面军的第43集团军于8月底向罗斯拉夫尔和塔斯罗布方向出击，准备进攻古德里安兵团的侧翼。斯大林打电话给防守杰斯纳河的布良克斯方面军司令员叶廖缅科上将，告诉他大本营决定将新组建的第21集团军调归他指挥，并说："如果你答应打败古德里安这个下流的家伙，我们还可以给你调去几个航空兵团和火箭炮连。"叶廖缅科自信地向斯大林保证说："我想打败古德里安，并且一定能将他打败。"

9月9日，古德里安麾下的第24装甲军已全部渡过了杰斯纳河。当日黄昏，第24装甲军军长盖尔向古德里安报告：该军在巴杜林与科诺托普之间，发现了苏军防御的薄弱点，其第3装甲师已突破此点并正向敌后的目标罗姆尼挺进。古德里安决定抓住这稍纵即逝的战机，立即亲赴前线鼓励第3装甲师不顾一切地向敌后大胆穿插。当晚，第3装甲师在古德里安的亲自指挥下，冲破了苏第40集团军的防线，占领了罗姆尼。从此以后，叶廖缅科就再也挡不住古德里安的坦克了。

　　此时，南方集团军群的克莱斯特第1装甲兵团正在克里门巧格附近，准备渡过第聂伯河，之后，则向北挺进，以便在罗姆尼附近与古德里安兵团会师合围。

　　早在德军组织基辅大合围时，苏军总参谋长朱可夫大将就建议斯大林放弃基辅，

∨ 基辅外围的德军部队。

全力保卫莫斯科，但遭到斯大林的拒绝。斯大林下令，不许后退，不许炸毁桥梁，一定要守住基辅。

9月16日，古德里安与克莱斯特这两支装甲劲旅在基辅以东240公里的罗赫维策会师，将舌形地区中苏军第5、第21、第37、第26和第38等5个集团军合围。当天，德军对被围之苏军集团发起围歼作战。困守在袋形阵地中的苏军，在无燃料又无弹药的情况下，仍进行着顽强的抵抗。他们整营整营地端起刺刀，向德军的坦克、大炮和机枪发起多次勇猛攻势，企图突破包围向东撤退。阵地上高音喇叭发出的斯大林那激动人心的讲话，传遍了整个战场。被困苏军虽然已突围无望，却仍在为保卫祖国和红军战士的尊严进行着拼死搏杀，甚至不惜在弹尽之后使用拳头、靴子和牙齿来与德军拼命。然而血肉之躯终究不敌钢铁，苏军在德军坦克的炮击、扫射和碾压下，成千成万地死伤，除少数部队得以逃脱外，其主力仍处于围困中。9月20日，基辅城被德第6集团军攻占。同日，德军第46装甲军赶到，并作为生力军投入战斗。与此同时，苏军也不断地投入生力军，企图协助被困苏军突围，但均被德军击退。

9月26日，基辅会战结束，苏军第5、第21、第37、第26集团军大部，第40、第38集团军之一部被歼灭。苏西南方面军司令员基尔波诺斯上将、参谋长图皮科夫、政委布尔米什坚科在突围中阵亡。包括苏第5集团军司令波塔波夫在内的66万人被俘。884辆坦克，3,718门火炮，3,500辆车辆被德军击毁或缴获。

基辅战役结束后，在先前被暂时划归到南方集团军群的古德里安装甲部队回归博克元帅中央集团军群。

No.7 "台风" 与莫斯科之雪

基辅战役结束，德军取得了战争爆发以来最辉煌的胜利，苏军西南方面军几乎遭到了全歼，希特勒把莫斯科选定为再次进攻的最重要目标。1941年9月6日，希特勒发布了第35号训令，代号 "台风" 行动，计划先将莫斯科正面的苏军分为两个包围圈加以歼灭，然后顺势攻占莫斯科。进攻方法仍像战争初期那样，同时从3个方向给苏军以决定性打击。

1941年9月30日清晨，南路古德里安的第2装甲集团军首先拉开了 "台风" 行动的序幕。当天就撕开了苏布良斯克方面军的左侧翼防线，向前推进了80多公里，10月3日，古德里安的第2装甲集团军攻占了奥廖尔，10月6日，古德里的第17装甲师占领了布良斯克。10月8日，魏克斯的第2集团军和古德里安的装甲部队也包围了苏布良斯克方面军。中央集团军群司令部随即下令各路德军立即对这两个包围圈内的苏军进行清剿，并继续向莫斯科进军。

1941年10月6日，莫斯科的第一场冬雪降临了。这场初雪，比平常年份提前了1个月。积雪融化后产生的泥浆使德国机械化部队的前进变得异常地艰难。坦克好不容易冲上了通往莫斯科的大路，但是公路上的情形却十分地糟糕。由于长时间的炮击和俯冲轰炸，路面全是星罗棋布的弹坑，坑内灌满了泥浆和冰水。古德里安指挥坦克部队艰难地朝莫斯科前进，曾攻到距莫斯科几十公里的地方。11月27日，一场突如其来的凛冽寒风，在两个小时内让莫斯科的气温陡降到零下40℃。糟糕的后勤保障让数以千计的德国部队饱尝着饥饿和寒冷的折磨。后方根本就没有可能往前线运输棉衣，这些德军身无御寒之衣，情况最好的是在原来的夏装外面加上一件呢制大衣，但是大衣并非是人人都有。于是成千上万的士兵被冻伤，感染了各种疾病，甚至因冻伤而变成残疾。

古德里安说："由于供坦克履带防滑用的尖铁没有运到，路上的冰成为前进最大的困难。天冷得使大炮上的瞄准镜失去了效用。发动坦克时，得先在底下点火烘烤一阵。燃料常常冻结，汽油也冻得黏糊糊的。我们的37毫米反坦克炮已证明对付不了苏联的T-34坦克，结果人心惶惶，甚至一直影响到后方博哥罗次克。自从苏联战役开始以来，还是第一次遇到这种情况。这是一个警告：我们的步兵战斗力已经到了尽头。"

德军士气严重受挫，而苏军则士气高涨。

12月6日凌晨，苏军的大反攻开始了。

∨ 德军装甲部队在苏联的冰天雪地中艰难前行。

由于战略目标分散和严酷的冬天等原因，加之苏军的英勇抵抗，进攻莫斯科之战以失败告终。德军重蹈了当年拿破仑侵略莫斯科的覆辙，其不可战胜的神话破灭了。

莫斯科战役失败后，一大批的德军将领被作为失败的替罪羊而解职，其中就有陆军司令布劳希奇元帅、古德里安上将等人。古德里安被撤职后，编入预备役，过了1年多闲散生活。

No.8 临终的天鹅

1943年2月，希特勒在斯大林格勒遭到惨败之后，又重新起用古德里安，任命他为坦克兵总监，让其负责装甲部队的发展、组织和训练。

古德里安上任之后，对德国的战争形势做了预测。他认为，到1944年，德国就该准备发动大规模的攻势。而进攻的方式，还应是以装甲部队为主，到那时，一个装甲师，只有当它的坦克和其他种类的兵器和车辆保持一种正确的比例时，才会有充分的战斗力。德军每一个装甲师，照原定计划应有4个坦克营。换言之，全师需要坦克总数为400辆，如果全师坦克数量减至400辆以下，那么它们的全部组织就不能够成为一个有实力的攻击力量。而现在展现在古德里安面前的装甲部队竟没有一个符合这一标准的。因此，在古德里安看来，当前压倒一切的任务是，重建装甲师，提高部队的战斗力。

为了达到上述目的，古德里安拟定了《1943年装甲部队组织方案》。关于坦克装备，他认为德军当时的主战坦克是Ⅳ型，它主要用于非洲和东方战线，仍需要大量的补充和提高。而"虎"型和"豹"型坦克的生产是不受冲击和影响的。他们还对坦克的性能进行了改进，特别是其火力系统，并把75毫米口径的L48火炮加装在了Ⅳ型坦克上了，大大提高了这种坦克的性能。为了增加坦克的数量，古德里安还想了另外一个办法，那就是延长坦克的使用寿命，为此他们对新型的车型进行反复实验，尽量使其性能尽善尽美，才能正式投入使用，例如"豹"型坦克的生产和投入使用的过程就是这样的。古德里安常常去工厂和坦克学校了解情况。处在卡斯尔的亨西尔工厂是生产"虎"型和"豹"型坦克及88毫米战防炮的工厂，古德里安常来这里视察，或去学校拜访坦克设计者，对坦克火炮系统的性能、弱点，提出改进意见。

为了满足战争对战斗力的需要。古德里安还调整了装甲部队的编制，他把每个师的坦克团又扩编成坦克旅，每个旅辖4个营。编制的扩大，对坦克的需求也就越大。在古德里安的努力下，德军的坦克生产有了一定的改善。古德里安抓坦克的生产对于德国支持战争是有很大作用的，德军坦克生产量最多每月达1,955辆。

希特勒不甘心斯大林格勒会战的失败，决定于1943年夏天在库尔斯克突出部发

动一次代号为"堡垒"的大规模进攻战役,妄想制造一个"德国的斯大林格勒",夺回已经失去的战略主动权。

1943年5月初,希特勒在慕尼黑召集会议,听取高级指挥员的意见,有的人表示赞同,有的人表示疑义。古德里安直言不讳地指出,对库尔斯克的进攻是没便宜可占的。5月10日,他再次去见希特勒并劝阻他发动这次进攻。古德里安说:用装甲兵去硬攻具有坚固防御的库尔斯克是愚蠢的。不过,最后希特勒还是决定执行"堡垒"计划。

德军在库尔斯克突出部南北两翼集中了17个坦克师3个摩托化师和18个步兵师展开进攻,这是战争史上最大的一次坦克大会战。库尔斯克战役从7月5日开始,8月23日以德军的失败而告终。在这次战役中,德军损失50余万人,3,000门大炮,3,700多架飞机,1,500辆坦克。古德里安刚刚整编好的德国装甲兵遭到惨重的损失。正如苏联元帅科涅夫后来所描述的,库尔斯克战役的枪声是"德国坦克兵这只天鹅临终时的哀歌"。

No.9 陆军总参谋长

1944年6月6日,英美等盟军在法国诺曼底登陆,苏联红军又展开了大规模的夏季攻势,德国岌岌可危,统治者内部危机加剧,7月20日,终于爆发了谋刺希特勒事件。希特勒在一时无人可用的情况下,于7月22日任命古德里安为德国陆军总参谋长。当时整个战线已危如累卵,不可收拾,但古德里安接受任命,并以总参谋长名义连续发布两道命令,向最高统帅希特勒保证全体军官对他永远效忠。从这里可以看到古德里安的顽固本质。尽管他同希特勒在具体问题上有过矛盾,有过争论,甚至直言相谏，但他们在对外扩张、反共、反社会主义等方面是基本一致的。古德里安始终忠于希特勒，并以德国普鲁士军国主义的传统为荣，为德国的对外扩张辩护。当有人问他为什么在1944年接受这个吃力不讨好的差使时，他总是简单地回答说："军人是应该服从命令的。"

当古德里安接受陆军参谋总长的任命时，他的前任交给他的，不仅有一群完全丧失了组织力的幕僚，而且还有一个完全瓦解了的前线。古德里安手里唯一可以动用的兵力就是在南乌克兰集团军后方的罗马尼亚部队。他于是向希特勒建议，把凡是在罗马尼亚境内可以抽出的兵力，都调往北方，以填补中央集团军和北方集团军之间的空隙。希特勒很快同意了他的建议，同时希特勒又下令把南乌克兰集团军总司令——夏纳尔与北方集团军总司令——费里斯勒相互对调，并且破例给南乌克兰集团军总司令以相当大的权力。这些措施的实行，使北方俄军的攻势暂告停顿，收到了一定的效果。

其实，北调南乌克兰集团军在古德里安看来还有一个非常重要的目的，那就是想乘机使这些部队撤出波罗的海国家，借以大量缩短战线。他认为要想使北方集团军不至于在目前这种危险局面中，遭到全歼的结局，这种撤退是很有必要的。于是夏纳尔将军奉命制订了一个为期三四周的撤退计划时间表。古德里安又将他的时间表压缩到7天。9月16日至9月26日，德军进行了一些反攻行动，恢复了两个集团军之间的联络。这一次胜利的主观因素是斯塔希维兹上校指挥的部队英勇善战，更难得的是，他指挥的部队只是一支临时拼凑而成的装甲师。这次小小的胜利给撤退军队制造了良机，但是北方集团军却迟迟不肯遵命行动，因而贻误战机。于是在10月间俄军又重新切断了德军之间的联络。后来德军几经努力，结果还是失败了，于是北方集团军的一切补给只能完全依赖海上运输了。

就此问题，古德里安与希特勒发生了一场激烈的争论。古德里安主张，为了保卫德国本土，应把这一部分宝贵的兵力撤出，而希特勒却不同意。这场争论除使双方都感到不愉快之外，毫无其他结果。

当西线的战事正由大西洋向西线节节败退的时候，在东线的战斗也一直未停。在东线的南端，一切想阻止苏军前进的企图都失败了。短短的时间内，苏军占领了整个罗马尼亚、保加利亚和匈牙利的大部分。

12月初，希特勒把他的大本营从东普鲁士迁移到吉逊附近的齐根堡，这样可以使他更接近西线战场，以便亲自指挥即将在西线方面所发动的最后攻势。为此，他进行了必要的准备，新成立了两个装甲军团：第5装甲军团由曼陀菲尔将军指挥，第6装甲军团由戴垂希上将指挥。但在这次行动计划中，希特勒又犯了一个错误，那就是嘴巴张得太大。西战场总司令伦德施泰特元帅和B集团军总司令莫德尔元帅，都曾经一致建议把这次行动限定在一个目标上，可是希特勒拒绝了他们的建议，而坚持要实现他那个"伟大"的理想。12月16日，开始正式进攻，曼陀菲尔将军的第5装甲军团，率先对敌进攻，并取得了较大的突破，但自此之后德军再也没能有任何的突破了。到了12月24日，任何一个稍有理智的军人都可以认清这场攻势已经输定了。

12月25日，古德里安乘火车去左森。当他还在旅途的时候，希特勒在事先未经古德里安知道的情况下，就直接下命令把吉利所属的1个党军军，包括两个党军师在内，从华沙以北地区调往巴尔干以解布达佩斯之围。这些部队本来就是充当朗哈德集团军的预备队，现在要把它们调走，使古德里安感到很伤脑筋。因为战线本已经太长，兵力又不足，再也经不起大的调动了。同样古德里安向希特勒提出了反对意见，得到了希特勒的拒绝。不得已，在1945年1月1日上午，古德里安向希特勒报告说，1月1日下午吉利的党军军，在巴尔克第6军团的指挥下，准备开始进攻，以解布达佩斯之围。希特勒希望这次攻击能获得极大的成功，可是古德里安却没对这次行动抱有多大的奢望，因为不仅准备的时间不够，而且所有的官兵也不像以前那样充满生机和活力，士气大不如从前。果然，最初阶段的行动虽很顺利，但最终并没有冲破苏军的包围，因而也没能达到最终解围的目的。

1945年1月12日，在巴拉罗夫桥头阵地的苏军开始发动一个准备周密的大攻势。苏军的攻势很成功，一直突入德军的防线。1月28日，苏军渡过了奥德河，并且建立了一个桥头阵地。为将来攻占柏林建立了一个前哨阵地。战争进入到3月份时，在一些城市里已展开了巷战，德国败局已定。于是希特勒准备下令炸毁工厂、水电设备和铁路桥梁，以防止它们落入敌人之手。古德里安反对这一决定，因为他会给德国人民带来史无前例的劫难。他下令自己的部队不准滥施破坏，但对其余的事，作为陆军总参谋长的古德里安感到无能为力。

No.10 晚 景

1945年3月，德国法西斯已处在最终灭亡的边缘，苏军和英美军队都为攻克法西斯的巢穴——柏林而加紧准备工作。第三帝国大厦将倾，已是独木难支。3月28日，希特勒在总理府会议上就在东线科斯琴反击苏军失败的责任问题同古德里安激烈争吵起来，古德里安据理力争，震怒的希特勒以"古德里安上将的健康问题需要6个星期的病假"的借口将其免职。古德里安在夜色之中回到了家，其妻子向他说道："今天你出去的时间真是长得可怕呀！"他回答说："是的，而这也就是最后一次了，我已经被免职了。"

5月初，古德里安到了提罗尔，无可奈何地等待战争的结束。

1945年5月10日，德国宣布无条件投降之后，古德里安和装甲兵总监部的人

> 晚年的古德里安。

员，按照事前的商量，于当日向占领了德国的美军投降，以图得到他们的监护。古德里安来到美国的军营，直接要求见美军的官员，他坦白地说："我就是德国装甲兵总监古德里安，这些人是我的部下，我们希望能得到你们的保护，不要把我们送到苏联人的手中。"就这样，古德里安成了美国人的俘虏，关押在纽伦堡监狱，开始了他有生以来的第一次监狱生活。

苏联准备起诉他的战争罪行，但西方国家没有接受。由于古德里安没有同美军直接进行过正面的交锋，而在进攻法国时，希特勒又一再延误了战机，致使古德里安没有对在法国的英军构成大的威胁。所以，在审讯中，英美极力为古德里安开脱罪责。纽伦堡国际军事法庭以古德里安在第二次世界大战中只是战争执行者，而没有虐待战俘和屠杀无辜平民的罪行，使其未列入战争罪犯。在关押3年后，于1948年将其释放。

出狱后的古德里安，身体每况愈下。长期的监狱生活，使他的心脏病越来越严重，已经影响到他的正常生活。古德里安仍然迷恋着陪伴自己大半生的坦克。他在家休养的这段日子里，他的第一本个人传记——《一个士兵的回忆》出版了。这本书的出版，受到了学术界的广泛重视。接着他又着手写了一部关于1935年到1945年间德国坦克部队的发展和战术的专著，可惜最终没有能够完成。

1954年5月14日，古德里安这位在第二次世界大战中颇有争议的著名将领因病去世，终年66岁。他被安葬在他初任军职时的果斯拉尔。这位坦克战专家虽然最终没有挤进元帅的行列，但他为法西斯德国称雄一时所起的作用，并不亚于纳粹德国26位元帅中的任何人。其肖像至今仍挂在德国的装甲兵军营中。他的著作有《注意！坦克》、回忆录《一个士兵的回忆》等。

Gerd von Rundstedt

"最后的普鲁士人"

伦德施泰特

他是德国陆军的元老，
他是第三帝国的陆军元帅，
他是旧式德国军人的典型，
他在军中声望极高，却对政治的兴趣不大，
他卓越的军事才能使他获得"二战"期间德国"最优秀的指挥官"的称誉……
他是格尔德·冯·伦德施泰特。

No.1 出身显赫

伦德施泰特，1875年12月12日出生于阿舍斯莱本一拥有旧贵族血统的军人世家，其家族的军人生涯，据说已经延续850年之久。他的父亲先是一名骠骑兵少尉，后来最高军衔升到少将。母系方面则是小康的中等阶级。伦德施泰特在4兄弟中为老大。中学毕业后，伦德施泰特进入格罗斯利希特费尔德高级军校学习。1892年毕业后被派到驻卡塞尔的步兵第83团任见习军官，1年后晋升为少尉，开始了正式的职业军官生涯，这一年他18岁。第一次世界大战爆发时，他任预备第22师的上尉参谋，1916年秋晋升少校，任喀尔巴千山某军首席参谋官，大战结束时任西线第15军参谋长。伦德施泰特在其人生的早期岁月中，表现并无过人之处，似乎没有人预想到他会在后来的军事史上留下辉煌的一笔。单就家庭生活来说，伦德施泰特也没有什么特别的地方，27岁结婚，独子后来成为历史学家。

第一次世界大战后，1920年，他以中校军阶加入共和国陆军，任骑兵第3师参谋长，不久晋升上校。1926年任驻卡塞尔的第2集团军参谋长。1927年晋升少将。1928年任骑兵第2师师长，1年后升为中将。1932年任第3师师长及柏林第3军区司令，半年后又任柏林第1集团军司令，下辖4个步兵师和2个骑兵师，这时候他已经是上将了。这阶段他升迁很快，可以说正是春风得意之时。

伦德施泰特有特殊的个性。他习惯长时间的散步，穿件薄薄的衣服去运动，尽管在寒冷的天气亦如此，这是他入伍后养成的习惯。他还有一个习惯，就是喜欢看侦探小说，常用这类小说来消遣，当然他自己也觉得这是一种低级趣味，一见有人进办公室就迅速放进抽屉里关上。曾是他的部属，

∧ 希特勒与时任德陆军总司令的弗里奇（中）及国防部部长布罗姆贝格。

也做过他的参谋长的布鲁门提特，是少数几个比较了解他的人之一，他这样描述说：
"他不是一位典型的军官，他性格复杂，难以揣摸；他谦虚而又清高，缺乏自信而又多疑；他有时沉默寡言，有时谈笑风生，有时感情冲动，有时又格外镇静和沉着；他很谦恭，但又很孤独。"有两件事很典型地反映出伦德施泰特多重个性：1945年～1948年在英国被囚禁的时间里，他宁愿独居也不与其他德国将领生活在一起。但1949年在汉堡，当英国人审判他昔日的参谋长曼施坦因元帅的时候，他请求准许同他的朋友站在一起接受审判，并承担主要罪责。英国人拒绝了这一请求。

1938年1月，陆军总司令弗里奇受纳粹秘密警察捏造的"生活丑闻"诬告，突然被解职，这其实是陆军总部同希特勒之间斗争的一个例子。伦德施泰特立即求见希特勒，还同希特勒进行过激烈的争辩，他要求法庭澄清控告弗里奇的事实真相，要求宣布弗里奇无罪。这年夏天，当奥地利和捷克苏台德地区发生危机时，他指挥的第2集团军被内定为入侵捷克的主力，但他和希特勒之间的意见分歧却日益加大。伦德施泰特表现出来的率真反而使希特勒对他很放心。当德国陆军开进了奥地利后，8月1日，他被希特勒提升为一级上将，但他不买账，10月31日，他主动呈请辞职，希特勒免去其职务后让他退役。

No.2 合围，"波兰走廊"

希特勒在吞并奥地利和肢解捷克斯洛伐克之后，立即把下一个目标瞄准了波兰。波兰战略地位十分重要，波兰境内的"波兰走廊"，南北长约230公里，宽30～200公里不等，将德国领土分成了两块，东普鲁士位于"走廊"之东，成了远离德国本土的"孤岛"。德国在一战战败后，其波罗的海的出海口——但泽又被迫割让给波兰，更加激起了日耳曼民族主义分子的怨恨。加之波兰的大部分居民是斯拉夫人和犹太人，希特勒推行种族歧视政策，称其为劣等民族，欲除之而后快。最重要的则是德国若占领波兰，不仅能获得大量的军事资源，还能大大改善自己的战略地位，消除进攻英、法的后顾之忧，建立东侵苏联的"桥头堡"。因此，无论从政治、经济还是军事方面看，希特勒都要占领波兰。

但是，到底让谁做攻击波兰的指挥？希特勒经过重重的思考之后，认为伦德施泰特是最合适的人选。于是重新征召伦德施泰特服役，任命他为南方集团军群总司令，曼施坦因出任参谋长，充当他的得力助手。

伦德施泰特在纳粹德国的高级将领中，是资历最深的元老之一，被视为旧式德国军人的典型，"最后的普鲁士人"，地位显赫，享有极高的声望，能与他比肩的人屈指

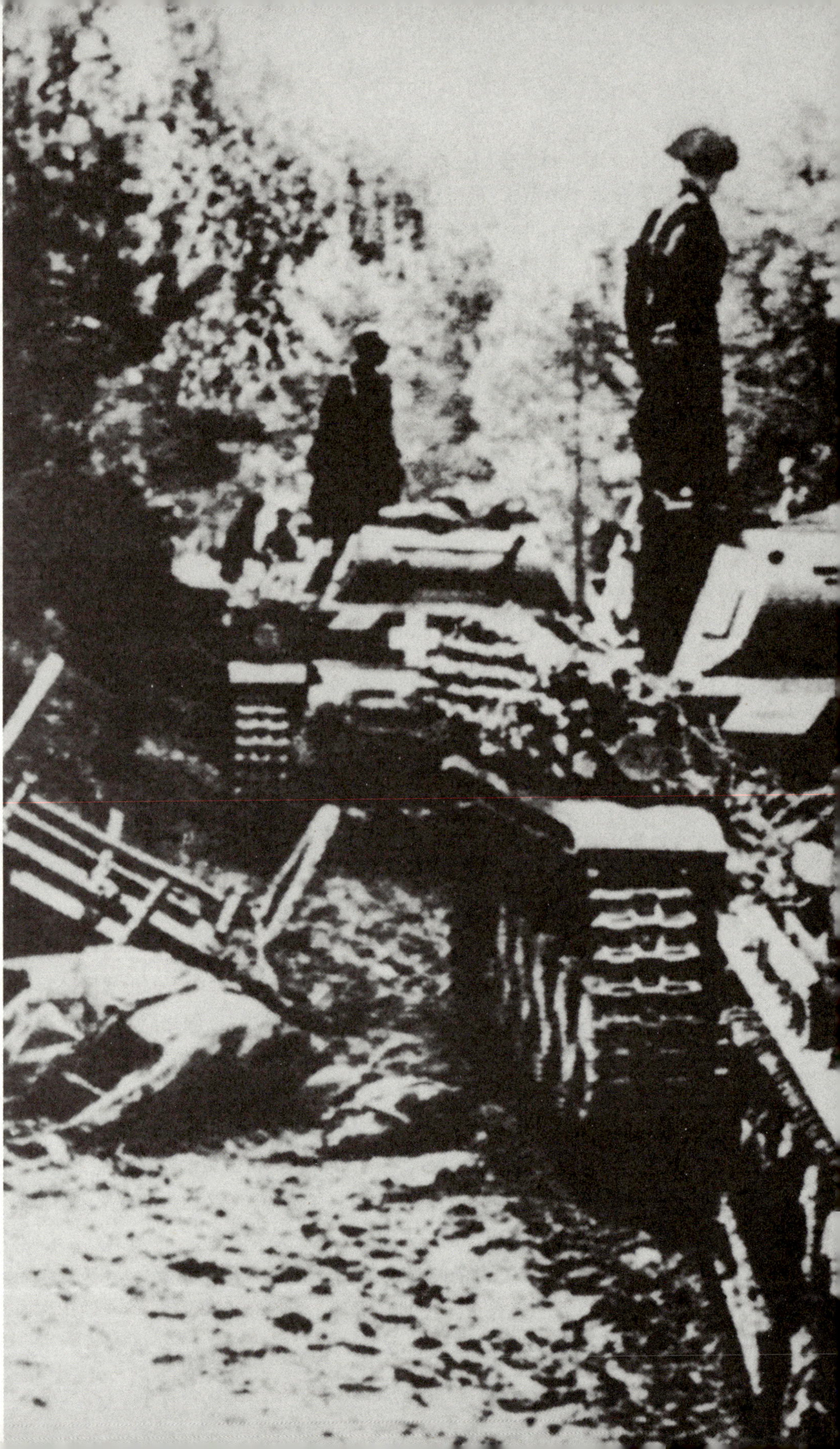

> 正在向波兰挺近的德军装甲部队。

∧ 在一节车厢里，举行了波兰军队的投降仪式。

可数。他有高超的军事指挥艺术，英国人认为他是第二次世界大战期间德国最能干的指挥官。他的爱将参谋长曼施坦因称其为大战术的解释者，极为卓越的天才军人，不管一切细节小事而只注意大问题，在一刹那之间就能把握住任何问题要点的、具有老派绅士光辉和将军风度、连希特勒都为之折服的人物。

在对待战争的态度上，伦德施泰特与希特勒有严重的分歧，他认为战争最好能够避免，但同时，他也承认希特勒的权威和领导。作为一个具有高贵普鲁士军人家族血统的军人，他随时都准备赴汤蹈火，为国家建立功勋。8月24日，伦德施泰特正式接管了集团军群的指挥权。

1939年4月3日，希特勒下达了代号为"白色方案"的秘密指令，要求德国三军部队于9月1日前完成对波兰作战的准备工作。按照希特勒的要求，德军统帅部计划以快速兵团和强大的空军，实施突然袭击，闪电般摧毁波军防线，占领波兰西部和南部工业区。继而长驱直入波兰腹地，围歼各个孤立的波兰军团，力求在半个月内结束战争，然后回师增援可能遭到英法进攻的西线。为此，德军共集中了62个师，88.6万人，2,800辆坦克，1,939架飞机，6,000门火炮和迫击炮，组成了南路和北路2个集团军群。南路集团军群由陆军一级上将伦德施泰特指挥，下辖布拉斯科维兹上将的第8集团军、赖歇瑙上将的第10集团军和利斯特上将的第14集团军，共8个步兵军和4个装甲军，其任务是首先歼灭西里西亚地区的波军集团，而后从西南方向迂回华沙；北路集团军群由陆军一级上将博克指挥，下辖屈希勒尔上将的第3集团军和克鲁格上将的第4集团军，共5个步兵军和1个装甲军，其任务是首先切断"波兰走廊"，彻底围歼集结在此的波军集团，而后从东普鲁士南下，从背面攻击维斯瓦河上的波军，并从东北方向迂回华沙。

当时，波兰陆军军力在欧洲位居第五，可以称得上是军事大国。在1920年华沙战役中，波军曾经战胜苏联军队。这次为抵御德国的入侵，波军统帅部也制订了对德作战计划，代号为"西方计划"。该计划规定：如果德国进攻波兰，乘德军主力尚未东调之机，波军首先向北进攻，夺取德国的东普鲁士，以消除北方威胁；在西部和西南边境采取守势，阻止德军的进攻，等待英法在西线发起攻击，东西夹击，打败德国。为此，波军共动员了40个师又22个旅，870辆轻型坦克，400余架飞机和4,300门火炮，组成了7个集团军。除1个集团军部署在维斯瓦河以东地区，作为预备队外，其余主力部队被平均配置在北部、西部和西南部国境线上。波军陶醉在华沙战役的胜利之中，骄傲自满，固步自封，在军事思想上不思进取，不重视国防建设，忽视发展机械化装甲部队，没有强大装甲反击力量，失败是不可避免的。

1939年9月1日凌晨4时45分，德军对波兰发动突然袭击，2,000多架轰炸机群呼啸着向波兰境内飞去，对波兰境内的21个机场进行空袭。不到48小时，波兰空军就被摧毁了，500多架波兰飞机还没有来得及起飞就被炸毁了。德军在轰炸机场的同时，以密集的轰炸机群突袭波兰的战略中心、交通枢纽和指挥机构。波军大部部署在边境地区，纵深兵力很少，对德军使用大量航空兵向其纵深要地实施闪电般的空中袭击茫然无知，没有任何对空防御准备。结果德军飞机没有任何地面威胁，他们可以自由地飞来飞去，想炸哪儿就炸哪儿，用德国飞行员的话说，他们就像过节日放鞭炮一样。德国陆军在空军的掩护下，迅速突破波军的防线，向波兰纵深推进。德军的3,800多辆坦克，在其他兵种配合下，以每天行进80～100公里的速度，向波兰境内纵横驰骋，势如破竹，锐不可当。在人类战争史上，这是第一次机械化部队的大进军。突破波军防线后，德军向波兰腹地迅猛突进。9月3日，德军推进至维斯瓦河一线，完成了对"波兰走廊"地区波军的合围。

固守传统思维的波军统帅部对德军大量使用坦克和航空兵的"闪击战"毫无准备，以为战争会像以往那样缓慢地展开：德军先以轻步兵进行前卫活动，然后以重炮兵进行冲击。波军只要实施坚决的反击，就可以取得胜利。但是德军的闪电战彻底打乱了他们的计划。在德军飞机、坦克、大炮闪电般的轰击下，波军完全陷入了被动的境地，还没等波军部署在边境线上的部队反应过来，德军早已攻入他们的侧后，并对他们进行了包围，腹背受敌的波军节节败退。英国军事理论家李德·哈特就此指出："可以毫不夸张地说，他们（波军首脑）的思想落后了80年。"

至9月7日，伦德施泰特的南路集团军群重创波军"罗兹"和"克拉科夫"两集团军，占领了波兰工业中心罗兹和第二大城市克拉科夫，其中路第10集团军的前锋霍普勒的第16装甲军于9月8日进抵华沙南郊，从南面切断了波军"波兹南"集团军退路。博克的北路集团军群占领了"波兰走廊"，随后强渡维斯瓦河，夺占了从北面掩护通往华沙道路上的阵地。

波兰开始下令撤退。在接到情报后，德军司令部发布命令，要求第10集团军渡河拦截撤退中的波军。但是，伦德施泰特和曼施坦因做出准确判断：波军大部仍在维斯瓦河以西，遂主张第10集团军掉头北上，对波军实施围歼。司令部最终同意了他们的计划。波军没能在德军合围前成功撤退，试图在波兰狭长的地域建立一条简易防线。但是波军的速度实在是太慢了，德军快速冲到防线后方，把波军割成了无数小块。波军每支小队都只能各自为战，夺路逃命，几乎全军覆没。

9月14日，在维斯瓦河以西，伦德施泰特所属第10和第8集团军动作迅猛，一举合围从波兹南和罗兹地区撤退的波军，占领了波兰中部地区，使华沙处于被半合围的状态。第14集团军的前锋第22装甲军，包围了科沃夫之后继续北进，16日在符活达瓦地区与北路集团军群会师，合围了退集在布格河、桑河与维斯瓦河三角地带的波军。同时，在维斯杜拉河与布楚拉河之间，部分波军被德第4军团的一部与南方集团军所属第10军团包围，被围波兰军队被迫全部缴械投降。9月17日，德军在完成华沙的合围后，限令华沙当局于12小时内投降。希特勒希望赶紧占领华沙，命令德军必须在9月底之前拿下华沙。

9月16日，波兰政府和波军统帅部逃往罗马尼亚，华沙军民拒绝投降，奋起保卫首都，男女老少走上战场，与德军展开街巷战、肉搏战，使德军受到沉重打击，伤亡很大。9月25、26日，德军恼羞成怒，戈林下令疯狂轰炸华沙，以迫使华沙屈服，华沙城变成一片瓦砾。在坚守了20天后，9月27日，华沙电台停止播放波兰国歌，希特勒得到的只是一片废墟。3天后，波兰的最后要塞——莫德林被攻占。9月28日，华沙守军司令正式签署了投降书。9月29日，莫德林要塞投降。至10月2日，进行抵抗的最后一个城市格丁尼亚停止了抵抗。

德军在第二次世界大战爆发后发动的第一个战役仅用了1个月的时间就结束了。波军伤亡20万人，被俘40余万人。德军亡1.06万人，伤3.3万人，失踪3,400人。

在德波战争中，作为主攻部队最高指挥官的伦德施泰表现出卓越的指挥才能。他敢于放手让部属采用全新的战术——"闪电战"。伦德施泰特等德军将领在空军、炮兵的配合下，以大量快速的兵团和武器闪电般地摧毁波方的抵抗力。"闪电战"这一作战形式在实战中首次得到成功运用，并显示出巨大威力。在战争中，伦德施泰特没有照搬最高统帅部的计划，而是根据实际战况，对计划进行适当的调整。陆军总部原定计划是：南方集团军群向东南方向行动，并渡过维斯瓦河。根据实际战况，他派遣赖歇瑙所率领的第10集团军，进到华沙的正北面，以阻止在西面的波军主力向东撤退。伦德施泰特的决定最终被证明是正确无误的，战果显著，在拉登附近和布楚拉河上，波兰军队的大部分都遭到围歼，因而极大缩短了波兰战役的时间。为了表彰他卓越的领导，希特勒把武士十字勋章加在伦德施泰特的铁十字勋章上面，并于1939年10月任命他为东线总司令。

No.3 被战火蹂躏的三色旗

希特勒在任命伦德施泰特任东线总司令的同时，又派弗兰克担任伦德施泰特的民防助理。弗兰克此前担任内阁部长，为人阴险狡诈，是个狂热的纳粹分子，伦德施泰特对他深感厌恶，两人关系闹得很僵，无法合作共事。10月18日，伦德施泰特另调新职，任西线的A集团军群总司令。

希特勒在征服波兰之后，提出"和平建议"，试图同英法达成谅解，遭到英法的拒绝。于是希特勒决心用实力来迫使英法求和，他坚信进攻西欧是德国唯一的出路。希特勒要在联军准备好之前进攻法国，他相信一旦法国失败，英国也会就范。在希特勒的一再催促下，陆军总司令部制订了代号为"黄色方案"的进攻计划，此计划与一战中德军进攻法国的"施利芬计划"相类似，即把德军主力放在右翼，通过比利时北部的列日地区实施主要突击，而左翼只部署少量的兵力担任掩护。

此时任伦德施泰特参谋长的曼施坦因则认为这个方案不过是老调重弹，希特勒本人也不喜欢这个计划。曼施坦因提出了一个新的作战构想：将德军进攻的主要矛头放在中央，以集中使用强大的装甲部队为要点，对具有战略决定性的突破口——阿登森林地带实施重点突击，攻其不备、出奇制胜，切断南北盟军之间的联系，分割合围英法联军，迅速灭亡法国。

伦德施泰特和古德里安支持这一计划，陆军总部却认为该计划太冒险，拒绝采纳。陆军总司令布劳希奇拒绝将曼施坦因的计划转呈希特勒。伦德施泰特亲自签名、批准，一再向陆军总部提供备忘录，企图改变他们的原定计划。伦德施泰特还亲自给陆军总司令布劳希奇写了一封信，表示对曼施坦因建议的赞成。

1940年1月10日，一名携带"黄色方案"的德空军军官从蒙斯特飞往科隆，因座机迷航在比利时迫降，由于无法及时将这一重要文件全部烧毁，比利时政府由此获知这份作战计划，他们还给法国政府抄送了一份。法国参谋部对这份作战计划研究之后，认为德军的战略企图同他们原来的判断完全一致，深信德军将从右翼进攻法国。

伦德施泰特让曼施坦因将见解直接向希特勒陈述。1940年2月17日，曼施坦因奉召前往柏林，以新任命的第38军军长身份向希特勒报告。希特勒对曼施坦因的陈述，"简直像精灵似的，理解非常快"，并完全同意曼施坦因的见解。第二天，希特勒召见陆军总司令和总参谋长，命令他们以曼施坦因的建议为基础，立即制订出一个新的作战计划来。两位陆军首脑强烈反对曼施坦因的建议，认为其所谓的"秘密通过"，实在是一种疯狂的假设，它将使德国装甲部队的精华面临法军侧翼攻击，并可能导致全军覆没。但在希特勒的压力下，他们屈服了。1940年2月22日，希特勒批准了与"曼施坦因设想"大致相同的新作战计划，德军参谋部将这一计划取代号为"挥镰行动"。据当时任第19装甲军军长的古德里安说，除了希特勒、伦德施泰特、曼施坦因和他本人以外，几乎没有人对这个计划是具有信心的。

希特勒见法国对德军从右翼进攻的战略企图深信不疑，认为进攻西欧的时机已经成熟，便从波兰和德国中部向西部边境调了136个师，3,000多辆坦克和4,500多架飞机，编为A、B、C三个集团军群，并在从北海到瑞士的德国西部边界线上悄悄展开：A集团军群担任主攻，由伦德施泰特上将指挥，辖第4、第12和第16集团军，共44个师，配置在亚琛至摩泽尔河一线，其任务是经由卢森堡和比利时的阿登地区，绕过马奇诺防线，向圣康坦、阿布维尔和英吉利海峡沿岸总体实施突击，割裂在法国北部和比利时境内的英法军队，尔后在B集团军群协同下围歼英、法、比军队于比利时和法国北部地区；B集团军群由博克上将指挥，集结在战线北翼，其任务是突破德荷边境线上的防线，占领荷兰全部和比利时北部，然后作为德军的右翼向法国推进；C集团军群由勒布上将指挥，配置在马奇诺防线正面，其任务是进行佯攻，牵制马奇诺防线上的法军。预备队共47个师，配置在莱茵河地区。第一阶段，德军的战略任务完成后，A、B集团军群调整部署后，向法国腹地推进，协同C集团军群围歼驻守马奇诺防线的法军，迫使

法国退出战争。

英法联军在敦刻尔克至瑞士的法国边境地区部署有108个师，组成东北战线，由J.乔治任司令，下辖3个集团军群，与22个比利时师和10个荷兰师共同实施战略防御。在兵力上与德军相当。然而，英法长期推行绥靖政策，备战不力，联军最高统帅部制订的代号为"D"的作战计划保守失算。根据"D"计划，联军把主力部署在法比边界北端和法国北部各省，其他部队的大部分部署在南部的马奇诺防线上，依托坚固的工事进行抵御；而在中段则自恃有阿登山区天险和马斯河，只留了战斗力较弱的部队驻守。

希特勒一切准备就绪之后，决定1940年5月10日发动进攻。9日21时，他发出了代号"但泽"的命令。10日5时30分，德军对法国、比利时、荷兰、卢森堡以及英国远征军发动了有史以来最大规模的立体突袭战。德军的飞机咆哮着扑向荷兰、比利时和法国北部的72个机场，以低空轰炸、俯冲突击等战术手段，摧毁了机场上来不及起飞的数百架飞机，猛烈轰炸纵深目标、铁路枢纽、重兵集结地区和城市，随后德军在鹿特丹、海牙实施空降。与此同时，担任助攻和吸引英法军队主力的德军B集团军群的坦克、大炮喷吐着火舌，以迅猛的速度向荷兰和比利时北部推进，对荷、比境内的机场、渡口、重要桥梁及要塞设施进行突袭占领，进展颇为顺利。当德军B集团军群突破荷、比边境时，集结在法国北部的英法主力立即越过法比边境火速增援。勒布的C集团军群也摆开架势，他们对马奇诺防线进行的佯攻表演非常成功，使得法国从南部撤回部队时犹豫不决。希特勒在地下指挥所里，焦躁不安地等着前线的消息，当他听说英法主力已经出动时，兴奋得手舞足蹈地对周围人高声说道："他们正好掉入我们的陷阱！我就是要他们相信，我们仍在执行原定那个'黄色方案'，仍尊奉施利芬的主张。他们上当了，等着瞧吧，好戏还在后面。"

在同一时间，伦德施泰特指挥的A集团军群作为攻击主力一路狂飙，以锐不可当之势向卢森堡、比利时南部和法国北部横扫而去。仅有30万人口的卢森堡国小力微，根本无力抵抗德军的进攻，于德军进攻的当天即5月10日不战而降。

伦德施泰特派克莱斯特将军指挥的装甲兵团打头阵，该兵团下辖古德里安的第19装甲军、霍特的15装甲军和莱因哈特的第41装甲军。其中以古德里安的第19装甲军战斗力最强，它作为克莱斯特装甲兵团的主力和先锋部队编有3个装甲师。古德里安的第19装甲军轻易突破比军的松散抵抗，只用了两天时间便穿越阿登山脉110公里长的峡谷，深入法境。5月12日下午，古德里安的3个装甲师已经到达马斯河北岸，当天夜里他们便开始了紧张的渡河准备。德国人强渡马斯河是对法国之战的关键，为此，古德里安把他的3个装甲师全部投入进去了。

5月14日上午11时，德军的坦克师和摩托化师编成的第一梯队，在法军第2和第9

集团军接合部色当地区强渡马斯河，双方展开了激烈的拉锯战。下午，马斯河上空爆发了开战以来最激烈的空战。双方投入的飞机各有500余架，双方战斗机上下翻飞，相互追逐，不时有飞机中弹起火，拖着黑烟下坠。德军密集的高射炮不断以猛烈火力射杀低空潜入投弹的英法飞机，令英法飞机成了扑火飞蛾，一批批闯来，又一批批被吞噬。大混战一直持续到夜幕降临，德军击落英法飞机数百架。损失惨重的英法飞机悻悻而去，战区制空权被德国人牢牢掌握了。

下午4时，德军分乘数百艘橡皮艇，开始强渡马斯河。下午5时30分，德军终于在马斯河南岸上获得了一个立足点，工兵立即开始架设浮桥。下午8时，古德里安属下的第1装甲师已经穿透法军前方阵地，向纵深突入。午夜，第2装甲师和第10装甲师全部渡过了马斯河。同一天，在西面60多公里远的南特附近，第15装甲军属下的隆美尔第7装甲师也渡过了马斯河。马斯河防线失守，通往巴黎和英吉利海峡的道路敞开了，在比利时境内作战的英法部队面临被包抄的危险，陈兵马奇诺防线的法国大军也将腹背受敌，英法这才感到形势严峻。旋即，古德里安的装甲部队占领了要塞城市色当、迪南，并突破法军防御，向英吉利海峡推进。

5月21日，德军的快速部队到达英吉利海峡沿岸，分割了英法联军的正面战场，并以荷兰和比利时作为空军和海军潜艇基地，封锁加莱海峡，阻止了英军的增援。这样，英法联军约有40个师被包围在比法边境的敦刻尔克地区。同日，英法联军向阿拉斯方向德军翼侧反击未果。

德军装甲集群长驱直入，其威力与速度是战争史上闻所未闻的。法国陷入惊慌失措之中。5月15日清晨，法国总理雷诺沮丧地给5天前才接替张伯伦担任英国首相的丘吉尔打电话说："这一仗我们恐怕要打输了。"丘吉尔惊得目瞪口呆："我简直不明白，运用大量快速装甲部队进行袭击会引起这样剧烈的变革。"5月16日，丘吉尔从伦敦急飞巴黎，他一见到法总理雷诺和英法联军总司令甘末林，就立即意识到：局势比他想到的还要糟得多。

伦德施泰特以古德里安的装甲部队为前锋向海边挺进，目标是直抵英吉利海峡东岸的敦刻尔克地区，推进速度之快令联军措手不及。5月20日，古德里安扫过亚眠，在阿贝维尔附近抵达英吉利海峡。5月23日上午至24日，古德里安的装甲部队先后占领了布洛涅和加莱。24日下午，到达格拉夫林，离敦刻尔克只有10多公里了。这样，伦德施泰特指挥的A集团军群构成的从色当到法国西海岸的进攻线，已经切断了法军从北部南逃的退路。而右翼博克的B集团军群的莱因哈特的第41装甲军，也已到达艾尔—圣奥梅尔—格拉夫林运河一线。此时，70余万英法联军主力的左翼实际上已处在德军的深远包围之中，眼下对方得以逃脱的唯一希望就在包括敦刻尔克在内的法国北部的几个海港了。这一地区运河、沟渠纵横交错，地形不利于坦克行动。但古德里

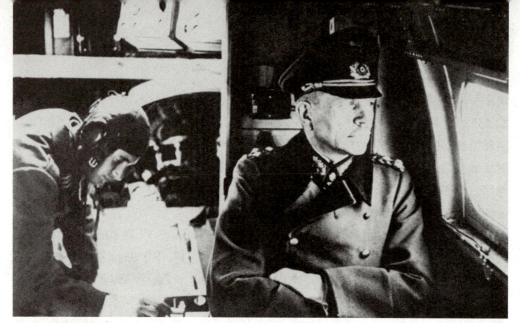

∧ 一脸愁云的古德里安。

安和莱因哈特的装甲部队，已经在格拉夫林和圣奥麦尔之间的运河上建立了5座桥头堡，准备给盟军以毁灭性的打击。古德里安等人踌躇满志，只需再努把力，就可直取敦刻尔克，待后继的几十个步兵师跟上，就可将英法军队的数十万人马彻底消灭在滨海地区。

在这关键时刻，5月24日，古德里安接到停止前进的命令，他立即提出了质问和抗议，但得到的最后答复是："这是元首亲自下达的命令，必须执行。"希特勒命令古德里安停在离敦刻尔克只有15公里远的运河，并且接连3天不准坦克师团前进。于是，古德里安和莱因哈特只得遵命停在运河一线按兵不动。

这就给了盟军一个意外的、重要的喘息机会。伦德施泰特后来说："这个喘息机会成为战事中几个重大转折点之一。"5月26日晚6时57分，英国海军部下令开始执行代号为"发电机行动"的大撤退。30万英法联军唯一的生路，就是敦刻尔克及其附近40公里海岸线。敦刻尔克自公元9世纪以来一直是法国北部重要港口，两个星期以来，该地区一直遭到德军猛烈轰炸，4个船坞全部被毁，8公里长的码头被炸成一片废墟，唯一还可以供船只停泊的只有一条不足1,200米长的东堤，非常简易，宽度最多只能8个人同时并排通行，虽设有灯塔，但是水流较急，船只停靠时有一定危险。从敦刻尔克到英国有3条航线，Z航线航程最短，仅40海里，但处在德军炮火封锁下，无法使用；X航线距离稍长，55海里，但英军已在航线上布设了多个水雷区，短时期内难以清除，也无法使用；唯一能够使用的就只有航程最远的Y航线，全程近90海里，驶完全程要6小时左右，虽然没有德军炮火威胁，但德军飞机空中轰炸的危险却大大增加了。

5月26日夜，希特勒取消了停止前进的命令，但这时已经太迟了，被围的英法联军已经得到加强自己的防务时间，一边抵御，一边开始从海滩撤退。自5月26日至6月4日，尽管德军最高统帅部的公报一直在重复着"被围敌军的命运已经注定了"，"被迫退入敦刻尔克周围地区的英军在我们集中进攻之下正走向毁灭"诸如此类的宣传。但盟军在空军掩护下，从敦刻尔克地区乘船向英国撤退了33.8万多人，其中英军22万人，法军8万多人，少数比军，而盟军本来只希望在两天内能救出45,000人的兵力。盟军撤退时武器装备丢失殆尽，受到了重大损失，但还是保存了有生力量，其中绝大部分人后来成了反攻的骨干力量。这就是西方称之为"战争史上一大奇迹"的敦刻尔克大撤退。

对于希特勒为什么发出这个让人费解的停止进攻的命令——被很多军事历史学家认为是希特勒在"二战"中第一个愚蠢的命令——至今仍然众说纷纭，竟成了一个难解之谜。一种说法认为，是希特勒故意放英国人一马，因为希特勒对英国人情有独钟。他曾说过："他们那些人是有价值的人种，是我要与之讲和的人。"这次让一部分英军撤回英国"是想给英国人一个情面，为日后和谈留一条退路。"在政治上有助于媾和。另一种说法是希特勒对自己的装甲部队异常迅速地挺进感到不安，怕他心爱的装甲部队陷入敌军南北合围。德军装甲部队是德国陆军的精华，也是德国赖以支持战争的支柱力量，还将要在对法国南部和对苏联作战中发挥作用，如果用来消灭已经处在绝境之中的英法联军，固然可以将其全歼，但敦刻尔克是遍布沼泽的低洼地区，很不利于装甲部队的活动。加上空军司令戈林向希特勒保证，德国空军完全有能力消灭敦刻尔克的英法联军残部，希特勒自然不愿再让其宝贵的装甲部队遭受不必要的损失。还有一种说法认为，这道命令其实是伦德施泰特自己对机动战术缺乏了解，向希特勒建议下令德军装甲部队停止前进的，希特勒主要听从了伦德施泰特的意见，伦德施泰特该负有严重的责任。但是在战后，伦德施泰特却痛责希特勒停止前进的命令。不管怎么说，命令是希特勒亲自下的，而这是一个致命的命令。

德军在占领荷兰、比利时、卢森堡和法国北部后，统帅部制订了代号为"红色方案"的法兰西战役第二阶段作战计划：继续挥师南下，彻底击败法国。德军兵力达137个师之多，A、B两个集团军群迅速改组完毕。博克的B集团军群（辖6个装甲师）为右翼，向索姆河正面实施突破；伦德施泰特的A集团军群（辖4个装甲师）为左翼，向埃纳河做正面突击。

6月9日，伦德施泰特在埃纳河上的香比尼发起了新的攻势。当晚，古德里安装甲兵团的第1装甲师强渡埃纳河，趁势击败法军装甲部队，突破法第6集团军的右翼，挥军南下，一路长驱直入，似入无人之境。成群结队的法军俘虏丧魂落魄地把枪支扔给德军，放在坦克下面压毁。6月17日，古德里安装甲兵团进抵瑞士边境城镇潘塔里尔，切断了马奇诺防线内法军逃往瑞士的退路。自强渡埃纳河以来,古德里安装甲兵团在10天中前进400多公里,俘虏法军25万之多,创造了战争史上的奇观。

伦德施泰特的A集团军群突破了法军埃纳河的封锁继续挥师南进,到达内韦尔后,向东方迂回,把战败的法国部队包围在马奇诺防线和德军之间。这条无用的防线上,还存在着数十万没有投降或没有被消灭的法国军队。伦德施泰特A集团军群与博克C集团军群合作,前后夹击,马奇诺防线很快被突破。6月14日,德军占领巴黎。16日,贝当接任法国总理。17日,法政府请求停战,22日与德国签订《贡比涅停战协定》,同意德国占领法国北部和大西洋沿岸地区,并宣布退出战争和解除法国舰队武装。25日,法国全面停火。

至此,希特勒灭亡法国的"挥镰行动"胜利结束了。从5月10日至6月17日,号称欧洲军事强国的法国,就这样在5周时间内被打败了。

德军能迅速灭亡法国,得益于"曼施坦因计划"和"闪电战术"。伦德施泰特对"曼施坦因计划"的支持,是该计划能被采纳的重要原因。他以自己的地位和威望,亲自签名支持曼施坦因的建议,若无他的批准,也就不可能一再向陆军总部提出备忘录,最终改变他们的原定计划。在实战中,担负主攻任务的伦德施泰特重用"闪击专家"古德里安装甲兵团,打得英法联军措手不及,始终掌握着战争的主动权。

1940年7月19日,希特勒在柏林国会中举行仪式,晋升伦德施泰特为元帅,伦德施泰特的军旅生涯到达了辉煌的顶点。

1940年10月,伦德施泰特被任命为西线总司令,负责指挥法、比、荷等国的海岸防御兵力。

No.4 大会战,基辅

1940年12月,希特勒决定发动征服苏联的战役。到1941年2月底,代号为"巴巴罗萨"的作战计划已拟订好,其主要目标是:德军占领列宁格勒—莫斯科—伏尔加下游一线,控制波罗的海和黑海,攫取乌克兰的谷物、顿涅茨盆地的煤和锰,以及高加索的油田。运用"闪电战术"在波兰、法国和巴尔干国家接连得手的希特勒踌躇满志地幻想,在初夏发动攻击,在俄罗斯的冬天来到之前彻底击败苏联。

1941年3月,希特勒在布雷斯劳召集会议,部署对苏联的入侵。希特勒在对200多名高级军官的训话中宣称,这是一场种族和思想的歼灭战争,不必顾虑任何国际法和军人道德。伦德施泰特曾和另外两位集团军总司令博克、勒布联合起来向陆军总参谋长哈尔德上将表示反对。最初,伦德施泰特完全不曾参与入侵苏联的计划和准备,他和陆军总司令布劳希奇表示反对"巴巴罗萨"作战计划,他同时也反对希特勒的战争观念。尽管如此,希特勒仍把伦德施泰特调到东线出任南方集团军群总司令。他见希特勒决心已定,要阻止已不大可能,但仍劝希特勒不要过分依赖闪电战,以致忽视了其他因素。伦德施泰特建议说,应该把战略的重点放在北方,首先从波罗的海的3个小国迅速向列宁格勒前进,与芬兰取得接触,然后再从北面向莫斯科前进,并进入苏联欧洲部分的中心。希特勒对此置若罔闻。

1941年6月22日,希特勒背信弃义撕毁《苏德互不侵犯条约》,出动190个师,3,700辆坦克,4,900架飞机,47,000门大炮和190艘战舰,分三路以闪电战的方式突袭苏联,苏德战争全面爆发。

苏联最高统帅斯大林对来自各方面的情报没有给以必要的重视,面对德国的突然进攻,苏联显然没做好充分准备。战争初期,德军采用快速突击、重点突破、大胆穿插、分割包围等战术,屡屡得手。在德军的全面进攻下,苏军节节败退。一天之内,苏军1,200架飞机被击毁,其中800多架还未来得及起飞。苏军防线在德军的闪击下被迅速突破,德军以极快的速度向纵深推进。至7月9日,苏军共有28个师被歼灭,70个师的人员和武器损失过半。在3个方向上,德军推进了300~600公里,北方集团军群攻占了普斯科夫,使列宁格勒面临严重危险。中路博克的中央集团军群攻占了明斯克。南路,伦德施泰特的集团军群攻占了日托米尔,进逼基辅。

7月16日,中央集团军所辖古德里安的第2装甲兵团攻占了斯摩棱斯克,打开了通往莫斯科的大门,踌躇满志地准备杀向莫斯科。这时,希特勒与德国陆军总部和以博克为首的中央集团军大部分将领之间出现了重大的战略分歧。德国陆军总部和以博

< 向莫斯科挺进的德军装甲部队。

153

克为首的中央集团军大部分将领都主张集中全力向莫斯科前进，希望在占领苏联首都后就可以使战争胜利结束。希特勒将作战目标定为北方的列宁格勒、南方的克里米亚和顿河流域，暂时放弃莫斯科方向的作战。他认为，德国需要乌克兰的粮仓、高加索的油田和克里米亚，基辅以东地区的强大苏军必须首先予以歼灭。博克坚决反对这个计划，认为分散兵力无异于坐等失败。希特勒坚持己见，反而讽刺博克不懂战争经济学。

在这一重要战略思想上，伦德施泰特与希特勒不谋而合，他认为"要想占领莫斯科，须击败布琼尼，而且越快越好。"这是从军事因素考虑。希特勒则是从政治、心理和经济等非军事因素出发考虑。二人的基本的观念虽然并不相同，却殊途同归，都认为乌克兰和列宁格勒这两个目标，要比莫斯科具有更大的重要性。

开战以来，苏西南方面军防守基辅地域，共44个师。伦德施泰特的南方集团军群40个师展开进攻，企图突破苏军筑垒地域，在行进中夺取基辅。伦德施泰特的集团军群进展不如中央集团军群那样顺利。德军的正面突击和随之而来的侧翼突击把苏军西南方面军分割成了几块，取得了一些明显战果。但左翼第6集团军却在基辅前方的第聂伯河西岸被阻。苏军的顽强抵抗和多次反突击，使南方集团军群左翼的进攻受到长时间的迟滞，迫使德军统帅部从莫斯科方向调中央集团军群魏克斯上将的第2集团军和古德里安上将的坦克第2集群来对付西南方面军。

基辅是乌克兰的首府，位于杰斯纳河与第聂伯河的交汇处。第聂伯河由北向南弯曲注入黑海，与其上游的支流杰斯纳河构成了一个大S形。基辅是仅次于莫斯科和列宁格勒的苏联第三大城市，是政治、经济、文化中心，战略要地，交通枢纽。19世纪初，拿破仑就曾经说过："占领基辅就等于抓住了俄国的双脚。"德军计划目标是夺取基辅，在这一巨大的舌形地区中，将布琼尼元帅的苏西南集团军群围歼，并攫取这里丰富的战略资源。战前，苏联最高统帅部就认为，希特勒如果发动进攻，必定用重兵夺取苏联的资源库——乌克兰

▽ 向基辅挺进的德军装甲部队。

的粮食，顿巴斯的煤和铁以及巴库的石油。因此，在这个方向屯兵实力最为雄厚，总数达百万之多，是西和西北两个方向之和。从战区的苏德力量对比来看，苏军似占有优势。伦德施泰特元帅深知，要想在战争中讨得便宜，必须依靠速度奇袭和对手指挥官的失误。

担任包围作战任务的是伦德施泰特南方集团军群的第1装甲兵团、第6集团军、第17集团军和中央集团军群的第2装甲兵团和第2集团军。

从7月中旬开始，德军大规模进攻基辅，经过近1个月的激战，德军只前进了8～10公里，未能攻下基辅。8月2日，德军第1装甲集群和第17集团军从南北两面穿插包抄，在基辅南面的乌曼盆地对苏军第6、第12集团军形成合围，苏军拼死突围，但没能成功。到8月8日，这两个苏军集团军共10万余人除壮烈战死者外，包括集团军司令员在内全部被俘。

8月20日，德军进抵第聂伯河。希特勒发现，此时苏军西南方面军主力正处在德军中央集团军群、南方集团军群和后方这三点连接形成的一个近似于等边三角形地域之间。他喜出望外，抓住机会于8月21日签发了第35号指令，命令德军歼灭苏西南方面军所属第5集团军，进而占领克里米亚顿涅茨盆地的工业区，切断通往高加索的石油供应。

8月25日，古德里安率领的第2装甲集群奉命率先从中央集团军群中脱离出来，火速南下，参加围歼基辅战役。古德里安的强大部队一路攻城夺地，于8月31日突破了杰斯纳河，并在南岸建立了相当宽的桥头阵地。

伦德施泰特认为，苏联第5集团军为保卫基辅，必将不遗余力地与德军对抗，战争将是十分激烈的，要实现希特勒的计划，必须进行一场大规模的围歼战。他向陆军总部建议，第17集团军强渡第聂伯河，第1装甲集群以最快速度突入苏军背后，同古德里安的第2装甲集群在基辅侧后南北对进，对苏军形成合围，从而围歼苏西南方面军。

8月底，苏军已失去第聂伯河西岸的第聂伯罗彼得罗夫斯克、别里斯拉夫和赫尔松最后3个立足点。9月1日，在强大空军配合下，第17集团军克服了苏军微弱的抵抗后，建立了稳固的桥头阵地。伦德施泰特分析了形势，指出："南方集团军群的作战意图之一，是把较强的敌军牢牢地牵制在杰斯纳河下游。"

此时，陆军总司令部仍十分担心进攻莫斯科的计划付诸东流。伦德施泰特对此表示十分理解。但他认为，为了能够在翼侧不受威胁的情况下继续向莫斯科实施突击，必须首先进行基辅会战。同一天，他向陆军总司令部和中央集团军群司令部递送了一份更详细的形势分析报告，对基辅会战的实施提出了详细的建议。在这一形势分析报告中特别强调指出："如果不将东乌克兰境内的敌人歼灭，则无论是南方集团军群还是中央集团军群都将无法顺利地实施作战……南方集团军群业已开始作战，中央集团军群南翼与此有关的行动也取得了相当进展，此时再改变而进行莫斯科作战，似乎为时已晚。"伦德施泰特借此清楚地表明，他的集团军群围歼基辅的战役已开始，陆军总部对这一会战不应漠然置之，必须尽快同意其作战计划，以便协调一致地指挥和实施这场会战。

至此，德军要围歼基辅苏军的意图已暴露无遗。本来在敌强我弱的形势下，苏军应主动撤退，以免被围，斯大林却命令西南方面军不惜一切代价坚守阵地。不但原有守军不得撤离，还将大批部队从各地调到基辅战地，此举正中德军下怀。伦德施泰特一见苏军落入陷阱，立即抓住战机，下令第17集团军跃出桥头堡阵地进攻，第1装甲集群急速向北推进，沿克拉斯诺格勒—波尔塔瓦一线推进，基辅围歼战序幕拉开了。

当看到伦德施泰特的形势分析报告和苏联投到杰斯纳河和第聂伯河沿线的兵力将越来越多时，原先犹豫不决的陆军总部，才开始以明确的姿态参与了会战的指挥。作战处处长通知南方集团军群："南方集团军群原则上可按原计划实施第聂伯河东部业已开始的作战，陆军总部希望尽快结束这一会战，以便使中央集团军群随后的作战行动不致延误太多的时间。"

9月7日，伦德施泰特向总参谋长哈尔德汇报情况并同他进行了磋商后，发布了南方集团军群司令部第8号指令，指出了这次会战的目标——两翼包围，歼灭第聂伯河中游和杰斯纳河下游的敌军。至此，基辅会战正式开始。

德军3个步兵集团军的大部兵力、两个装甲集群（共计581辆坦克）和第4航空队（203架轰炸机、166架歼击机、39架重型歼击机、60架俯冲式战斗机和13架侦察机），与苏军的7个集团军展开了一场争夺乌克兰的会战。

9月9日，古德里安的第24装甲军已全部渡过了杰斯纳河。当日黄昏，第24装甲军军长盖尔向古德里安报告：在巴杜林与科诺托普之间，发现了苏军防御的薄弱点，其第3装甲师已突破此点并正向敌后的目标罗姆尼挺进。古德里安决定抓住这稍纵即逝的战机，立即亲赴前线鼓励第3装甲师不顾一切地向敌后大胆穿插。当晚，第3装甲师在古德里安的亲自指挥下，冲破了苏第40集团军的防线，占领了罗姆尼。此后，苏军就再也挡不住古德里安的坦克了。

9月10日，德军攻克军事要地罗姆尼。布琼尼元帅发现德军到了其背后，才清醒地意识到部队的危险处境，立即于9月11日向斯大林请求，批准他们从基辅河曲向东撤退，但遭到斯大林的拒绝。苏军只好眼睁睁地看着德军来包围自己。

12日～13日傍晚，各路德军的进攻取得了很大进展。几天的激战，使西南方面军两翼暴露，情况十分危急。司令员基尔诺波斯经布琼尼批准后，亲自飞往莫斯科面见斯大林，请求准予后撤，但斯大林断然拒绝了他的请求，严令禁止任何形式的后撤。

∧ 铁木辛哥元帅半身像。

斯大林怒气冲天，命令苏军不但要守住基辅，还要对德第2装甲集群实施反击。斯大林认为布琼尼消极避战，解除其职务，由铁木辛哥元帅接替。铁木辛哥上任后，发现形势十分危急。战场上的态势表明，西南方面军已到了生死关头，只有撤退才能避免被歼。铁木辛哥派参谋长赴莫斯科求见斯大林，这次斯大林根本没露面，而只让总参谋长沙波什尼科夫转达他的指示：守住基辅及周围地区。之后，基尔诺波斯为保存苏军有生力量，也曾不顾被送上军事法庭的危险，自行下令部队全线后撤，但这一命令却很快被苏军最高统帅部给撤销了。

9月14日，德军展开了包围苏军的最后进攻，第1装甲集群第16师猛攻卢布内，而第2装甲集群的第3师则强攻洛赫维察，两师相距40公里。为了使这两个师会合，从而形成对苏军的彻底合围，德军派出了一支小得令人难以置信的小分队——几辆军车和两名军官，45名士兵，两名随军记者，一辆载有电台的坦克——大胆穿插，在苏军中冲开了一条路。9月16日古德里安与克莱斯特这两支装甲劲旅南北对进，于基辅以东240公里的罗赫维策会师，彻底切断了舌形地区中苏军的退路，基辅及周围地域的苏军被团团包围。

1941年9月16日，战争史上最大的围歼战进入了白热化的时刻。位于合围圈正面的北部，在德军异常猛烈的突击下，苏军第5、第21集团军两个集团军被分割，首尾不能相顾；坚守基辅的苏军第37集团军三面被围，困在一个半径为25公里的区域内；苏军第26集团军腰背受敌，到处挨打；苏军第38集团军被分割包围，损失惨重。在此情况下，铁本辛哥只好下令突围。19日，苏军最高统帅部下令放弃基辅。

然而撤退为时已晚，德军的包围圈越缩越小。9月20日，苏军组织了第二次大规模突围，战斗异常惨烈，一批又一批苏军士兵密集地、成群地发起冲锋，被严阵以待的德军的枪炮击倒，山上地面鲜血横流，广阔的田野上堆满了尸体。部分苏军曾一度杀开一条血路，冲出了包围圈，但不久又被德军的反突击所击败。至此，苏军再无力进行有效的突围攻击。为了接应被围困的苏军突围，铁木辛哥先后出动了几个集团军的兵力，从包围圈外向内进攻，力图挽救西南方面军全军被歼的命运。但由于方向的偏差，又遇到了德第17集团军的坚固防守，始终未能成功，使被围苏军失去了最后一线希望。

至9月26日，基辅会战结束，苏军西南方面军被彻底歼灭、布良斯克方面军和南方方面军受到重创，第5、第21、第37、第26集团军大部，第40、第38集团军之部分被歼灭，包括苏第5集团军司令波塔波夫在内的65万人被俘。

基辅会战是第二次世界大战中最大的包围战。英国军事理论家李德·哈特评论说："就基辅包围战本身而论，实在可以算是一次极大的成功。对德军而言，也可算是一个空前的杰作。从战略方面来说，似乎也有很充分的理由。先使南翼不受到敌人反攻的威胁，然后再来进攻莫斯科，但是唯一的弱点就是'时不我予'，尤其是德军对于冬季作战并无充分的准备。"德军赢得了战争史上最大的歼灭战，却失去了战争史上最大的战争。苏军西南方面军的顽强抵抗和英雄主义精神，在很大程度上使希特勒"闪电战"计划遭到破产，使德军在莫斯科方向延缓了进攻脚步达两个月之久。这样，苏军统帅部就能在莫斯科方向集中庞大的战略预备队，从而对胜利完成莫斯科会战具有决定性意义。

基辅会战的极大成功，为伦德施泰特的军事生涯又增添了几笔辉煌。

No.5 "要想坚守，简直是发疯"

伦德施泰特没有被基辅围歼战的胜利冲昏头脑，他一直不相信敌人很快就会崩溃。事实上苏军虽然受到重大的损失，但仍然有健全的铁路运输网，有高效率的后勤供应系统，还有充足的兵源和丰富的物资。要取得对苏作战的最后胜利和实现其他作战目标，对罗斯托夫、提赫文和莫斯科这3个方向的进攻是1941年战役成败的关键。

基辅战役后伦德施泰特指挥的南方集团军群所属的一些部队被调到中央集团军群和其他战区，兵力减少，只剩下大约40个德国师，其中只有3个装甲师，2个摩托化师。此外，还有罗马尼亚、意大利和斯洛伐克的一些部队。

伦德施泰特指挥第1装甲集团军和第17装甲集团军沿亚速海北岸继续向东推进，准备夺取罗斯托夫。他在10月27日曾极力主张暂不进攻罗斯托夫，因为部队很疲惫，如不补充给养并进行整编，就不可能再实现其他作战目标。11月3日，他还建议把实现

其他作战目标推迟到来年春天，但这个建议没有被采纳。

罗斯托夫是高加索的门户。1941年11月前，伦德施泰特率德军南方集团军群以坦克第1集团军夺取了顿巴斯大部，并前出至罗斯托夫接近地。这就造成了德军突向北高加索的威胁。

11月5日晨，伦德施泰特的第1装甲集团军向罗斯托夫以北和东北方向实施深远迂回，企图围歼苏联第9集团军和独立第56集团军；第17集团军一部和意大利远征军向伏罗希洛夫格勒实施辅助进攻，以钳制苏联南方方面军的其余兵力。

苏军统帅部察明敌人为突向高加索准备夺取罗斯托夫，便采取紧急措施来加强防御，同时准备在罗斯托夫附近进行反攻。独立第56集团军负责直接防守罗斯托夫。

11月17日，德军坦克第1集团军从北面向罗斯托夫实施了突击。同日，苏南方面军在德国第1装甲集团军侧后转入反攻，开始了罗斯托夫反攻战役。苏第37集团军向大克列平斯卡亚总方向实施主要突击；独立第56集团军固守新切尔卡斯克、罗斯托夫地域，以积极行动钳制当面德军。起初，苏南方面军的进攻进展缓慢。由于天气不宜飞行，方面军航空兵在战役头3天未能对陆军部队进行必要的支援。第37集团军进展最快，4昼夜推进30～35公里。与此同时，德军第3装甲军利用坦克优势向罗斯托夫发起进攻，经过激烈的战斗，于11月21日夺占了罗斯托夫，苏军约有1万人被俘，德军的损失也很大。

罗斯托夫失守后，苏军独立第56集团军被迫退至顿河对岸和罗斯托夫以东，但南方面军突击集团继续前进，于26日进抵图兹洛夫河地区，对夺取了罗斯托夫的德军翼侧和后方造成现实威胁。德军坦克第1集团军被迫停止进攻，将其一部兵力从罗斯托夫北调，以便在图兹洛夫河右岸组织对苏第37、9集团军的防御。

11月27日，南方面军突击集团和第56集团军从西北和南向罗斯托夫转入进攻。在罗斯托夫附近，第60摩托化步兵师遭到来自城东北方向的攻击，而苏军南方面军开始包围德第1装甲集团军。当时，第1装甲集团军正位于一个延伸得很长的暴露的突出部上，形势对其很不利。

起初，伦德施泰特还想向罗斯托夫增兵，但严寒与苏军气势已使德军军心动摇，苏军主力又开始向德军侧翼发起进攻。伦德施泰特意识到如今他要做的已不是如何消灭苏军，而是如何为自己的生存而战。如不后撤，不仅守城之师将被全歼，全线都将会崩溃。此时，伦德施泰特由于劳累过度，在其指挥部突发心脏病而昏倒，后经抢救才脱离了危险。鉴于严冬降临，道路泥泞，部队作战和行动十分困难，伦德施泰特意识到后勤补给线过长，缺乏冬季装备的德军难以在当地长期坚守，于是建议将部队后撤100公里，命令全线一举撤到米乌斯河一线，以便与敌人脱离接触。这一决定得到了陆军总部的批准，11月28日，德军撤离罗斯托夫，坦克第1集团军从罗斯托夫向西后退了60～80公里。

希特勒先是同意撤退，后又出尔反尔，11月30日夜间，希特勒突然传来了一道命令："留驻原地，勿再后撤。"这对部队来说简直像一个晴天霹雳。伦德施泰特立即复电："要想坚守，简直是发疯。首先，部队固守不住，其次，若不撤退，将被歼灭。我再次请求撤销这项命令，否则请另派人来接替。"伦德施泰特再次申请要求撤退的理由，并说如果再不准，他将请求免职治疗心脏病。伦德施泰特以为希特勒会表示挽留并接受其意见。自开战以来，希特勒无往而不胜，还没有将领敢于抗拒他的命令，伦德施泰特的这一忤逆之举，令他大为光火，盛怒之下立即于当天晚上复电："我批准你的请求，请你马上交出指挥权！"德军南线最高指挥官伦德施泰特就这样被撤销了职务。希特勒让第6集团军司令赖歇瑙陆军元帅接替伦德施泰特。伦德施泰特离开战场时，怀着十分复杂的心情最后俯瞰罗斯托夫这座几乎让他身败名裂的城市，感叹道："同样是严寒，却对俄罗斯人不起作用，在这场超乎军事常规的战争中，一个高贵的民族将败于一个不屈的民族！"

撤换了伦德施泰特并不能改变当时的军事态势。当时部队已在后撤途中，希特勒只得认可这既成的事实。但希特勒顽固地坚持要克莱斯特建立一道中间阵地，这道阵地距米乌斯河阵地只有10公里。对希特勒百依百顺的赖歇瑙同意了元首的这个意见。到达米乌斯河阵地的汽车又调转方向朝东开，米乌斯河以东地区一片混乱。但苏军很快突破中间阵地上的防线，赖歇瑙直接打电话给希特勒请求批准退到米乌斯河。希特勒立即批准。对此，哈尔德深为悔恨地说："这样我们就到达了我们昨天晚上就已到达的地方。可是我们损耗了精力和时间，也失去了伦德施泰特。"

11月29日，苏军第56、第9集团军部队在罗斯托夫民兵和游击队配合下，肃清了市内德军。苏军追击被击溃的敌人各师，于12月2日前出至米乌斯河，在此被德军预先有准备的防御所阻止。至此，从11月17日开始的罗斯托夫进攻战役以苏军的胜利结束。

罗斯托夫战役是第二次世界大战苏德战争中，苏联南方面军为粉碎德军坦克第1集团军而实施的一个大规模进攻战役。苏军在有生力量不占优势和坦克极端缺乏的情况下，在战役中巧妙地采取了迂回敌人重兵集团的机动战术并取得胜利。反攻罗斯托夫的胜利有重要意义，其意义就在于，这是德军自第二次世界大战开始以来所遭受的第一次挫折，也是苏军所进行的第一次考虑得很周密，执行得很出色的反攻。此役结果，制止了德军突向高加索，稳定了苏德战场南翼，为苏军1941年反攻奠定了基础。罗斯托夫战役既是德军一次战术上的失败，也是一次战略上的失败。

刚刚收获基辅战役辉煌的伦德施泰特，旋即栽倒在罗斯托夫。"最优秀的指挥

官"的光环失落在罗斯托夫城，这对他无疑是当头一棒。伦德施泰特虽然认为免除他的职务实在是一种侮辱，但却并未因此和希特勒交恶，当1942年1月17日赖歇瑙突然病逝时，伦德施泰特代表希特勒参加了葬礼。

No.6 转折点，诺曼底

　　1942年3月15日，希特勒再次起用伦德施泰特，命他接替患病的维茨勒本元帅为西线总司令，并同时兼任D集团军群总司令。伦德施泰特以巴黎为总部驻地，利用从其他战场抽调的兵力来增强西线德军的打击力量。

　　希特勒为防备盟军在法国西海岸登陆，在8月25日下令建筑"大西洋壁垒"。伦德施泰特认为，这只不过是"一种幻想，一种欺骗德国民众和盟国军队的宣传而已。"他敏锐地发现，德国败局已定。希特勒察觉出了他的情绪，认为他对构筑沿海要塞工事态度消极，因而处处削弱他的指挥权限，并将此事交给了隆美尔。

　　1942年和1943年，西线比较平静。英美联军于1942年11月7日在法属北非登陆，希特勒遂于11月11日占领法国南部并解除残余法军的武装。伦德施泰特的主要任务是与德国的傀儡贝当保持接触。由于占领之故，彼此的关系已非常紧张，伦德施泰特非常害怕贝当辞职，因为那会给德军带来难以预料的困难。他曾亲自和贝当会晤数次，凭着"军人对军人"的立场，终于获得贝当的谅解。对法国东南部的占领是由德意两国军队分任的，双方常有争执而产生许多困难，不过由于意大利高级军官对伦德施泰特都很尊敬，所以才能获得协调而未发生大的冲突。1年之后，意大利向盟国投降，于是那些意大利部队必须予以解除武装，并由德军接管其防区。伦德施泰特

对于这些困难工作都处理得很好，基本上较平稳，实属难能可贵。

而此时，德军在苏联陷入困境，迫使希特勒把筹码放到西线战场。1944年6月初，他对军事顾问们说：如果能将西方的入侵打退，那么，我们便可将后备力量调至意大利和东方使用，到那时，东方战场便至少可以得到稳定。如果不能在西线击退盟军，便意味着最后失败。

希特勒将打败西方的希望寄于隆美尔。隆美尔认为，阻止入侵的最好地段莫过于海滩，因为这是敌之最薄弱处。"这些军队未站稳脚跟，甚至有可能晕船，"他辩解说，"他们不熟悉地形，能启用的重武器也不够。这是打败他们最好的时刻。"他年迈的上司、西线的最高统帅伦德施泰特的看法却刚好相反，他认为决战必须在远离海岸的后方，等进攻之敌防线未稳之时再攻击他们，所有的装甲部队和战术后备兵力必须放在法国，以便包围进犯之敌并将他们消灭。

希特勒在伦德施泰特和隆美尔之间采用了一个折中的方案，解决了争论。他把隆美尔的装甲部队全部调来，但部署的地方却比伦德施泰特要求的离海岸近得多，双方对此都不高兴。希特勒发布命令，把装甲师划归3个不同的司令部指挥，而他自己待在1,000公里外的贝希特斯加登，却保留着对4个驻扎在靠诺曼底海滩最近的装甲师的作战指挥权。当一切取决于快速、大胆的一击时，这个决定束缚住了隆美尔的双手。对于盟军和德军双方来讲，在何处登陆、何时登陆以及在何处交战意味着谁一开始就能很快得到战争主动权。

根据全部军事逻辑来看，英美联军登陆的地

点应是多佛对面的加莱海峡一带，那是到德国工业心脏鲁尔去的最短路线，而海峡在那一带最狭窄。部队在水上是一筹莫展的，要求以最快的方法把他们送到岸上。舰艇和空中支持的周转时间，在多佛—加莱轴心地带也最短。而盟军发动攻击的诺曼底一带，海空方面的航程会远得多。德军一心一意准备在加莱海峡一带截击入侵的敌军，德军将领就把注意力集中在这个位置上，给了敌人发动突然奇袭的机会。

希特勒在一次参谋会议上，曾指着地图，用坚定的眼光盯着手指的地方说："他们会在这儿登陆。"不知他如何猜到地点有可能是诺曼底，但是他在战争中曾经作过许多这类揣测，往往极其荒谬，因而无人留意他这次大胆的推测。隆美尔也对诺曼底十分关切，德军也曾加强那些海滩上的防御，增加部署在那儿的武装部队，但为时已晚。

1943年5月，英美华盛顿会议决定于1944年5月在欧洲大陆实施登陆，开辟第二战场。盟军立即开始制订定登陆计划，登陆计划代号为"霸王计划"，确定登陆地点在诺曼底。

在"霸王行动"开始之前，为了使德国人摸不清盟军登陆的准确地点和日期，盟国方面煞费苦心地利用各种手段迷惑德军。德国人真的以为登陆地点不是在诺曼底而是在加莱，因而将他们的主要防卫力量，包括大批摩托化部队集结于加莱周围地区，从而使诺曼底的德军防卫力量相对变弱了。

6月6日零点6分，在经过长期精心准备之后，"霸王战役"终于开始了。由盟军的大批轰炸机向海岸目标倾倒了几千吨炸弹后，海军战舰开始猛轰沿海敌军阵地；从20个英机场起飞的3,000多架运输机和滑翔机，向诺曼底海岸后的纵深重要地区空投了3个伞兵师；共约6,000多艘大小各类战舰、运输船和登陆艇，源源不断地将部队和装备运往登陆地点。到了6日夜晚，将近10个师部队连同坦克、大炮和各种武器已经上岸，后续部队还在不断涌来。

战斗已经打响，德军却还未反应过来。6月5日，诺曼底驻军司令隆美尔报告说西线不会有敌军进犯，然后就乘汽车回赫林根同家人团聚去了。6月6日，第7军司令杜尔曼将军竟下令暂时解除经常戒备状态，召集高级将领到200公里外的勒恩进行"图上作业"。西线海军向总司令报告说："荧光屏上有大量黑点。"而西线总司令的参谋长却说："什么？这样的天气！一定是你们的技术员弄错了，也许是一群海鸥吧！"空降开始后，含混不清而又相互矛盾的报告便如潮水般涌进德国第7军的各指挥部。

伦德施泰特很快认识到了事态的严重性，德国时间凌晨3时，伦德施泰特通知最高统帅部说，敌伞兵和滑翔机在诺曼底大规模着陆。3小时后，伦德施泰特的参谋长通知最高统帅部说，这极可能便是入侵的开始，他敦促最高统帅部将保留的4个后备装甲师立即开赴登陆地区。

与此同时，伦德施泰特发现希特勒折中的部署并非有效措施，他所主张的"机动防御"也已经毫无意义。盟国的空军夺取了从沿海到内陆纵深地区的制空权,切断了德军所有交通线,德国的快速部队和装甲部队距海岸太远,在白天又无法采取作战行动,因而不能立即向前推进,增援部队损失极大。

此时,伦德施泰特和隆美尔之间的意见分歧已经消失,他们对于前线形势的判断和防御部署都已趋于完全一致,于是联合向希特勒发出了紧急救援的请求。接到入侵报告,约德尔却肯定这不过是个声东击西的牵制战罢了,他依然认为登陆地点在加莱附近海峡的最狭窄处。因此,约德尔拒不叫醒希特勒起身议事。

此举令伦德施泰特的指挥部愕然。据作战部长描述,这个年迈的陆军元帅"怒不可遏,满面通红,连说话都含混不清了"。换一名司令官,可能会直接给希特勒拨电话,但伦德施泰特,这个公开称希特勒为"波希米亚下士"的老贵族,是不会低三下四地去求他的。

直到上午9时,希特勒才终于被叫醒,他却也怀疑这是否真是入侵。他认为这是一次佯攻,引他上当,将兵力分散到错误的地方去。盟军通过"警卫员"计划,煞费苦心散布的谎言迷惑了他和约德尔——入侵将集中在加莱。

当天深夜,盟军已在50多公里长的战线上攻进了希特勒的"西部堡垒",德军被打了个措手不及,海空两军无能为力,海岸防御工事全被粉碎。希特勒仍然坚信诺曼底登陆是一个把戏而已,因此未采取坚决的行动拔除盟军建立的桥头堡。由于缺乏自由行动权,战地指挥官们只能眼睁睁看着采取主动的最后机会溜走。

等德国人真正清醒过来的时候,一切为时已晚。盟军迅速巩固、不断扩大滩头阵地。很快,几个滩头阵地已连成一线。在战役最初的6天中,有326,547人,54,186辆军车和104,428吨物资运上法国海岸。到了7月中旬,登陆的盟军已达30个师。德军业已失败,盟军取得了在法国上空的绝对空中优势。不到10天,盟军便有100万人和50万吨军用材料登陆。

由于局势严重,希特勒急忙于6月17日乘车西行至苏瓦松北面的一个村庄与伦德施泰特和隆美尔会面。这是他自诺曼底战役以来首次与伦德施泰特和隆美尔会面。希特勒不仅不为拒绝增援自责,反而指责他们无能,要他们为此负责。

伦德施泰特比较镇定,隆美尔却"坦率而无情地"反驳希特勒。他指出:"联军占有海、陆、空的压倒优势,与之作斗争,是毫无希望的。机会只有一个:放弃寸土必争的自杀性的政策,让德军立即撤退,将所有装甲部队重新整编,在敌海军的炮火射程外进行决战。"隆美尔建议,在塞纳河沿岸打一场后卫战,将法国南部的部队撤回,并沿塞纳河建立一条一直通向瑞士的战线。希特勒对此根本不予考虑,相反,他还很乐观地向他的将领们保证,他的新火箭炮"能使英国人愿意和平"。这是使伦德施泰特和隆美尔心痛的话题,因为他们曾要求用这些火箭炮去轰击为这次入侵提供物资供应的英格兰南部

∧ 正在视察德军防线的伦德施泰特。

各港口，但遭到希特勒的拒绝。伦德施泰特和隆美尔两位元帅一致批评了空军，说陆军连最低限度的空中支援都得不到。希特勒回答说："德国空军将会把英机和美机从空中扫除殆尽。"隆美尔更加激动地说："西方必然会粉碎诺曼底防线，并长驱直入德国本土。东线也将崩溃，帝国在政治上将受到孤立。因此，要尽快结束战争。""战争未来进程如何，这用不着你操心，"希特勒尖刻地说，"注意你自己被入侵的防线好了。"徒劳的抗争后，两名陆军元帅离开了会场，心中只有一个念头：听天由命吧。

第二天，伦德施泰特给希特勒打了一个电话："德军的反攻遭到惨败，美军已突破了防线，正横跨科唐坦半岛向前推进。德军必须紧急从瑟堡撤出，否则便有被切断的危险。"在希特勒看来伦德施泰特是又一个"失败主义者"。但这次他没有发火，希特勒指示守军："不惜一切代价，守住瑟堡至最后一分钟，若实在无法固守，为避免被俘，方可后撤。"这一点还是明智的。

伦德施泰特的情况室内凌乱不堪，下级军官们在一片喧闹中跑来跑去。作战地图上代表船只和空降的小标志星罗棋布。代表步兵的红色标签，显示出盟军已经深入到惊人地步的一条80公里长的战线，只有在一处地方德军还把敌人困在海滩上。

6月26日，瑟堡陷入美军之手。德军已无法再掌握主动了。德军此时打的完全是一场消极抵抗的消耗战，第三帝国正面临一场灾难。隆美尔于盟军登陆的第3天就看出此战业已失败，伦德施泰特则认为"战争业已失败，因为盟军已在法国的土地上建立了坚固的滩头阵地，一切都完了。"只有希特勒还相信，如果部队能够艰苦战斗，空军也能支持下去的话，事情仍有希望，但这时空军已经不存在了。

伦德施泰特和隆美尔之间，在当初由于状况判断的差异和两位元帅个性的不同产生意见分歧，自然是难以避免的，但当盟国陆军登陆成功的时候，其分歧意见一下子就消失了。当时他们对于状况判断上和必要的防卫措施上完全是一个意见。这两个人不仅得不到最高统帅部的支援，反而受到批评，因此也都感觉到愤怒。当阵线愈来愈单薄和损失愈来愈严重的时候，西线总司令和B集团军群总司令都向希特勒发出紧急求援的呼吁。但希特勒拒绝一切建议，不理一切警告，他不求了解真实情况，甚至也不准调动在其他海岸正面闲着无事的其他部队，而这些部队原是准备要防御盟军可能还有第二次登陆的。当最后由于迫切需要而使希特勒不得不与伦德施泰特和隆美尔举行会议时，也是毫无结果而散。

诺曼底之战暴露了德军司令部异常混乱的状态，因此很难说是哪一个疏忽、哪一种错误、哪一件蠢事促成了德国的灭亡。

诺曼底之战后德军状况江河日下，像伦德施泰特这样一个平日比较沉稳的人，已按捺不住心中的感情，在6月29日那一天，他在接到了凯特尔元帅从巴黎打来的长途电话时，表达了其对情况直率的判断。伦德施泰特警告凯特尔说："这可能是失败的征兆。"他的声音有点担忧的样子。"我们怎么办？"凯特尔问。伦德施泰特大声喊道："你们该怎么办？求和，你们这些笨蛋！否则你们还要做些什么呢？"凯特尔把伦德施泰特的这种"失败主义"的意见报告了希特勒，希特勒就于7月初给伦德施泰特写了一封客气而妥帖的信："在目前的情况下只有更换总司令为最好的途径。"希特勒任命克卢鲁元帅为伦德施泰特的继任人，接任西线总司令，这表明希特勒不满意伦德施泰特对西线军事的指挥。1944年7月6日，伦德施泰特离开了他驻在圣日尔门的总司令部。在临别前，希特勒还颁赠了他栎树叶骑士十字勋章，之后他到巴特特尔茨休养去了。

No.7 停止跳动的心脏

　　1944年9月1日，希特勒把伦德施泰特召到"狼穴"大本营，让他再次担任西线总司令之职。希特勒之所以这么做，并不是伦德施泰特正确判断了诺曼底的形势，也不是公开承认对他的解职是不公正的。希特勒其实不喜欢伦德施泰特，因为他是普鲁士军官团的代表，在自己面前总是趾高气扬，还私下里把他称为"下士"，这对他显然含有轻蔑之意。希特勒重新启用伦德施泰特，一方面是为了减轻B集团军总司令兼西线总司令莫德尔的负担。另一方面，他知道大多数德国官兵对这位70岁的德高望重的元帅充满敬意，可利用伦德施泰特的影响以鼓舞士气。同时还可以迷惑盟军，使他们误认为在形势对德国不利的情况下，启用只会按战争"规则"行事的伦德施泰特，绝不可能采取进攻的行动。

　　伦德施泰特已认定德军的败局，但他认为在此国难当头之际，不应做独善其身的打算，遂接受了任命。9月5日，他又回到西线总司令的岗位上，伦德施泰特接管司令部时，在西线前线只有100多辆可以参加作战的坦克，与之相比，盟军却拥有8,000辆坦克。德军的战斗力薄弱到令人难以置信的地步。尽管伦德施泰特此时患风湿，行动不便，但他还是每个星期都要驱车到前线视察一次以激励士气。而此时，正在"等待恰当时机"的希特勒正秘密制订一个作战计划——阿登反击战计划，伦德施泰特却对此一无所知。

　　9月18日，伦德施泰特奉希特勒之命主持了隆美尔元帅的葬礼。两个月前的7月20日，炸弹暗杀希特勒未遂事件后，希特勒命令将所有反抗运动的成员逮捕、拷问和监禁，并通缉漏网分子。希特勒怀疑隆美尔参与了反抗运动的活动，命他服毒自杀，而对外宣称隆美尔元帅在乘车前往乌尔姆途中因脑溢血猝然身亡。伦德施泰特奉希特勒之命出任"德军荣誉军人法庭"的主席，负责审理反抗希特勒的叛乱案件。他明知道隆美尔的死因，也懂得元首和自己的虚伪，他站在裹着卐字旗的隆美尔尸体面前，代表元首对逝世者表示至为沉痛的哀悼。他宣读悼词时表情沉痛，似乎带着对同僚死因的几分同情地说："……他的心是属于元首的。"

　　9月25日，希特勒在"狼穴"大本营又召开了一次军事会议，在会议上透露了计划的更多细节，但要求与会人员对计划绝对保密，每人必须签订一份保密誓言书，违约者将被处死。但希特勒没有让伦德施泰特参加会议，并指示只有在必要时才能将计划告诉伦德施泰特和其他野战司令部的官员们。

　　直到10月，伦德施泰特才知道希特勒西线大反攻的作战计划，几乎都已成定局。此次作战计划完全由最高统帅部负责拟定，依照希特勒的说法足以"改变帝国的命运。"伦德施泰特、莫德尔以及若干其他指挥官，都反对此次所谓"大反攻"计划，认

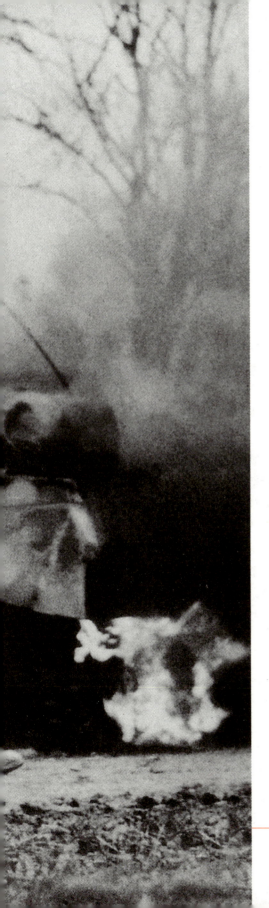

为完全缺乏一切成功的条件，所以力图说服希特勒制订一个与目前德军的兵员和物质实力相适应的作战计划。但他们深知要改变元首的想法是不可能的。希特勒拒不采纳他们的建议，下令不折不扣地实施他的计划。伦德施泰特仍不灰心，他再次上书希特勒，力陈实施有限度作战的必要性。希特勒又一次拒绝了这一建议，仅同意了不使用炮火准备，以使攻击发挥奇袭效果的主张。

　　希特勒"大反攻"计划的主要设想是：集中优势兵力，迅速突破盟军防线，在列日与那慕尔之间强渡马斯河，夺取盟军的主要补给港口安特卫普，把盟军一分为二。切断美军第1集团军和英军第21集团军群的后方交通线，并制造第二个敦刻尔克大撤退，稳定西线形势，然后再转过头来对付东线苏联。计划中的每一个细节甚至炮轰时间都是希特勒在大本营制订的。希特勒这个计划被命名为"莱茵河卫兵"，听来更像是防御计划。为了推行这项计划，10月18日，德国政府发布"人民近卫军"的命令，无论是企业的工人、小业主、家庭佣人、大学生，还是正在受训练的预备役军官，年龄从16岁到60岁的人都是入伍的对象，甚至连以前征兵时不合格的人、刚出狱的犯人也都在征兵之列。这样一来，德军很快拼凑了近20个师的新兵，在经过28天的短期训练后，调往西线，加入了攻击部队。与此同时，德国军工生产线也开动了最大马力，赶制出了近2,500辆坦克和近千架飞机。11月3日，元首的特使约德尔上将赶到设在西线克雷菲尔松树林的B集团军司令部，将"莱茵河卫兵"的详细作战计划交给伦德施泰特和莫德尔，上面还有元首的亲笔警告："不得更改"。

< 正在向阿登地区发动进攻的德国军队。

阿登高地自古为中欧战略要地。1940年6月，从阿登森林中突然冲出的德国坦克大军突破了法军防线，切断了安特卫普的盟军后路，从而造成了敦刻尔克撤退和法国投降。希特勒把阿登森林看成是德军的福地，这次他又打算从这里杀出一路奇兵，直扑安特卫普。

此时，盟军完全陶醉在胜利的喜悦之中，他们似乎忘记了德军在20世纪不到1/4世纪的时间里，曾两次从这个森林密布、道路不便的山区攻入西欧。艾森豪威尔认为：在安特卫普没有修复之前，德军无力作任何大规模出击。他甚至还给蒙哥马利写了一封信，信中这位美国将军跟英国元帅打赌说，在这个圣诞节前可以结束战争，为此还认真地订下了一笔小小的赎金。那时，无论是美国人还是英国人，谁都没有想到，恰恰是在圣诞节前，盟军会遭到自敦刻尔克溃退以来的一场最大的危机。

而德军为使这次反扑取得成功，采取了极为隐秘的保密措施，广泛采用了伪装和欺骗手法。他们更换部队番号；改换兵种制服；使用木炭做饭和取暖；夜间运输时，战斗机沿线飞行以淹没汽车声音；马匹在走过碎石道路时，马蹄都要用麦秸裹住；一旦车辆离开大路，就仔细地把车轮印抹掉。

12月16日拂晓前，阿登反攻打响了。14个师的德国进攻部队从晨雾弥漫的阿登森林中冲了出来。毫无提防的盟军防线很快就崩溃了。

德军在阿登高地反攻的消息，直至当天下午才到达盟军统帅部。但盟军的几个首脑人物一时不明白德军的意图，直到第二天黄昏时，他们才悟到德军的突击方向是安特卫普！而此时，德军的先头部队已突入比利时境内30多公里，到达了美国第1集团军司令部附近。

希特勒吹嘘说，阿登森林反攻是成功的。其实，德军的反攻只突破了盟军防线的一段，在被突破地段的两端，仍是盟军固守的阵地。德军从这个口子灌进去，沿着一个狭长的突破地带前进，到达一个叫巴斯托尼的小城。它处在道路的交叉点，铁路和公路像射线一样从这里伸向四面八方。这座不起眼的小城由于横亘在德军挺进的道路上，立刻成为双方不惜投入重兵争夺的地点。

12月21日，德军一层一层箍紧了包围圈，迫使美军一步一步地向后撤退。12月22日，美军似乎已无路可退。上午10时30分，德军向美军下达了最后通牒：要么立即投降，要么彻底毁灭。美军司令麦克考里夫将军回信答复是："见鬼去！"此事后来在二战史上传为美谈。这封信还列入吉尼斯纪录中的"世界短信之最"。德军继续发动了强大的攻势，终于撕开了巴斯托尼西部的美军一段防线。顺着这个撕开的口子，德国步兵往里涌，直到距市中心3公里处才被阻止住。巴斯托尼已是弹尽粮绝。

在南方，巴顿将军正率领第3军向巴斯托尼驰援。艾森豪威尔给他下了一道最简短的命令："快！"第3军在冰封的道路上冒着罕见的暴风雪，急行军160公里终于在圣诞节的第二天，令先行的坦克部队开进巴斯托尼，与守军会合。随后，步兵也陆陆续续赶到。如此强大的守卫力量，不是德军所能撼动的，巴斯托尼终于守住了。

希特勒气急败坏，在1945年1月3日集中了9个师继续猛攻巴斯托尼，从而展开了阿登反攻中最激烈的战斗。但巴斯托尼的美军已得到巴顿第3军的增援，德军毫无进展。突入德军处在一个狭长的走廊地带，如不尽快撤退就会被逐渐靠拢过来的盟军围歼。于是，在1945年1月16日，恰好发动阿登反攻1个月时，德军又撤回到了他们1个月前的出发阵地上。

阿登战役是西线规模最大的一次阵地反击战，有60多万名德军、近65万名盟军参战。德军损失12万人，盟军损失7.7万人。阿登战役使德国消耗了最后的精锐部队，再也没有后备力量可以补充，因而成为在西线德军发动的最后一次进攻。

作为西线总司令的伦德施泰特并不同意这次反攻，只是消极地让部下们尽力而为之。他把自己的司令部仅仅作为传达希特勒指示的通讯站。阿登攻击之初，由于采用了伦德施泰特的主张，造成了敌军的恐慌和混乱，德军得以迅速突破。

1945年3月7日，美军突然向完好无损的莱茵河雷马根大桥发起进攻。雷马根大桥是当时莱茵河上唯一剩下的一座完整无损的跨河大桥，对战争的双方都至关重要。希特勒妄图纠集B集团军群可以集中起来的全部兵力，将桥头堡摧毁，并以临时军事法庭和死刑对西线总司令伦德施泰特进行威胁。3月9日，在美军渡过莱茵河之后，希特勒十分恼怒，下令对所有与雷马根大桥失守有关联的人员处以军法，而伦德施泰特又一次被解除了西线总司令职务，奉命永久退休了。

希特勒选中凯塞林元帅做伦德施泰特的接班人，于3月10日，在柏林总理府地下室任命凯塞林为西线总司令。他命令凯塞林"守住"并除掉雷马根桥头堡。原先德军要炸桥，可是由于炸药分量不够，桥没有被炸断。后来美军占领了雷马根桥，而桥却无端倒塌了。美军工兵夜以继日地拼命加固受损的桥身，保证了大批步兵和坦克源源不断地挺进德国腹地。

雷马根到波恩只要十几分钟快线火车便可到达，面积只有33.16平方公里。美军成功攻取了这座仅存的桥，也由此加速了二战的结束。美军统帅艾森豪威尔曾经说过，这座桥的价值相当于和它等重量的黄金的价值。战争中有幸存留的桥头堡，如今建成了雷马根桥和平博物馆，每年都有大约30,000人前来参观。至今还有这样一种说法："有两个'桥头堡'决定了二战中德国的命运，一个在诺曼底，而另一个在雷马根。"而这两个"桥头堡"都与同一个名字——伦德施泰特有关联。

伦德施泰特的军事生涯中，从陆军大将到主动辞职退役，从南方集团军群司令到因抗命被解职，从两度出任西线总司令到两度被罢黜，四进四退，为他的一生染上了传奇色彩。伦德施泰特是个纯粹的职业军人，对政治缺乏兴趣。对希特勒的战争观，

∧ 被俘后的伦德施泰特。

他并不完全赞成，在具体的作战方针上有时也有分歧，但他视希特勒为国家象征，心甘情愿为希特勒的战争效力，几次受命几遭罢免亦无怨言。作为一个传统的普鲁士军人，他以为国家而战为至高荣耀。在军事思想上，伦德施泰特的基本观念比较稳健，他既不勇于创新，也不保守旧习。他坚持主张步兵为主要兵种，又主张部队技术装备的更新，尤其是装甲部队的发展。同时，对新战术的运用也很到位。作为高级军事指挥官，他的确有相当的作战指挥能力，高高在上、垂拱而治，拥有包括曼施坦因、古德里安、克莱斯特、隆美尔、霍斯、李斯特、雷哈德特等极为优秀的部下，以此成就了他在军事历史上的地位。英国战略大师李德·哈特非常推崇伦德施泰特，认为他是比其他任何人都更有代表性的德国军人。

1945年5月1日，伦德施泰特在他的休养地巴特特尔茨被美军俘获，后来又被引渡给英国人。英国人把他囚禁在布里金德，他在英国度过了数年监狱生活，1949年因健康状况不佳而获释。从那以后，他在策勒附近的一所养老院里度过余生。

1953年3月24日，伦德施泰特死于心脏病，被葬在斯托肯墓园中，只有少数亲友参加葬礼。其时，他的儿子已死，但有4个孙子。牧师在致词中称他为"真正的宗教人士"。

Hermann Göring

纳粹空军的缔造者

戈 林

他是纳粹德国的第二号要人，
他是法西斯德国进行侵略战争的元凶之一。
他是制订奴役劳工计划、镇压残杀犹太人和其他种族的主谋，
他是恶贯满盈的战争罪犯……
他是赫尔曼·戈林。

No.1 自幼对军人的向往

赫尔曼·戈林又名赫尔曼·威廉·戈林，1893年1月12日生于巴伐利亚，他的父亲海因里希·厄恩斯特·戈林是位傲慢的德国殖民官，而且是位博士。母亲弗兰齐斯卡（范妮）·蒂芬布鲁恩是个普通的农家姑娘，一位天主教徒。戈林的父母是1885年5月在伦敦结的婚，这是戈林博士第二次结婚，这时的他已是56岁的人了，而他的这任妻子比他小20岁。戈林博士是位异教徒，严肃、爱唠叨，曾当过法官。相反，范妮则性格活泼开朗、为人坦诚直率，这是她的第一次婚姻。俾斯麦王子统治时期，戈林的父亲成了一名殖民地总督。俾斯麦派戈林父亲先到伦敦考察殖民帝国的问题，然后到德属西南非洲（今纳米比亚）任常驻公使，即总督。后来他和范妮又一起到海地担任总领事。1893年1月，赫尔曼·戈林在罗森海姆的马林巴德温泉疗养院降临人世。

戈林是他们婚后的第二个儿子。1896年，戈林的父亲辞去政府职务，全家移居柏林。他当时才3岁，父亲非常溺爱他；戈林对父亲与其说是爱，倒不如说是尊敬，他们之间有60岁的距离，父亲的年龄足以当他的祖父。

当戈林5岁时，父亲送给他一套轻骑兵服装。戈林如获至宝，视为最珍贵的礼物。父亲在军界有不少的好朋友，每当这些朋友到他家做客时，戈林总是要去玩他们的帽子和剑。常想象着自己可以手持剑盾、骑马征战、胜利而归。在这样一种环境熏陶下，小戈林对军人产生了一种狂热的迷恋。

长大后，父亲把他送到卡尔斯鲁厄的一所德国士官学校学习，他开始发生变化。笔挺的制服，给他思想和外表都带来了新的面貌。

1910年，戈林升到柏林郊外的大利希特菲尔德军事学院进修，这正是戈林梦寐以求的事。这所军校被称为德国的西点军校。他甘心情愿地穿训练紧身服，认为这是他成为真正军人的开始，他尽情享受着普鲁士军官的新的生活，想象着自己雄赳赳的胸前挂满军功章，对自己的前途充满了自信。

1911年3月，戈林顺利地通过了最后阶段的训练。虽然和教理论课的文职教官不和，但他和军事教官非常融洽，总成绩为232分，高出必修分数100分，是学院历史上的最高成绩。两次军校的生活，使他的军事素质得到了全面提高，成了一名真正的军人。

1913年3月，充满浪漫幻想、健康勇敢的戈林被征召入步兵部队任少尉。他留在大利希特菲尔德军事学院，于1913年12月通过了军官考核。他在履历表上填写说，业余时间喜欢到阿布塞姆机场观看飞机验收飞行，一直对飞行非常感兴趣。这也是他后来成为一名空军飞行员的重要原因。

No.2 "我们的时代还会再来"

1914年8月，第一次世界大战爆发。戈林在驻防法国边界附近的米尔豪森的112巴登团任初级步兵军官。这个防区很平静，他先后作为排长、营副官参加过一些战斗，并获得了二级铁十字勋章。然而这一点点战功并没有成为他走向辉煌的开端。好景不长，开战后的第5周，他便患上了严重的关节炎，被迫送到后方弗赖堡接受进一步治疗。就在治疗的日子里，他的生活发生戏剧性的变化。在休养时，他和正在接受严格的飞行训练、年轻勇猛的军官布鲁诺·勒歇泽建立了深厚的友谊。勒歇泽常常给戈林谈及飞行的趣事，这引起了一直对飞行非常感兴趣的戈林对飞行的向往。于是他在未经批准的情况下，无视各种规章制度，偷偷和勒歇泽一起进行了观测员飞行训练。直到10月中旬，他才获准正式接受观测员训练。从1915年2月起，勒歇泽和戈林一直飞一架编号为B990的阿尔巴特罗斯飞机，他们常常执行空中侦察任务，并且总是能成功地完成任务。他们出色的工作使他们得以常常和高级军官们接触，渐渐地戈林也成了高级军官圈里的常客。

∧ 戈林参加"一战"时的影像。

1915年6月底，戈林被派往弗赖堡的飞行学校，9月中旬回到第5军。10月的一天，他作为战斗机飞行员进行了第一次140分钟的作战飞行。此后，在他的空军生涯中，当他击落第20架敌机后，他的生活又出现了转机。中队副官卡尔·博登沙茨中尉正式将这支战斗机部队的指挥权交给了戈林。然而，又是好景不长，随着第一次世界大战的结束，德国战败了，戈林的生活又变得枯燥无味起来了。他决定休假，去慕尼黑看望守寡的母亲。这时的戈林对自己的前途没什么把握，但他坚信，"我们的时代还会再来。"

1920年6月，戈林转业的申请得到批准，正式为瑞典航空公司服务。他的堂堂仪表和精湛的飞行技术博得了瑞典人的欢心。不久，一位瑞典年轻军官的妻子卡琳·冯·福克女伯爵的美貌深深地吸引了年轻的戈林，在他心中激起爱情的火花。戈林自己说，他从此又"重新跳进汹涌澎湃的生活浪涛之中"。

No.3 弥天大谎

1922年11月的一个周末，戈林这位曾经的飞行英雄和名不见经传的煽动者阿道夫·希特勒在慕尼黑的柯尼希施普拉茨相会了。这次相会虽然短暂，但自此之后，他们的轨迹便朝同一方向进行了无限的延伸。那天，他们在这里举行了示威集会，抗议盟国对战败的德国提出的要求。希特勒发表了慷慨激昂的演说，深深吸引了戈林，希特勒也为戈林的娓娓说辞所倾倒。他们相互吸引。组建新的党派一直是戈林追求的目标，而希特勒所领导的德国民族社会主义工人党（简称"纳粹"，即德文"民族"和"社会主义"两词的缩写）的许多纲领正是戈林所追求的东西，于是他充当了希特勒的帮凶，成了这个小党拥有的最早的武装力量——冲锋队的首任司令官——冲锋队长。

1923年8月，他守寡的母亲离开了人世。这是他生活中的分界线，从此，他全部身心都投入了纳粹运动。8月24日，希特勒向他颁发了第一个委任状，他有以自己的名义行动的最高权力。这为戈林全力以赴醉心于纳粹运动铺平了道路。希特勒成了戈林家的常客，他们没完没了地谈论一个陈旧的话题——古斯塔夫·斯特莱斯曼总理和柏林的"犹太人政府"及《凡尔赛和约》所带来的经济危机。他们非常关心这些形势的变化，也非常欣赏并准备效仿意大利法西斯党徒墨索里尼进军罗马的行动，并制订了宏伟的计划，准备调动所有的巴伐利亚人进军柏林。他们为此一直在积极地谋划。

1923年11月8日，希特勒和鲁登道夫（德军前总参谋长）带领冲锋队，利用巴伐利亚军政头目在慕尼黑一家啤酒店举行宴会之际发动政变。戈林带着25名武装纳粹党员闯入大厅。在吼叫声中希特勒跳上一张椅子，对着天花板开了一枪，然后跳下来，走向讲台大喊："全国革命已经开始了。"他们控制了一些人质。11月9日早上11点多的时候——那天正好是1919年成立的德意志共和国国庆日——3,000名希特勒的党徒又重新聚集在啤酒馆外面。躁动的队伍在希特勒、戈林和鲁登道夫将军的带领下朝慕尼黑市中心进发。他们在路上碰到了警察的阻拦，戈林从人群中跳出来，威胁要杀死头一天晚上控制的人质。警察们只好让开道路，让他们继续前进。但是当他们正准备从狭窄的街道到慕尼黑宽敞的歌剧院广场集合时，他们又一次地遇到了警察的阻拦。

双方枪弹齐发。希特勒第一个飞奔逃命，躲藏在乡间别墅，两天以后，他被捕在监狱中待了9个月。在监狱中他口授了《我的奋斗》一书。戈林在这次暴动中负了伤，一颗子弹穿透了他的腹股沟，离动脉只有几毫米远。戈林偷渡出境，在别人的帮助下到了奥地利。这场闹剧草草收场了。戈林同妻子在异国他乡，在德国的法律之外，安全地度过了4年。4年中精神上的失落自然不必言明，但肉体上的伤害几乎使戈林判若两人，腹股沟的重伤，使他疼痛难忍，他不得不靠吗啡针来度日。

为了有朝一日重新得到纳粹党内的要职，戈林一直与毒瘾做着坚决的斗争，直到1926年6月，在妻子和医生的帮助下，他终于告别了吗啡。从此，他的行动开始变得神神秘秘。1927年回国，恢复职位。时至1928年5月20日将举行至关重要的德国国会选举，通过各种手段国会议员中有了纳粹党的12名成员，而这12名成员中，戈林便是其中之一。突然间，戈林不再是一位被社会遗弃的人了。希特勒把戈林推上了上层政治舞台，他命令戈林在为争取街区居民而战的同时争取柏林的上层社会。在别人的帮助下，戈林进行了有声有色的工作，他轻而易举地吸引了众多名门望族，使纳粹运动不断扩大开来。

1932年7月，在柏林又举行了大选。选举结果是纳粹获得了13,732,779张选票，纳粹在国会里获得了230个席位，成了最大的党。8月30日，国会开会时，纳粹在中央党和巴伐利亚人民党的支持下，一致选举戈林为德国国会议长。这是纳粹党在政府内的最高职务，他们还在为之继续努力着。到11月底，戈林始终支持希特勒毫不退缩地要得到总理这个最高职位的要求。而兴登堡则同样顽固地坚持，只要纳粹在国会没有取得绝对多数，总理职务就不能给他。通过种种手段，他们成了最终的胜利者，他们成了柏林政权的新主人。从新政权成立之初，希特勒就在戈林的参与下，确定了长期的战略意图。4月14日，希特勒总理宣布："边界修订工作只能在德国恢复了军队、政治和财政的完整之后才能进行……我们的主要目标，"希特勒做了一个强调的手势说，"应重新修订东部边界。"这就是他们的长期战略意图。

为了使纳粹党顺利参政并不断巩固其统治，在戈林的精心组织下，成立两个组织，一个是纳粹的集中营惩罚体系，另一个是国家秘密警察——盖世太保。此外，戈林还成立了秘密情报机构——研究所。这个机构由最初的5个人，发展到了几千人。为保密起见，所有研究所的官员都着空军军服，并将其纳入空军部的预算之中。这个研究所的所有情报都必须呈送戈林，这样使戈林对国际鸡蛋价格到劣质铁石产量的一切事情都能了如指掌。

希特勒和戈林上台后，仍然对他们身旁的政敌感到不安。1933年2月27日夜，国会大楼的一场大火给了他们绝好的机会。国会纵火案是戈林撒的一个弥天大谎。这个大谎使他们达到了目的，他们在大选之前关押了3,000名政敌，主要为共产党。

No.4 德国，再次起飞

对于掌握一定实权，在空军战斗中队中曾创造过一点辉煌的戈林来说，再也没有比重建空军更令其感兴趣的了。但对于刚刚战败的德国来说也绝非易事。1933年3月11日，在贝伦大街一个倒闭的银行办公楼里，德国第一个秘密空军部成立了。戈林把空军部的大权交给了米尔希，并精心选择了其他官员。面对国际上不许德国建立任何形式的军事航空禁令，创建空军的难度是可想而知的。他们秘密建立了基地和实验场，培训了大量的飞行员，进行战斗训练。同年8月，德国已在生产民用飞机的幌子下生产了新型的轰炸机样机。总之，重建空军的工作在戈林的安排下，在米尔希的积极活动下，迅速而有条不紊地展开了。

1934年8月，兴登堡死后的第二天，100名戈林手下的军官应召聚集在空军部。戈林走到他们中间的一小块地方，拔出宝剑，宣布武装部队要宣誓效忠于兴登堡选定的继承人希特勒。月末，戈林和米尔希一起同希特勒在贝希特斯加登研究了国防预算。希特勒批准了105亿马克用于今后4年的国防开支，其中很大一部分拨给空军。

戈林的出色工作使希特勒对他非常欣赏，致使希特勒通过一条秘密法令，任命赫尔曼·戈林为帝国的第二号人物。1934年12月7日，他为此签署了两道命令：其中之一是任命戈林"在我不能行使帝国总统兼总理的职权时",由他代理;另一条是明确戈林为他的接班人。从此之后,戈林的狂妄自大便无限地膨胀起来。

1935年1月,新的空军部大楼正式在莱比锡大街奠基了。新的空军部大楼坐落在莱比锡大街,占地40万平方米。希特勒亲自检查了胶泥缩模的每一个细节。中间的主楼和两边的侧楼共有2,800个房间,能容纳4,000名官僚和军官,全国最优秀的建筑师和雕刻家整整雕凿了1年的英雄浮雕。戈林在一次讲话中夸口说:在两年的时间里,他要把一个毫无防御能力的国家变成一个世界一流的军事大国,到今年秋天,德国将拥有世界上最强大的空军。戈林亲自为新空军设计了奇异的制服,规定空军军官的礼服要包括军刀和短剑——虽然这两样东西在现代空军中似乎没有用处。

No.5 纳粹的"四年计划"

希特勒和戈林都深深知道,德国要进行一场征服世界的战争,不花几年时间扎扎实实地进行重新装备是不行的,不把军事必备的物资储备齐是不行的。1936年8月,在纽伦堡党代会上,希特勒提出了一个全面备战的"四年计划"。9月4日,在柏林,戈林召集了所有部长召开了一次历史性的"小内阁会议",戈林自称这次会议"比以前任何一次会议都重要"。他全文宣读了希特勒的文件。希特勒在文件说,德国现在是并且一直是西方抵御布尔什维主义的中坚。如果布尔什维主义战胜德国,不仅会导致新的凡尔赛,而且将导致德国人民的最终灭绝。现在必须一切为了扩大德国的武装力量。只有占领了生存空间,才能解决食物短缺、原料不足的问题。希特勒的文件命令:1.德国军队必须在4年之内做好开战准备;2.德国经济必须在4年之内为战争做好准备。这就是"四年计划"。

几天之后,希特勒在纽伦堡正式宣布了"四年计划"。1936年10月18日,希特勒正式任命戈林为"四年计划专员"。戈林欣喜若狂,他在小内阁会议上讲话时狂妄地说他的权力是"无限"的。22日,他发布命令,组建"四年计划"办公室。这样一个不隶属于经济部,而是直接向戈林本人负责的"四年计划"委员会,对戈林而言就像一把打开宝库的钥匙,让他控制了帝国全部外汇储备。戈林以自己的普鲁士部机关为母体,向里面补充任命了大约1,000名工作人员,并指定帝国各部的国务秘书(大约相当于前部长)出席计划会。这样一个特殊集团,掌握着全国的贸易、生产、国民经济和原料分配,从此,实业家和银行家纷纷向他表示恭敬,甚至还常常慷慨解囊,他取得了巨大成功。"四年计划"尤其是其中的钢铁计划为德国开动战争机器打下了坚实的物质基础。

No.6 丝绸衬衣与钻石

就衣着而言，希特勒的核心权力集团成员倾向于朴素单调的风格，但戈林永远都是个光彩夺目的例外。他总是根据当时的角色需要把自己装扮得生动形象，神气活现地在第三帝国的舞台上走来走去。随着他腰围的增大，他的衣橱也在不断扩充，在他4座宫殿般的住宅里，各种各样的衣服胀满了壁橱，他一天当中要换3~4套华贵的衣服。他的形象变化多端。有人开玩笑说戈林从来都不会光着身子。他们打趣说，即便在他洗澡的时候，戈林也会在浴盆里佩戴着他所珍爱的军功章和勋章的橡胶复制品。在豪华的卡林堂与客人嬉戏玩乐的时候，戈林会倾全力展示自己的着装品位。他穿着硬挺的白色网球服招呼客人，穿着乡绅衣服为他们唱小夜曲，穿着天鹅绒灯笼裤和带金扣的鞋子领着他们参观自己的艺术收藏品。他还会穿着一条巴伐利亚吊带花饰皮裤，带领客人在自己的猎场里打猎，最后穿着丝绸晨衣设宴招待他们。

希特勒知道戈林与大多数纳粹高层领导人不同，是一位优雅讲究、追求豪华生活的人，便常常选派他接待来访的尊贵客人。戈林全身心地投入到这个讲究穿着品位的角色中去。他出现在外交场合时，穿着白色的燕尾服，打着白色的领带，有时穿着晨礼服或半正式无尾礼服；接待大区党部书记时，他穿着精致的套服，配搭饰有珠宝的匕首和其他昂贵的装饰品；在不太正式的场合，他穿着剪裁讲究的西装或毛纺灯笼裤。他是有1,000套服装的纳粹军人、帝国元帅。

人人都知道戈林偏爱钻石。在旅行时，有一名副官必须携带装着钻石的罐子，以备戈林突然心血来潮时炫耀这些钻石。1942年1月底，戈林到达罗马，点收意大利所能为德国提供的部队。意大利外长齐亚诺对这位脑满肠肥、胸前挂满勋章的帝国元帅简直不堪忍受。他日记上写道："此人还是那样趾高气扬，架子十足。"两天以后，他又写道："戈林今天离开罗马。我们在艾克赛尔西奥饭店吃饭，吃饭的时候戈林别的话不说，只谈他的珠宝。他手上真的戴着几只漂亮的戒指。在去火车站的路上，他穿着一件宽大的黑貂皮大衣，既像1909年汽车夫的穿着，又像一个高等妓女去看歌剧时的打扮。"

"二战"以来，戈林除了忙于战事，他还有一种癖性，即疯狂地掠夺战败国的艺术品，他的收藏室中的艺术珍品日渐增多，不亚于高级别的博物馆。为了满足他疯狂的占有欲，他充分利用他的权势到了不择手段的地步。到1942年10月为止，至少有596件画作、雕刻、挂毯和家具划到了戈林名下。戈林珍贵艺术藏品的来源，主要是意大利、法国和荷兰。当时他被艺术品商人们称为"来自柏林的强盗"。

∧ 手执元帅权杖的戈林。

No.7 失　宠

1938年2月，戈林由于在各项辅助希特勒的工作中有功劳，同时施展各种手段击败了自己的对手，希特勒把陆军元帅的军衔授予了他。

和希特勒一样，戈林对纳粹主义的信仰是始终不渝的，对重振德国，称霸世界的野心是坚定不移的。但在具体的战略方向和战略步骤上，两人却不完全一致。两个人的关系怎样走、走多远，还要由时间来考验。

1938年春，在德国吞并奥地利以后，戈林感到德英关系开始进入新的冰期。戈林竭力促使希特勒缓和对英国的态度。他要开发东南欧的经济潜力。至少在1939年以前，他对战争不感兴趣。1939年1月～2月间，希特勒在一系列秘密演讲中透露了自己谋求世界霸权的计划，戈林听了之后并不感兴趣，他觉得他们之间的鸿沟越来越宽了。而对此时收到的生日礼物——按比例制作的赫尔曼·戈林工厂模型却高兴无比。此后的一年里，他多次以温和派的面目出现。他很小心谨慎，因为他并不想丧失来之不易的希特勒接班人的地位。

1939年3月10日，戈林的情报长官贝波·施米德上校带来了一封密信。戈林拆开信，大吃一惊。他大声说："柏林出事了。我一离开，事情就糟糕。我必须赶回去，把事情纠正过来。"听了此话，施米德上校急忙说："元首已口授附言，为了不引起全世界的猜疑，德军入侵捷克前，您不能离开圣雷莫。"戈林对此一言不发，他深知，这是希特勒为了防止他干涉他的行动。戈林沉思片刻，迅速写了一封信，派施米德立刻赶回柏林，请求希特勒不要入侵捷克斯洛伐克，担心这会引起英国干涉。他和妻子埃米也匆匆踏上开往柏林的火车。他来的太迟了。然而，当他知道英国政府表示不加干涉时，马上收回了他原先的厌战情绪，转而积极支持希特勒的计划。

纳粹占领捷克斯洛伐克使希特勒得到了发展军备所需的工业能力和黄金。赫尔曼·戈林工厂购买了几家大军工公司的控制权，成为欧洲最大的联合企业。1940年年初，美国联邦调查局局长胡佛致函罗斯福总统，提醒他说，戈林已经拥有足够的势力对纽约的德国公司施加"极大影响"，"他的财富之大，足以使他成为一个非常危险的人物"。

这一段时间，戈林得不到任何事情的通报，这使他有一种失落感。1939年3月22日，他刚返回圣雷莫继续度假时就听说立陶宛将仅有15万人口的弹丸之地梅梅尔归还德国，戈林立即恭敬地给希特勒发了贺电。4月2日，希特勒的新式大战舰"铁比茨"号在威廉港下水后的第二天，他又发了贺电。希特勒快过50寿辰了，戈林不想错过盛大的生日游行。4月18日晚，戈林和希特勒共进晚餐时，希特勒告诉他，如果波兰拒绝达成协议，他将采取军事行动，收复格但斯克自由城。这是戈林第一次听说德国可能同波兰开战。听了希特勒的话，戈林心惊肉跳说："这样做，我怎么能理解呢？"戈林希望目前不要爆发战争。这样正与希特勒的愿望相背离，正是由于这一原因，戈林才由希特勒亲信转变成为一个失宠者。

戈林虽然失宠，在最高层失去了几位朋友，但在德国公众心中的形象基本上未受损害。他与希特勒之间的感情，随着他们各自的需要发生着变化。这正应了中国的一句古话：小人同而不和。两人关系在1943年斯大林格勒战役时跌到低谷，从此之后，再没能修好。

除了空袭华沙和贝尔格莱德两件具体事件之外，戈林的作战方式比他的敌人更有骑士风度，不愧为里希特霍芬中队的最后一名指挥官。1939年波兰战役期间，他适度地利用了战术空军。虽然同一时期英法两国的舆论说法不一，但截获的法国驻华沙空军武官的密电，后被纳粹公开，电文记载了这次没有预料到的克制。奉希特勒的命令，战争头几天，戈林下令严格限制机组的行动——禁止使用毒气、攻击民用目标，不许攻击红十字组织，并断然禁止把伦敦作为轰炸目标。1939年9月4日，戈林在"选帝侯王国"和达勒鲁斯作告别谈话时，他强调：德国无论如何不会主动进攻英法。

希特勒巡视前线的时候，戈林待在柏林。希特勒回来的时候，戈林就把他们自己的"司令部"转移到东普鲁士州的猎场罗明屯。那时，戈林已向贝波·施米德口授了命令华沙投降的最后通牒。当这些被拒绝后，他下令空军进行炮火轰炸，使波兰战争很快停了下来，希特勒因此授予他大十字勋章，绶带配铁十字勋章，可谓别具一格。

在最初的几周里，戈林的部级国防会议恢复成形似德国的内阁政府。但到1939年年末，国防会议已毫无用处。部长们抱怨："阿道夫·希特勒为什么对国内事务放任自流？我们部长很难接触到他……在国内事务上，他只让戈林参与处理。"

令人惊奇的是，戈林在后来称作"虚假战争"的十分紧张的几个月里，他却和英国首相张伯伦之间保持着几条秘密通信渠道。戈林同不少的外交官员或其他有身份的官员举行会谈，力劝他们敦促英国政府接受德国的和平计划，并派人同英国外交官员进行秘密接触。

戈林的和平攻势于5月8日开始。他首先是在不同的场合，发奉"诚实和平"的论调。同时又在外交上频频活动。但对历史来说，不幸的是戈林引人注目的行动没有产生什么效果，特别是戈林对英国发动的和平攻势，他的一切努力最终都失败了。10月12日，张伯伦首相在英国广播公司发表广播讲话，拒绝了德国人的提议。

随着冬天的到来，伦敦和柏林之间所剩的几条秘密渠道也都慢慢地冻结了。

在对苏联的关系上，戈林始终理解纳粹和苏联盟约的目的，这是撒旦驱魔王的条约。希特勒不得不在两三次场合平息党内比较愚钝议员的恐惧。他于10月21日党的高级干部会议上演讲说："我们所需要的是空间。我希望得到我们所需要的东部空间。"

希特勒已使戈林相信，满足苏联提出的每一项政治和经济要求的至关重要性。德国依靠苏联运送石油、稀有金属和食品。作为"四年计划"的负责人，戈林除了奉命照办外，别无选择。

No.8 徒劳的挣扎

1940年1月10日，在与戈林协商之后，希特勒确定1周后开始实施"黄色方案"。但他们协商的那一天，空军第2军的1架传递信件的飞机在中立的比利时领土上强行着陆。它违反了所有保密规定，携带了纳粹绝密的"黄色方案"计划，因而造成泄密。德军不得不推迟进攻时间和修改或重新制订计划以确保严格保密和出其不意。

1940年4月9日，德国入侵了挪威和丹麦。到4月底，纳粹控制了挪威的大部分地区。希特勒命令戈林，让整个空军做好实施"黄色方案"的准备。5月4日，戈林自己到前线指挥"黄色方案"的空军作战。

1940年5月9日，希特勒启程前往西部新前线，让戈林暂时掌握柏林的大权。第二天拂晓，当太阳从东方地平线冉冉升起的时候，约4,000架纳粹飞机大刀阔斧地进入法国和中立国家，重创敌人的防空能力，为正在向前推进的坦克和步兵提供了及时的战场支援。到5月11日，米尔希将军带着从战场上拍摄的作战照片，呈交给戈林，并告诉他已经摧毁了1,000架敌机。在法国的色当，德国在默兹河建立了一个桥头堡，古德里安将军的装甲部队隆隆开进法国的时候，布鲁诺·勒歇泽的空军第2军给予了很好的支援。戈林的捷报及时传送到了希特勒的司令部。德国空军的作战行动一帆风顺。

就像在挪威一样，空中霸权再次发挥了决定性作用。5月14日，对鹿特丹之役中，戈林的空军显示了已经习以为常的力量：派出36架轰炸机去制服这座古老海港城市的一个荷兰炮兵阵地。他们起飞后不久，荷兰要塞司令投降。

5月16日，纳粹突破色当，法国命运已定。3天后，他派人请来瑞典驻巴黎总领事，建议他邀请法国人求和。对法空战的胜利使戈林对自己的空军的身价又大大提高了一步。并扬言，"我们的空军将肃清英军。我已说服元首，停止陆军的进攻。"自然敦刻尔克的"歼灭战"就成了戈林向希特勒汇报的又一功绩。

戈林相信，战争实际上结束了，法国人已请求停火。

战事虽然紧张，但戈林从一开始就没有放松他追求的另一个目标——收藏艺术品。随着战争的进程，他的专列"亚洲号"所到之处，都忘不了到所在地的博物馆搜寻感兴趣的东西。在战败国的美术馆不断有发往他的庄园的名画。许多古代大师的无

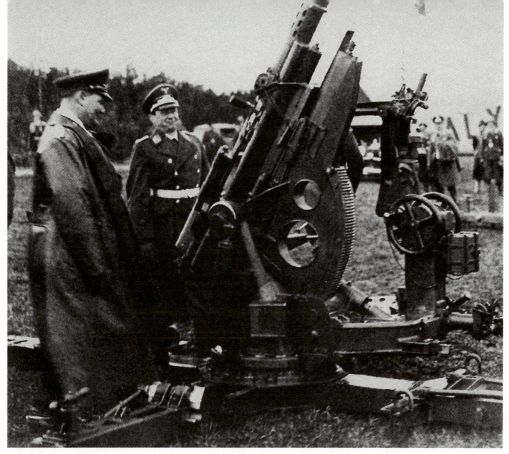

∧ 视察德国高炮部队的戈林。

价之作都成为他的囊中之物。从某种意义上讲，戈林在这方面上的收获给他带来的喜悦比战争的胜利给他所带来的喜悦更能使他激动不已。有理由这样认为，戈林与其说是个挥戈沙场的将军，倒不如说他是个地道的艺术品商人。

1940年11月，他得知希特勒准备第二年进攻苏联。他憎恶纳粹正在制订的进攻苏联的计划，并徒劳地游说自己的战略：德国、意大利和西班牙军队协同作战，攻占直布罗陀的大英帝国要塞，夺取苏伊士运河，封锁地中海。在此之后，他建议占领巴尔干和北非。希特勒充耳不闻，并在下决心之前又邀请苏联外长莫洛托夫到柏林举行最后一次会谈。

在苏联问题上，戈林反对希特勒进攻苏联。但其动机与其说是出于道义上的考虑，不如说是经济的原因。他深深知道，纳粹德国依靠苏联运送粮食和石油，依靠横跨西伯利亚的大铁路。希特勒本人在《我的奋斗》一书里则主张反对两线作战，希特勒认为，"只有一条战线，那就是东部"。戈林不同意，但最终被说服的还是戈林。

1940年年底，希特勒正式签署了"巴巴罗萨"指令，随时准备对苏联发动进攻。戈林的任务是在东部取得"快活的结局"。到1941年1月，戈林在同某空军师师长谈话时，曾表现出了对此计划坚决反对的态度。1月24日中午，戈林和希特勒一起用餐，他们一直单独待到晚上8点。两天之后，希特勒打来电话说，戈林已改变了主意，认为应该在东部进攻。1941年2月11日，他又作最后一次尝试以劝希特勒不要进攻苏联，但这次又失败了。到2月下旬，他开始接受"巴巴罗萨"计划，认为这是必要的邪恶。

1941年6月22日，德军正式进攻苏联。首先一展英姿的还是德国空军。6月22日星期日，苏军用飞机被毁1,800架。星期一被毁800架，星期二被毁557架，星期三被毁351架。6月26日，被毁300架，这个成绩使希特勒非常满意。6月29日，希特勒便赠送戈林一份礼物，那就是签署一份秘密命令，确认戈林为他死后的唯一接班人，并且任命他为"一切事务的代表"。

战争进行不到1个月，德国人才认识到低估了苏军的力量。当德国人向东挺进的时候，他们发现苏军方面按照他们自己的战略计划，集中了12,000辆坦克和8,000架军用飞机。"苏军的装备使我们大吃一惊"，德国的军官们不得不发出这样的惊叹。更何况德军的初战胜利并没有真正为其后的胜利奠定坚实的基础。最初的几个月进攻还算顺利，但战事进展到9月份德军的麻烦就开始了。9月7日、8日下了雷雨和冰雹。9日又下了瓢泼大雨。这是自1874年以来最大的一场雨，公路变成了沼泽，双方开始进入冬季战役。空军对战局一直很乐观，他们似乎已经胜利在握。

10月15日，空军参谋部发行了一幅包括有拟议中的新航空区，即莫斯科航空区的地图，但是戈林第二天回到罗明屯时发现天气更加恶化了。他认为这是"我们最不切实际的梦"，当时气温已下降到零下8℃，下了20厘米厚的雪，接着又下雨。远方，在被大雪封住的苏联前线，博克陆军元帅已经开始催赶他的集团军群向莫斯科挺进，尽管气温比当年拿破仑进军俄国时温度还低，但最高统帅部还是希望他们能够打下莫斯科。而这时，古德里安将军挨冻的第2坦克集团军正奋力作战，向莫斯科南面攻打。但他发现许多装备简陋的坦克驾驶员都冻得要死了，步兵穿得也很单薄。12月15日，气温已下降到零下35摄氏度，坦克炮塔已被冻住，炮卡住动不了，在这样恶劣的天气里，炸药只能发出嘶嘶的响声，古德里安只好停止攻击。

西伯利亚的寒冬给德军带来的是一场噩梦，这场噩梦就开始于斯大林发动的反攻。一大批威风凛凛的T-34坦克，出现在德国人的面前。德军东线开始溃败，几个陆军将领力主撤退。希特勒撤换掉了一批畏战的陆军将军，亲飞前线调查督战。这时的戈林已被东线上这场没完没了的人类戏剧弄得精疲力竭了，希特勒显然也有同感，因此比以往更加坚定地参与了指挥。12月19日，他撤掉了屡犯错误的陆军司令的职务，

自己亲自接管陆军。第二天未与戈林商量便发布命令,他指示德国空军各中队摧毁挺进中的苏军可能利用的一切居住区的遗迹。

1942年一开始,在苏联的希特勒军队便陷入了危机。从克里米亚和哈尔科夫向北到库尔斯克、莫斯科和列宁格勒,装备差、挨饿受冻的德国部队几乎抵挡不住苏军的猛烈进攻。希特勒撤换了全线的陆军将领,只赞扬了顽强战斗的里希特霍芬将军这样的德国空军的一些司令。戈林自动地参加了他的元首对陆军将军们的猛烈抨击。1942年1月2日,严寒刺骨,戈林在"狼穴"会见希特勒的时候,对这位独裁者用这种办法制止陆军的溃逃和巩固正在崩溃的战线感到惊异不解。2月访问意大利的时候他对墨索里尼说:"我很少见到这么伟大的事情。"

1942年5月30日,德军又遭重击,英军出动大批(丘吉尔宣称是1,000架)轰炸机轰炸了科洛涅,戈林感到,战况实在太糟。这无疑又给戈林和希特勒的关系上划了一条分水岭。当然,1942年的初夏,进入苏境的德国空军取得了不少的胜利,戈林的身价也随之猛增。1942年夏初,戈林的空军对从列宁格勒和沃罗涅日到图卜鲁克广大地区内帝国的敌人进行连续不断地猛攻,并对同盟国的运输船进行了轰炸。在戈林看来,德空军的这些军事上的胜利同他个人获得的荣誉与信任相比要无足轻重得多,希特勒又重新与他回到了同一个餐桌上。

但是好景不长,随着利斯特元帅的高加索攻势的失败,德军斯大林格勒的悲剧也就随之开始了。正当战事的焦点转回到斯大林格勒之时,纳粹领导人却都未在国内。希特勒在巴伐利亚,空军和陆军的参谋部在东普鲁士,戈林则在柏林。两周后当红军通过顿河开始对斯大林格勒实施反攻的时候,他仍旧待在柏林。第二天,即11月20日,苏军在德军防线上打开了第二个缺口。戈林接到希特勒的电话得知了这些情况,但并不特别关心,他仍然待在自己的庄园。

从此,斯大林格勒的空运失败与戈林的名字联系在了一起。然而这一次他没有受到指责。3个月后在给他推卸责任的时候,希特勒向里希特霍芬承认,是他"背着帝国元帅"向保卢斯许诺空运的。

希特勒部队的250,000人被包围在斯大林格勒,他们将成为斯大林的人质,并且很少有几个人能活下来。戈林很快认识到,如果不能同时阻挡盟军在西北登陆,只有与斯大林做一笔交易才能给纳粹德国提供一点生存的希望。到1942年11月24日,如果戈林不在巴黎,他就可以明白,他的空军咬下了比它在斯大林格勒所能咀嚼的还要多的东西。戈林在克里米亚已经损失几百架飞机,现仅剩下750架容克–52,而希特勒最近又把大部分这种飞机派去为非洲的隆美尔军团运送物资。等到戈林回到东普鲁士的时候,斯大林格勒的形势已无法补救。他大发雷霆说:"曼施坦因无视最高领导做出的决定。"

令人难以置信的是希特勒的参谋部对斯大林格勒的关心还比不上对北非的关心。

11月28日下午3点20分，隆美尔陆军元帅亲自来到了希特勒的大本营，要求允许他全部放弃利比亚，撤到突尼斯—加贝斯的一条新防线上，他打算在那里重新发起一个战役。希特勒显出一副冷冰冰的鄙视的神情。下午5点戈林参加了他们的会谈，会谈一直进行到8点。元首断然反对放弃非洲战场……必须给意大利人施加压力，使其做出切实认真的努力向非洲运送物资，并派戈林和隆美尔于当晚乘火车去罗马与墨索里尼交涉。

戈林私下里告诉希特勒，墨索里尼建议他们停止现在已经没有多少意义的对苏战争。几天后，意大利的外长又来到东普鲁士再次重申了这个观点。戈林和里宾特洛甫点头表示同意，但是希特勒的回答却是列数了他自1938年以来他所取得的一系列令人鼓舞的胜利。此事后来再也未提起过。

1943年1月12日，戈林在人们虚假的祝贺词中庆祝了他的50岁生日。希特勒也下令公开庆祝，但是第二天，希特勒就建立了一个调配人力的"三人委员会"，戈林被排除在外。戈林为自己的权威正在被公开地解除而感到很失意。

1943年1月27日，没有护航的美国B—17轰炸机对德国领土实施了第一次大胆的白昼袭击，攻击了威廉港海军基地。接着，30日，戈林的自尊心又受到了更直接的侮辱。这天是纳粹"夺权"10周年纪念日，戈林预定要在上午11点向德国所有的无线电台发表广播讲话。但是英国皇家空军根本不管他此时此刻的心情，派大批"蚊"式飞机，傲慢地正面穿越德国飞往柏林进行轰炸，把戈林无情地赶进了地下室。

斯大林格勒战役结束。16名陆军将军，保卢斯元帅选择了被苏联终身囚禁和战场上的光荣。该军团的耶顺内克将军乘最后一架飞机安全地飞出斯大林格勒，要求希特勒惩办罪人——"即使那意味着帝国元帅他本人。"希特勒借耶顺内克的话大发雷霆，会见后他又拍拍这位不幸的将军的肩膀安慰他说，"我指的不是你！" 2月6日他坦率地向曼施坦因元帅承认要对斯大林格勒的失败承担责任，但是后来他对承担责任又有点退缩，说："我本可以归罪于戈林——但他是我指定的接班人，我不能这样做。"

戈林听博登沙茨将军说希特勒无意责备他，他才放心，于2月晚些时候小心翼翼地溜回"狼穴"。他向希特勒承认他批准了斯大林格勒的空运，但是那仅仅是因为他期望被围是暂时的。另外意大利军团的溃散，这也促成了这次惨败。

戈林的空军向斯大林格勒空运了8,350吨物资，平均每天116吨。但是他损失了整整一个空军的实力。战争结束后几天他在对美国航空学家谈这次行动时，作了这样的评价："我漂亮的轰炸机队在向斯大林格勒的军团运送弹药和给养中消耗殆尽。我始

∧ 戈林与希特勒在研究作战地图。

终反对对苏战役。"

柏林的严峻形势压得戈林喘不过气来,他决定去上萨尔斯堡他的别墅休息。皮利·克尔纳央求埃米与他谈谈,让他劝说希特勒乘现在还可以转危之机与这个或那个敌人寻找一个体面的和平。戈林绝不可能这样做。3月1日至2日的夜间,英国人更加猛烈地空袭了柏林，这次空袭把空军部炸开了一条口子，使600处起火，毁坏了20,000幢建筑物，700名柏林人丧命。希特勒命令对伦敦进行大规模报复，但是只有6架飞机找到了铺展得很开的英国首都。5日中午希特勒急躁地问他的工作人员："帝国元帅什么时候回来？"（速记员记下了他的话）"这不能再继续下去了，我们绝不像这样大规模地杀伤英国人！"

这时戈林已逃往罗马去见墨索里尼，抽空见见他的艺术品商朋友们。从这位法西斯独裁者几天后写给希特勒的信来看，显然意大利人又一次恳求纳粹德国以任何他们能争得的条件与斯大林媾和。希特勒对这时戈林的"缺席"深感不满甚至是气愤。1943年3月8日下午，他说戈林忘记了空中战争，完全被错误的情报蒙在鼓里。就在这天夜里，英国皇家空军又向中世纪城市纽伦堡投下了800吨炸弹，24小时后，慕尼黑又成了英国轰炸机的目标，看来想使英国害怕德国的报复显然没有一点威慑作用。希特勒将此归罪于戈林的胖朋友——胡戈·施佩尔陆军元帅。

戈林受希特勒的命令于1943年3月11日下午4点回到"狼穴"，与隆美尔闲聊了一会儿，于9点30分偷偷溜进去见希特勒。希特勒又给了戈林一次换回声誉的机会，那就是以最短的时间恢复空军的实力。戈林向他的飞机制造师施加压力，但是战事的紧张，加之各种技术的限制，这些努力很难在短时间内奏效。盟国军连续不断地轰炸，更使戈林面临的情况雪上加霜。6月1日，他签字同意大批量生产ME262型喷气式战斗机。6月11日，英国皇家空军再次向杜塞尔多夫投下了2,000吨炸弹。在第二次火焰弹袭击中，武珀塔尔又有2,000多平民毙命。希特勒和戈林仍然渴望找到反击英国的办法，而他们的空军现在甚至对苏联也不可能造成一点损害。

希特勒企图夺回东线的战略主动，他为此而进行的最后一次震撼世界的尝试——"城堡计划"就要开始了，戈林也是这个计划的主要谋划者。希特勒结束了在巴伐利亚的春季度假，戈林跟随他回到了东普鲁士。希特勒于7月1日向参加"城堡计划"的司令们发表演说，戈林也参加了会议。1943年7月6日，历史上最大、最血腥的坦克战"城堡计划"在苏联境内开始了。但是9日传来了盟军入侵西西里的消息，最初的高涨情绪很快烟消云散。帝国元帅在东普鲁士拿着电话，不断地打长途电话，责备他在罗马的将军们。7月13日，希特勒决定放弃"城堡计划"。西西里的得失意义重大，希特勒忧心忡忡，万一西西里失掉，他的盟友意大利就会背叛。于是他只好在戈林的陪同下乘福克-武尔夫200，千里迢迢飞往意大利。

正当希特勒在意大利北部会见墨索里尼之时，传来消息说盟军正在密集地轰炸罗马。他与墨索里尼分手时就确信，意大利人尽管作了许多保证，但他们已经到了背叛的边缘。

在1943年剩余的时间里，空战形势戏剧性地起伏不定。在战术和电子设备的帮助下，到1943年年底和1944年年初的冬季，戈林的飞行员暂时削弱了英国皇家空军的夜间轰炸攻势。但与此同时，美国人开始在白天对德国纵深地带进行精确空袭。为了保卫帝国，戈林部署了8,876门88毫米重型高射炮和25,000门轻型高射炮。到1943年9月底，据称高射炮已经至少击落12,774架敌机，战斗机飞行员击落了48,268架敌机。这使戈林更有声望了。在希特勒的司令部，他每次到来都受到欢迎。1943年10月27日，当希特勒的苏联远征部队开始后撤时，希特勒提醒帝国元帅，西欧的防务是至关重要的：因为他不能丢失那里的一寸土地。但是纳粹的空军已失去了主动权，需要大规模生产新的喷气式战斗机。

1943年10月5日，戈林应召去见希特勒，被教训了一个半小时之后，戈林提出了新的224号生产计划。该计划第一次描述了262喷气飞机的特征，可是希特勒一下就看出了戈林没写明的东西——1944年春轰炸机的生产量实际为零，尽管他要求到1944年5月要有一支能够打败盟军在西部预定入侵的打击力量。

1943年10月14日，一场历史性的空战开始了。这一天险使美国空军从空中消失。这次美军的目标仍是施魏因富特的滚珠轴承厂。戈林是在驾车开往他在上萨尔斯堡别墅的途中接到这一戏剧性事件的消息的。当美国护航的战斗机开始撤退的时候，加兰德的战斗机中队紧紧咬上去，炮弹、火箭、机枪和加农炮一齐向300架重型轰炸机扫射。这次按照戈林的命令，所有战斗机全部在德国南部着陆加油，重新装弹填药，再次起飞。尽管完整的队形已被撕开一个巨大的缺口，美国空军第1师的首批轰炸机下午2点40分还是击中了施魏因富特。下午2点57分，160架德国战斗机同时轰鸣而至，攻击撤退的轰炸机。那天加兰德宣称击毁美机121架，他仅损失14架。戈林为这次真正的胜利感到自豪和兴奋，于晚9点打电话报告了希特勒。

施魏因富特事件以后，戈林确信可以安全地去巡视莱茵河沿岸被破坏的城市。他还决定视察战斗机、高射炮和雷达系统。令人吃惊的是，他的防弹轿车每到一地，无论是在科隆、乌珀塔尔、克雷费尔德，还是波鸿，他都受到公民们的热烈欢迎。

12月3日，他发布了一项正式命令，对大不列颠的工业中心和港口进行新的闪电式大规模空袭。他指示德国轰炸机也应像英国的那样，携带70%的燃料尽可能多装炸弹。戈林把希特勒命令ME262"只能作为喷气式轰炸机"的书面指示留给陆军元帅米尔希，自己于6日奔赴巴黎，监督对伦敦的"摩羯座"闪电战，但是后来"摩羯座"行动由于设备的短缺和气候的原因，不得不推迟了。1944年1月20日，英国皇家空军对柏林投下了2,400吨炸弹，考虑到这样的距离，这的确是个壮举。次日夜里，戈林发动了

拖延已久的"摩羯座"行动。他认为已有近400架飞机攻击过伦敦，英国人嘲讽说只有30架飞抵伦敦。希特勒对此气愤至极，戈林躲进自己的卡琳庄园，宁愿听空袭柏林的轰炸声，也不愿听到希特勒话音里暗藏的威胁声调。同一天，英国皇家空军向莱比锡派出了816架轰炸机。美国的1,000架轰炸机也于20日清晨发动了"重要周"攻击——企图永远扼杀戈林的空军力量。在后来的5天时间内，他们精确地对戈林的飞机工业的每一个重要目标倾泻了1,000吨炸弹。

短时间内，德国空军似乎失败了。1星期之久的进攻使戈林成千上万名熟练飞机工人丧生，上百架半成品飞机被毁在生产线上。

到了1944年夏末，戈林的空军更加混乱不堪了。随着戈林的背运，他的朋友圈子也缩小了。戈林的日益疏远折磨着希特勒的健康，这时的希特勒，由于炸弹爆炸受伤，身体本已脆弱。在遭受黄疸病的折磨并且两个星期卧床不起后，他认为这是由于对帝国元帅的气愤所致，并开始催促军事法庭审判德国空军军官。戈林急忙配合，9月22日，人们听到第3航空队通报说："帝国元帅……已经授权帝国空军设立临时军事法庭，当场审判那些犯罪的人。一旦怯懦畏缩，将当众枪决。"

到11月份，帝国元帅戈林再次统率了一支让人刮目相看的战斗机部队。战斗机偶尔升空作战。11月26日，加兰将军派遣550架飞机，在汉诺威上空歼灭美国轰炸机25架，但不久希特勒突然传来命令，让戈林准备用这支空军发动进攻，使战线转成南北态势。

"进攻"是希特勒在阿登战役中的孤注一掷。12月16日天将破晓时，一场攻击在雷鸣般轰响声中发起，恶劣的天气使戈林的空军第一次取得了战场上空的局部制空权，让盟军大吃一惊，这就是闻名的"伦德施泰特攻势"。2,400架飞机投入了这场历史性战役。戈林趾高气扬地回到希特勒的前方总部——"鹰巢"，在几个月里头一次能够毫无愧色地面对其他指挥官们。他又成为元首的宠儿了。

1945年1月5日，因为空战局势，元首经常把帝国元帅叫到"鹰巢"去开会，1月10日之前的每一次会议他都参加了，但他越来越感到乏味。由于希特勒在阿登的赌注踉跄不稳以至最终落空，他对戈林的态度冷若冰霜，甚至在开会时，经常让戈林站着。为了挽救德国的败局，3月份，在各方的压力下，戈林决定批准德国空军的敢死行动。志愿军飞行员将驾驶德国空军所剩无几的ME109飞机与盟军轰炸机相撞。这次代号为"狼人"的行动在4月7日正式实施，有180名空军飞行员参加了这次行动，其中的70名都光荣地履行了诺言。这就是戈林年轻的空军战士们在国家即将失败的时候表现出的英雄主义。4月16日早晨5点，当苏军强渡奥德河的最后进攻开始时，德国空军的60多名敢死队飞行员驾机撞向奥德河桥梁，企图拯救柏林。

空军勇士们的壮举丝毫都没有改变德国的命运，黑暗仍笼罩着帝国的首都，英国皇家空军的"蚊"式轰炸机又开始轰炸柏林了。

No.9 一枚铜色子弹

对于德国来说，整个国家的不幸也许早在斯大林格勒战役时就开始了。而戈林本人的不幸则是在1945年5月才开始。这时52岁的戈林成了美国人的俘虏。他被送到位于威斯巴登帕根斯泰歇别墅的陆军第7军审讯中心，在那里被关押了1个星期。有一位情报官回忆当时情况时做了这样的描述："戈林竭力为自己辩解。与谣传截然相反，戈林远未达到精神错乱的程度，事实上，他应该算作一个极其精明的家伙，一名杰出的演员，一个职业骗子。他总是在思想上有所保留，试图持有他可能认为的锦囊妙计，以备日后需要时作讨价还价用。"戈林为自己辩解说，他从未签发过一张杀人令，或者送过一个人去集中营，除非军事需要和权宜之计才这样做。他回避一切有关集中营里的暴行问题。

1945年5月20日，戈林乘坐1架小型飞机被送往卢森堡。在卢森堡，他被关押了3个月。很明显，他将要面临一次大审。在50多名被关押在蒙多夫莱班矿泉家养小镇上格兰德饭店中的纳粹同伙中，他找到了汉斯·弗兰克，后者的手腕上还留有因自杀未遂而缠的绷带。此外还有博勒、勃兰特、达津治、达雷、弗里克、里宾特洛甫、罗森贝格等。他的作为"希特勒接班人"的竞争对手邓尼茨也被随随便便地扔在这里，他暗暗感到满足。

为了防止戈林自杀，美国人把他住的房子的玻璃全都换成了透明塑胶片，并切断所有电源。5月24日，在接替戈林任总司令一职的格莱姆将军吞下毒药后，美国人突然没收了戈林的行李。一名美国兵发现了戈林藏在一罐美国咖啡中的装有氰化物的铜色子弹。

戈林仍被监禁在蒙多夫，他像一头关在笼子里的狮子一样在战俘营里走来走去。对于一个在山里出生和长大、在天空中度过了青年时代，在希特勒高速公路的赛车轮上度过了成年时期的人来说，在战俘营里的监禁生活每时每刻都使他感到痛苦。他逐渐消瘦下去，他知道会判他某种罪行，但他并不确切知道是什么罪。只能选择等待着。

1946年3月13日，5个月的沉寂结束了。戈林出庭时法庭内座无虚席。他控制不住颤抖的双手，眼睛看着麦克风和新闻摄像机。戈林被剥去了华丽的外装，但仍举止高雅，风流倜傥的风采尤在。他开始讲话时，希望他的家人在巴伐利亚森林深处的某个地方都能听到他的声音，每回答一个问题，他就更自信，更有把握。他极力为自己巧妙辩解，在回答问题时，时不时道出了许多不朽的至理名言，引起法庭内的阵阵笑声。

1946年8月31日，戈林获准在纽伦堡法庭作最后一次讲话，他说："德国人民相信元首，尽管他有权统率国家，但无力左右事件。当时人们对我们今天所知道的罪行并不清楚，他们忠诚地、无私地和勇敢地战斗，在这场人为的生与死的斗争中他们也忍受了痛苦。德国人民，不应受谴责。"

戈林在法庭上承担了全部责任，也算为德意志民族做出了最后一次贡献。他信心十足地期望在被枪决之后，他本人能赎回所有的罪行。他并不指望能判死缓，因为他曾是希特勒的第二号人物，原告认为纳粹德国所犯罪行都与他密切相关。

1946年9月12日，在埃米的请求下，法庭批准她和丈夫戈林见面，但会面只能是半个小时的时间。这次见面是时隔一年半以来的第一次。5天后，他的小埃达也被领来了。见到她，戈林眼泪止不住地往下流。

国际军事法庭在1946年9月30日和10月1日再次开庭，判决之日到了。戈林是被叫到审判大厅听取判决书的第一名被告。审判大厅的同声翻译装置出现了一点故障，法官和被告都在等待技术人员排除故障时，肃静紧张的气氛更为强烈了。在故障排除后，审判长先总结了戈林一案。纽伦堡审判判定戈林是"仅次于希特勒而集全体被告罪恶活动之大成的人物"，"对戈林的量刑绝不能有所减轻，因为他从来就是、而且几乎一向是推动力，他的地位仅次于他的领袖。无论是作为政治领袖还是作为军事领袖，他都是发动侵略战争的领导人物。"戈林表情严肃地摇头，明显不同意这种说法。下午3点，他独自从法庭后面的电梯走下来，听对自己的判刑。法官劳伦斯勋爵宣读了对戈林的最后判决：

戈林是进行侵略战争的元凶之一，他经常、几乎是一贯起了推动作用，而且一贯紧跟希特勒行事，所以不存在减刑的可能。他既是政治的也是军事的首脑。他是奴隶劳工计划负责人，也是制订在国内外镇压犹太人和其他种族计划的元凶。所有这些罪行他都供认不讳。他本人的供词足以证实他的罪行了。这种种罪行是骇人听闻的。根据全部材料，对这样的人根本不能宽恕。……被告赫尔曼·威廉·戈林，国际军事法庭根据起诉书所确定的你的种种罪行判处你绞刑。

戈林通过耳机听到这一判决后，一动不动地站在那里。此时，座无虚席的法庭也鸦雀无声。戈林把耳机扔到桌上，转过身去，最后一次离开了法庭。"死刑！"他对在下面等着他的盖伯特说。戈林的双手微微抖动，请求让他自己一人待一会儿，他的双眼流出了泪水。戈林要求他作为军人应以枪毙处决，不应蒙受绞刑之大辱。他的申请被驳回。

戈林回到了监禁室，脑子里一片混乱。他决定自杀。

戈林听说新闻记者和摄影人员将应邀观看绞刑场面，他还推算出执行可能安排在16日进行。这些对他的计划至关重要。

戈林确信他的行李里至少还有一粒致命的氰化子弹——他曾得到第三者的坚定许诺，将这粒铜色子弹偷偷带进他的监禁室。戈林的这一步计划成功了。

10月13日和14日之间的夜里，死囚们听见重型卡车开进了不到100米远的监狱大院——绞刑架已经运到了。

1946年10月15日晚上10点30分来到了。戈林听到看守换岗了。他闲散地抬起左手，收拢到面前，似乎是遮挡刺眼的聚光灯灯光。他一动不动地躺到10点40分，把手放在胸前，手指交叉在一起，头对着墙。他这样躺了大约两三分钟，又把手放到腹部。当时是10点44分整。铜色子弹打开了，藏在一只手里。小胶囊药瓶在他的嘴里，易碎的乳头状瓶头含在牙齿中间。他不能再等了，也不敢再等了，他即将走完人生旅途中最后一站，永远和这个世界告别了，包括他的埃米和埃达，包括他珍爱的收藏品，还有他那念念不忘的接班人的位子。他咬紧了牙关。牙齿之间的碎玻璃和刺鼻的辛辣杏仁气味让他喘不过气来。他嘴唇间发出一声窒息的呼吸声。当看守发现情况

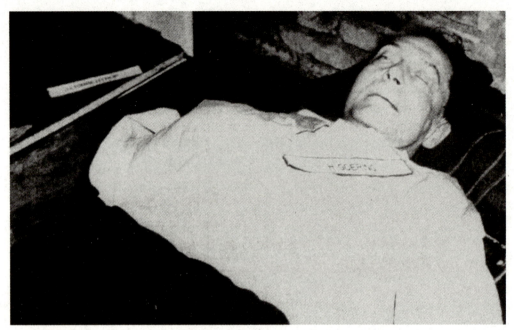

有些不对头时，戈林已处于垂死挣扎之中了。请来的医生确认他已死去。这时离他临刑仅剩个小时了。这样，里宾特洛甫就取代戈林成为第一个上绞刑架的纳粹。戈林的尸体与被绞死者的尸体一起被送去火化，骨灰随风飘散。

戈林是怎样躲过各种搜查而成功地把纳粹头目一向随身携带的毒剂胶囊隐藏到临死之前的呢？这个谜直到1967年9月由当年的监狱长——美国人安德勒斯上校公布了戈林的诀别书以后才最后解开了。诀别书的日期是1946年10月11日。内容是：

监狱长：自我被俘以来，我一直把毒剂胶囊带在身边。在我被押解到蒙道尔夫时，我身上共有3粒胶囊。我把第一粒留在我的衣服里，以便它在搜查时可能被发现；第二粒在我每次脱衣时放在衣帽里，穿衣服时再随身带上。我在蒙道夫和在这里的单身牢房里巧妙地把这粒胶囊隐藏起来，所以它虽经反复彻底搜查也未被发现。在出庭时我把它藏在我的高统马靴里随身带着。第三粒胶囊现在还在我的手提箱中那个圆形护肤霜盒的护肤膏里。对受命检查我的人都不应为此受到指责，因为事实上他们不可能找到这粒胶囊的。这也许只是事出偶然吧。

赫尔曼·戈林

写于盖伯特通知我监察委员会拒绝我要求把行刑方式改为枪决的申请之后的片刻。

Fedor von Bock

博　克

他是德国陆军元帅，

他是集团军总司令，

他是唯一死于盟军枪弹的纳粹德国元帅，

他有着"垂死者"的绰号，

他参加过第一次世界大战，

他对装甲兵闪击战法的了解和领悟，在当时无可匹敌……

他是费尔多·冯·博克。

No.1 来自屈斯特林的少年

费多尔·冯·博克，1880年12月3日出生于屈斯特林的一个军人世家，他的祖父和曾祖父都是军人，他的父亲莫里茨·博克由于在普法战争中的英勇表现被封为贵族，最后也官至少将；他的母亲奥尔加·冯·法尔肯海因，出身普鲁士佩剑贵族的名门——法尔肯海因家族，德军在一战时期的总参谋长艾里希·冯·法尔肯海因大将也来自这个家族。将门之后的博克从小就向往成为真正的军人，在军界大干一番，十几岁的时候博克就进入普鲁士皇家军官学校接受初级军事教育，先后在格罗斯利希特菲尔德军校和波茨坦军校学习。虽然严厉的家教让博克从小养成了严格和一丝不苟的习惯并使他在学校里取得了优良的成绩，但他待人和蔼也让他赢得了同学的欢迎，普鲁士皇家高级军官学校第7连的学员们，都习惯地称博克为"小博克"。1898年，18岁的博克就以最优异的成绩晋升少尉并被选派到近卫第5团服役，也算是少年得志。1905年，任近卫第5团1营副官，两年后升任团副官，1年后即晋升中尉。由于在近卫部队里表现良好，在1910年上调到总参谋部服役，接受一般参谋教育，并晋升上尉。1913年，他重新回到近卫军，出任近卫军上尉军需参谋。在总参谋部服役期间，他严肃固执的性格和出众的军事才能让他在陆军中获得了"屈斯特林的圣火"的绰号。

一战爆发后，他被任命为近卫军助理参谋官。此后，在一战的大部分时间里，博克一直担任着各级参谋官，曾历任近卫军首席作战参谋；第11集团军参谋部参谋；第200步兵师首席作战参谋；近卫军首席作战参谋；皇太子集团军群助理参谋官；皇太子集团军群首席作战参谋。在此期间，他积累了丰富的指挥和参谋经验，尤其是在第11集团军司令马肯森元帅及其参谋长泽克特少将（他们是一战时期德军最优秀的野战指挥官和参谋长，堪称是一对黄金组合）手下任职的经历使他获益匪浅。1918年4月，由于他在皇太子集团军群首席作战参谋任上的出色表现，还获得了蓝马克斯勋章。

1918年，德国在"一战"中战败后，由于《凡尔赛和约》的限制，德国的军事力量被迫大量裁减，这让很多德军军官的军事生涯由此戛然而止。不过，这并没影响到博克的前途，在老上级泽克特将军的提携下，1920年，他被任命为柏林第3军区参谋长和第3师参谋长，并在当年被提升为中校。1924年，调任第4步兵团第2营营长（隶属于第2步兵师，驻考尔堡），两年后升任第4步兵团上校团长。1929年，他接替格奥尔格·勃兰特中将出任第1骑兵师少将师长（驻扎在法兰克福）。1931年，升任斯德丁第2军区中将司令兼第2步兵师师长。1935年，博克再次获得提升——接任第3集群司令。1938年，第3集群改编为第3集团军（驻德累斯顿），博克的职务也变为第3集团军司令。1938年3月12日晨，德军越过德奥边界，兵不血刃地占领了整个奥地利，这时，他曾指挥进占奥地利的第8军团。后又任第2集团军司令，率军进占捷克苏台德区。不久

后，伦德施泰特将军退役，博克受命接替他出任第1集团军司令。两次大战之间的这20年时间里，博克几乎一直在各级部队担任着指挥职务，从营长、团长一直做到军区司令、集团军司令，可以说积累了丰富的经验。在当时的德军高级将领中有像他这样多经历的并不多见，因此，他自然成为了担任更高一级前线指挥官的首要人选。

No.2 战功卓著的波兰战役

1939年，波兰战役的打响终于给了博克这个机会。8月26日，博克大将被任命为新组建的北方集团军群总司令，下辖两个集团军：屈希勒的第3集团军（驻东普鲁士）和克鲁格的第4集团军（驻东波美拉尼亚），共计21个师。这个集团军群的规模在当时是仅次于伦德施泰特的南方集团军群的德军第二大战略兵团，约占当时德军陆军师总数的1/5。希特勒将如此多的军力交由博克指挥，足见对他的信任。博克北方集团军群的任务是从北面向华沙实施进攻，首先应打通"波兰走廊"建立东普鲁士和德国本土的联系。尔后以全部兵力实施协调行动，粉碎在维斯瓦河以北地域防守的波军，接着与南方集团军群合作，围歼在波兰西部的守军。

1939年9月1日，德军突然向波兰发动进攻，博克手下的第19军（军长古德里安）迅速突破"波兰走廊"，很快将波兰"波莫瑞"集团军合围并于5天后全歼该部。接着博克命令右翼第4集团军向华沙挺进，令第19军从第3集团军左翼向波军右翼实施大纵深迂回，企图将波军合围于华沙以北。9月17日，博克占领波兰东部重镇布列斯特，在那里与南方集团军的装甲部队顺利会师，完成了对波军主力的战略包围。19日，在维斯瓦河与布祖拉河之间被围的波军全部缴械投降。9月27日华沙陷落。3天后，第4集团军攻占在波兰的最后一个要塞莫德林，波兰沦陷。由于在波兰战役期间的卓越战功，9月30日，博克上将被希特勒亲自授予新设立的骑士铁十字勋章。

No.3 在西线横冲直撞

波兰战役后不久，希特勒即开始着手筹划对西方国家的进攻，参与波兰战役的部队开始陆续西调。1939年10月，以原北方集团军群司令部的班底在西线新组建了B集团军群，总司令仍由博克出任，准备在西方攻势中充当进攻的主力，最初下辖3个集团军，即克鲁格的第4集团军，赖歇瑙的第6集团军（新建）和屈希勒的第18集团军（新建）。不过，由于冬季的到来和准备工作进展缓慢，进攻西欧的时间被迫推迟到1940年。

和当时许多陆军前线指挥官一样，博克也对陆总部最初提出的"黄色方案"持反对意见：一方面，他认为在1939年冬自己部队的准备还不充分，对自己手下的兵力能否独自完成对英法联军的主攻持有疑虑；另一方面，他认为将主攻方向选在比利时不妥，很可能出现德军还未占领比利时时，联军就已经在比利时境内驻防并在安特卫普登陆的困难局面。博克的意见在一定程度上促使希特勒慎重对待"黄色方案"，并最后指定出以曼施坦因方案为基础的"镰刀闪击"计划。根据新的计划，B集团军群将被大量缩编，第4集团军转隶A集团军群，主攻任务也转交由A集团军群完成。B集团军群则负责在伞兵的支援下迅速占领荷兰并尽可能牵制比利时境内的联军。在对待新计划的问题上，博克并没有将目光局限于自己集团军群的利益，而是放眼全局来考虑。虽然博克生性高傲，但在这一点上，却颇具大将之风。

1940年5月10日，德军发起了向西欧四国的进攻，博克令手下唯一的一个装甲师——第9装甲师以最快的速度冲向荷兰东部，以接应在那里的伞兵部队。德军在荷兰实施的空降作战收到了奇效，5天后，德军便攻占了鹿特丹，迫使荷兰投降。两天后，博克的部队再建奇功，占领了比利时首都布鲁塞尔。博克在荷兰、比利时方向上的猛攻果然让联军中计——将主力调往比利时中部迎战——这正中德军下怀。博克的攻势为A集团军群从阿登山区跃出向英吉利海峡实施决定性突进创造了良好的契机。

6月4日，博克的第18集团军攻克了敦刻尔克，俘虏了担任后卫的4万法军。尽管有33万联军趁德军的大意而从敦刻尔克撤回英国本土，但这已无法改变德军取得胜利的大局。在战役第二阶段，博克指挥第4集团军、第6集团军、第9集团军、第18集团军和克莱斯特装甲集群、霍特装甲集群，突破法军仓促设置的"魏刚防线"。6月14日，博克所部第18集团军的第87步兵师开进了巴黎。8天后法国政府签字投降。法兰西战役是德军在二战军事行动中的第一次巅峰之战，德军中很多将领都在这次战役中大放异彩，登上了他们个人军事生涯的顶峰。博克也不例外，1940年7月19日，他和12名陆、空军将领一道被希特勒擢升为元帅。此后的1个多月里，他仍旧率领他的B集团军群负责警戒从布雷斯特到西班牙边界的大西洋海岸线。

10月，博克调任西部战线的B集团军群总司令。在其指挥下有赖歇瑙上将的第6集团军和屈希勒尔上将的第18集团军，共23个步兵师、3个坦克师、1个骑兵师。凯塞林上将的第2航空队支援该集团军群行动。

1940年5月10日，B集团军群向荷兰发起攻击。第18集团军以小部分兵力夺取了防御很差的东北部各省，主力沿莱茵河、马斯河下游两侧进抵艾瑟尔阵地以北的艾瑟尔运河东岸，进攻第二天，就突破了艾瑟尔阵地和佩尔防线。在荷兰军队顽强防御下，德军攻势在格雷伯筑垒线受阻。经激烈战斗，在德军轰炸机反复俯冲轰炸的支援下，直到5月12日才被突破几处。13日，终于夺占了这一防线。荷兰两个军退到了新形成的水淹区后面。

配署B集团军群的施图登特将军的空降第7师和经过空降训练和装备的波内克将军指挥的步兵第22师在鹿特丹、莱顿、多尔德雷赫特地域实施了空降，夺占桥梁，袭击牵制荷军兵力，与荷军激烈交战于"荷兰要塞"内。荷兰军队向德空降兵发起多次冲击，使其损失惨重，拼命呼救声援。博克急令突破佩尔防线的坦克第9师立即迅速推进增援，该师在5月12日晚到达穆尔代克，次日由穆尔代克大桥过河，击溃荷军轻装师，与空降兵一起成功地夺占了"荷兰要塞"。

在第18集团军以南进攻的第6集团军，以迅猛的推进速度渡过了马斯河及该河以西的阿尔贝特运河南段。荷兰军队虽然及时炸毁了马斯特里赫特地域的一些桥梁，但有几座桥梁仍被德军抢占。进攻第一日傍晚，第6集团军在宽大正面上强渡了马斯河和阿尔贝特运河。该集团军坦克部队绕过列日，进至那慕尔以北地域。5月13日，在让布卢附近与法军两个轻机械化师遭遇，双方展开了顽强的坦克战。14日，法军退守代勒河防御阵地。第6集团军右翼向梅赫伦，中央向布鲁塞尔，左翼向尼韦尔分头前进。

∧ 希特勒晋升博克为陆军元帅。(上图)
∧ 德军将领克莱斯特。(下图)

各先遣部队直抵代勒河,与前出的英法各集团军部队交火。

当日21时30分,第18集团军迫使荷兰军队停火投降。使这个国家在5天内就被迫退出了战争,而该集团军也能够腾出来用于其他地方作战。

第6集团军进抵代勒河后,抽出快速部队前往支援A集团军群作战,减轻了担负主攻重任的A集团军群的负担。

5月25日,博克指挥B集团军群强渡斯海尔德河后,向利斯河发动进攻,在比利时军队和英国军队之间撕开了一个很深的缺口。同日,法国人撤走了仍留在比利时的军队,用以支援在南部作战的兵力。在尔后两天中,无人过问的比利时人在德军B集团军群一系列包围突击下进一步向海岸退缩。27日,疲惫不堪的溃退兵团已陷入绝望的境地:它们被压制在宽50公里、纵深30公里挤满了难民的濒海地域。比利时国王在他的政府已迁往伦敦的情况下仍同自己的军队在一起。国王不想丢掉军队不管,他认为君主的职责不容许他仿效他的政府而出走。因此他决定同军队一起投降。当日17时,他派出军使越过战线,23时签署了投降书,

次日晨4时双方停火。博克以胜利者的姿态接待了被迫投降的国王,并向他的勇敢负责精神表示了敬意。而后率部继续向前推进,于5月27日在狄克斯慕依登至里尔一线东侧,收拢了对英法军队的包围。31日,在里尔附近被围的法国两个军被迫缴械投降。

战役第一阶段结束后,德军以最快速度重新变更了部署:B集团军群,由第4、第6两个集团军编成,并辖由克莱斯特上将指挥的以两个坦克军合编成的坦克集群。

6月5日,即敦刻尔克英法军大撤退的枪炮声平息后的第二天,博克指挥B集团军群发动了全线进

攻。对海岸和瓦兹河之间的法军阵地实施的头几次突击，只有在阿布维尔地域登陆场发起进攻的霍特坦克军取得了成功，深深楔入了对方的战斗队形，造成了在中央突破法军第10集团军正面的威胁。在亚眠、佩罗纳两地的登陆场发起进攻的坦克部队则遇到了顽强抵抗。博克当即决定第4集团军集中兵力利用霍特坦克军的战果迅速扩大突破口，向法军阵地纵深攻击。这迫使法军统帅部为保持各部之间的联系而决定放弃前沿在索姆河一线的防御地区，退守塞纳河下游和掩护巴黎的弧形阵地。

B集团军在博克指挥下继续加强攻势。6月8日，霍特指挥的坦克军已在鲁昂地域逼近塞纳河，把英法军队的一部包围在圣瓦莱里濒海地域。第4集团军对法军第10集团军东翼施加巨大压力，迫使其向东南后退，第4集团军所属部队占领了科唐坦半岛及布列塔尼半岛直达布雷斯特。第6集团军沿瓦兹河两岸向贡比涅进攻，其左翼到达了斯瓦松地域前出到恩河，克莱斯特坦克集群占领了兰斯，而后在特鲁瓦西北渡过塞纳河抵达里昂，该集团军的其他各部均到达了卢瓦尔河、奥尔良与布尔歇。法国军队在猛烈的进攻下陷于崩溃，6月18日，法国投降。

1940年7月19日，希特勒提升博克为元帅，以表彰他的指挥才能和作战有功。同月，B集团军调至波兰，部署于德苏边界线上，准备在不久即将开始的"巴巴罗萨"计划中使之担任对苏联进攻的中央集团军。

No.4　与希特勒的争辩

1940年年底，希特勒制订了侵略苏联的"巴巴罗萨"计划。"巴巴罗萨"是德国皇帝腓特烈大帝的绰号，他曾5次入侵意大利。希特勒希望用这位80年前的强大的德意志帝国缔造者的称呼，为他消灭苏联的"伟大"战争鼓劲和带来好运。按照这个计划，希特勒集中最精锐的部队，挑选最得力的大将来执行这个充满冒险精神的计划。希特勒首先想到了博克。在希特勒的眼里，博克出身世代簪缨的军人世家，经受过第一次世界大战的洗练，得到过德意志最高勋章，由于在波兰战役的出色指挥，刚刚晋升为元帅。更让他放心的是，博克元帅对他百分之百的忠诚。

12月18日，在柏林东南的佐森德国陆军司令部的地下作战室里，希特勒将他的将军们召集在一起，准备向他们宣布他的21号训令，也就是"巴巴罗萨"计划。在德军的计划中，B集团军群被改编为中央集团军群，博克将奉命担任中央集团军群总司令，任务是直插苏联的心脏莫斯科。因此他将得到最充足的兵力分配和最强大的装甲兵团。下辖第4、第9集团军，第2和第3装甲集群，共计56个师（其中有9个装甲师和6个摩托化师），约1,770辆坦克，占投入"巴巴罗萨"行动德军坦克总数的一半以上。在这次对苏战役中，终于轮到博克和他的集团军群做主角了。

博克元帅的集团军群此时辖第4、第12、第18集团军，共30个师。后为支援北方集团军群作战，变更了部署。中央集团军群调整为辖第4、第9两个集团军和两个坦克集群，共31个步兵师、7个摩托化师、1个骑兵师和9个坦克师，在所有集团军群中兵力是最强的。

博克的对面是苏联元帅铁木辛哥指挥的36个步兵师、8个骑兵师、两个坦克师和9个摩托机械化旅的苏军。

为夺取战役优势，博克利用边界走向，在两翼各配置1个野战集团军，每个集团军都与1个坦克集群协同行动。在布列斯特以西和西北地域展开了克鲁格元帅的第4集团军和古德里安上将的坦克第2集群。该坦克集群的任务是在第4集团军支援下突破布列斯特两侧的苏军防御，并与从西北向明斯克推进的坦克第3集群协同，迅速向斯卢茨克和明斯克挺进，为合围和消灭比亚韦斯托克和明斯克之间的苏军创造条件。尔后，两个坦克集群应夺占斯摩棱斯克地域。

第4集团军的任务是在突破布列斯特两侧的苏军防御后，随坦克第2集群向明斯克方向进攻，利用两个坦克集群的进攻，与第9集团军协同消灭比亚韦斯托克和明斯克之间的苏军。

左翼施特劳斯上将的第9集团军和霍特上将的坦克第3集群任务也已明确。博克命令这两个集团军应突破苏军在格罗德诺方向的防线，尔后合围比亚韦斯托克和明斯克之间的苏军，构成钳形攻势的北半部分。坦克第3集群的后续任务是夺取维捷布斯克，第9集团军的后续任务是夺取西德维纳河上游的波洛茨克。

1941年6月22日进攻开始，B集团军群的突击十分成功，打得苏军措手不及。在南翼，布格河的所有桥梁都完好无损地落入德军手中。两个坦克集群顺利突破边境防御后，毫不停顿地向东推进。6月24日，坦克第2集群进抵斯洛尼姆地域，坦克第3集群进抵维尔纽斯地域。第4、第9集团军随后跟进。比亚韦斯托克地域的苏军企图向东退却，冲出逐渐形成的合围圈，战况非常激烈。为阻止苏军突围，博克命令两个坦克集群在强大的空军支援下，不断攻击，不使其脱离战斗。经两天战斗，合围圈不断压缩，苏军拼命向东和东南突击，企图尽力冲出去，但终于耗尽了力量。6月29日，苏军退却攻势被阻止，德军第4、第9集团军合围完成，比亚韦斯托克地域的战斗于7月1日停止，苏军被围歼。

在围歼该地域苏军的同时，第2、第3两个坦克集群继续东进，追击避开了合围向东撤退的苏军。6月27日，坦克第2集群进抵明斯克南郊，与经维尔纽斯进抵该市北郊的坦克第3集群会师，形成了新的合围圈。第4、第9集团军歼灭了比亚韦斯托克苏军后跟着坦克集群，从西面最后完成了对苏军集团的包围。包围圈内的苏军于7月9日被清除。

博克给德军最高统帅部的战报称，在夺取比亚韦斯托克和明斯克的首次大规模交战中，共俘苏军328,898人，俘获数名高级将领，缴获3,332辆坦克、1,809门火炮以及许多其他战利品。从中看出他本人的兴奋情绪，同时这种兴奋也感染了统帅部。

战斗刚一停歇，第2、第3两个坦克集群所属部队，合编成坦克第4集团军，并以野战第4集团军司令部作为指挥机关。该坦克集团军立即向斯摩棱斯克挺进。原第4集团军所属各军转隶刚刚进入战场的魏克斯上将指挥第2集团军。

坦克第2集群沿明斯克—奥尔沙—斯摩棱斯克公路干线的进攻，遇到苏军越来越激烈的抗击，终于在罗加乔夫地域到达第聂伯河。坦克第3集群于7月10日前夺占了维捷布斯克以西德维纳河东岸的一个登陆场。2个野战集团军以强行军速度跟着坦克集团军前进，于7月10日，第2集团军先遣部队抵达别列津纳河，第9集团军先遣部队在波洛茨克及其以南地域到达西德维纳河。博克指挥B集团军群主力在坦克集团军中央进攻地段强渡别列津纳河及德鲁季河后，前出到第聂伯河，并准备在莫吉廖夫和奥尔沙之间强渡。

苏军力图扼守该地区，投入了新的预备队，双方继而展开激战。

∧ 正在苏联境内指挥作战的博克（左）。

　　博克牢牢掌握着主动权。他令第4坦克集团军以一部迂回莫吉廖夫再分两个突击集团于7月11日强渡第聂伯河，右翼和中央进抵索日河。16日，这一部坦克集群从南面冲入斯摩棱斯克。另一部在第9集团军支援下突破苏军防御，由维捷布斯克向亚尔采沃推进。南翼向斯摩棱斯克，北翼在涅韦尔地域与布施上将的第16集团军左翼会合。

　　苏军好像从突然的打击中清醒了过来，开始投入由南面、东面和东北面调来的预备队，对德军坦克部队进行猛烈反击。7月19日，德军以巨大代价换来了占领斯摩棱斯克的胜利。20日，坦克第4集团军虽进抵叶利尼亚深深楔入苏军阵地，但在苏军强大的反击下相当吃紧，直到援军从西面陆续赶到，并压缩合围圈后，其态势才逐渐改善。

　　在第聂伯河、贝霍夫、索日河上游的罗斯拉夫利、叶利尼亚、别雷、大卢基一线地域的战斗，激烈持续了好几个星期。战斗的最后阶段，德军古德里安上将统辖两个坦克军和两个步兵军在罗斯拉夫利包围了增援斯摩棱斯克地域的苏军部队，于8月1日至3日进行了猛烈的围歼战。5日，苏军在斯摩棱斯克的最后抵抗被粉碎。从7月10日起，德军在该战斗中共俘虏苏军31万人，缴获坦克3,000多辆和数量大致相同的火炮。8月8日，罗斯拉夫利的苏军被歼灭，被德军俘虏38,000人，250辆坦克和同样多的火炮落入德军手中。

　　经过6个星期连续行军作战，中央集团军已疲惫不堪。德军的战斗力已发挥到了最大限度，快速部队更是如此。坦克集团军毁坏和磨损的车辆状况很严重，亟待维修。步兵也需要休整一下。但为了拔掉苏军在德军中央和南方集团军群向后弯曲的翼侧之间形成的一个大楔子，博克命令1个坦克军和第2集团军发起进攻。8月9日至21日，坦克军由罗斯拉夫利向克林齐攻击，第2集团军同时由博布鲁伊斯克、克里切夫一线向克林齐、戈梅利地域实施突击，很快合围了苏军两个集团军，并将其大部歼灭。在莫济里地域防守的苏军向东退却了。此战消灭了苏军17个步兵师、1个坦克师和5个骑兵师，苏军被俘78,000人，144辆坦克和700门火炮被缴获，其余一部分苏军兵力退向东南。这一战斗成为8月最后几天开始的基辅大会战的开端。

苏军仍坚守着大卢基地域，并在8月底以前，向德军中央集团军群实施猛烈的反击，企图夺回斯摩棱斯克地域。尽管德军击退了多次反击，苏军经反复激战还是终于夺回了叶利尼亚突出部。

德军又调整了部署，中央集团军群的第4集团军又编进了几个军，而两个坦克集团军则再次从它的编成中调出。鉴于部队调整和苏军的反击，博克命令集团军群转入防御，以使部队得到休整。

这时，中央集团军总司令部的特雷斯考上校和施拉布伦多夫中尉想把博克总司令拉到反对希特勒的"反抗运动"那一边去。为使该运动顺利进行，这两位参加该组织的军官被派来充任了博克的副官。他们虽然尽了最大努力，但毫无成效。总司令官博克虽然不是国社党党员，但他并不赞成反抗运动。他敢于在希特勒面前提出反对在占领区进行集体屠杀的意见，却认为提意见和反对希特勒是两回事，在他看来，反对希特勒等于是一种叛乱行为。

希特勒在8月初视察了中央集团军，在飞机上就继续进攻莫斯科问题，博克和希特勒发生了一次激烈辩论。两人争得面红耳赤，博克坚持认为坚守现有阵地，等待俄罗斯的严冬过去，他还反对转兵南方，去发起基辅战役。这为他日后的被解职埋下了伏笔。希特勒坚决拒绝了这一建议，并迁怒于手下的将领们："在我未任国务总理的时候，我曾把参谋本部看作一只猛犬，如果不拉紧它的项圈，它就会向任何一个人猛扑。当我接任国务总理之后，这个参谋本部总是阻止我做那些必要的事情。参谋本部曾反对过建军，反对占领莱茵地区，反对合并奥地利和占领捷克，甚至反对对波兰的战争。这个参谋本部还劝阻我进攻法国，劝我不要同俄国作战。我每次都必须勉励这只猛犬，使之听我的话。"

希特勒对下一次攻势的打算是：南下攻占基辅。他的想法是德国需要乌克兰的粮仓、高加索的油田和克里米亚，而克里米亚是威胁罗马尼亚普洛耶什蒂油田的"俄国航空母舰"。而博克和一部分陆军将领则认为，既然已攻入苏联腹地，即应直取莫斯科，以达结束战争的目的。放着近在咫尺的莫斯科不去夺占而分兵南北去争夺那些经济目标，这简直不可思议。因此博克坚决反对这个计划，认为分散兵力无异于坐等失败。不过希特勒仍然坚持己见，反而讽刺博克不懂战争经济学。这让博克非常恼火，他质问希特勒对苏战争的直接目的到底是军事征服还是经济开发，希特勒回答两者皆是并且不分先后，仍然坚持南北分兵。

8月23日，博克派古德里安将军前往元首大本营，陈述支持陆军总司令布劳希奇和总参谋长哈尔德的作战看法，请求采纳攻取莫斯科以消灭俄国武装力量为目的的意见。但这时希特勒已经决定向南进攻。希特勒认为，他的将军们不懂战时经济。希特勒在8月下旬决定南北分兵，命令博克的部队就地转入防御，并从中央集团军群抽出装甲部队加强给南方集团军群和北方集团军群。博克只得无奈地接受，下令全军在斯摩棱斯克以东全线转入防御，这一等就使中央集团军群的战线停止了近两个月之久。到底是莫斯科重要还是基辅重要，南北分兵的决策和先取莫斯科意见孰对孰错？博克与希特勒的争辩已成为历史，但"二战"史学家对此的争议还在继续。

No.5 莫斯科之寒

9月下旬，基辅战役结束，德军取得了战争爆发以来最辉煌的胜利，苏军西南方面军几乎遭到了全歼，仅被俘苏军就超过了60万。希特勒把莫斯科选定为再次进攻的最重要目标。10月初，对莫斯科发起最后一击的"台风"计划终于被批准，在先前被暂时划归到南北两个集团军群的装甲部队也陆续回归完毕。为完成这致命的最后绝杀，中央集团军群的实力在战前得到空前加强。到10月2日，共辖76个师3个旅，其中有14个装甲师，8个摩托化师，1个骑兵师和1个摩托化旅，约193万人，而装甲部队的数量占中央集团军群总兵力的近1/3。这是"二战"以来，德军在历次战役中投入装甲部队比例最高的一次，由此可见德军力图取得速胜的决心。但是，几个月的宝贵时间已经过去了，苏军利用这段时间及时调来了大量部队和有生力量投入战线，完成了抵抗德军攻击的准备。而且，冬季已经到来了。

博克元帅在部署得到加强后，奉命准备进攻莫斯科。为向莫斯科发动决定战争结局的进攻，迫使苏军在东方决战，博克令所属3个野战集团军和3个坦克集团军尽量要准备充足，各坦克师的补充要做到良好，兵器要修理就绪，各步兵兵团的人数虽已大大压缩，但应补足炮兵。要求以强大的重型火炮和为数众多的自行火炮，保证各步兵师具有取得大胜的突击能力。

10月2日，中央集团军群在第4、第2航空队支援下，发动了突然进攻，突破了苏军的坚固防御阵地。第2、第4集团军与一同进攻的坦克第4集团军在罗斯拉夫利两侧苏

∧ 德军部队挺进莫斯科。

军防御中打开了一个又宽又深的缺口，经过迅猛的突击在维亚济马地域和布良斯克地域包围了苏军集团。苏军在布良斯克两侧防守的部队，在遭到德军第2集团军从东面的迂回包围和突击后，进行了英勇的突围，10月11日，在包围圈的最弱地点突围成功。北面被德军坦克第4集团军和野战第4集团军、第9集团军包围的苏军于10月17日投降，3日后兵力最多的南面被围苏军在被德军两个坦克集团军切断退路，封闭合围圈的情况下投降。到10月20日，合围圈内的苏军已被肃清。苏军损失了67个步兵师、6个骑兵师和7个坦克师，被俘663,000人，损失1,242辆坦克和5,412门火炮。

这个新的胜利，振奋了整个德军和德国，希特勒似乎感到最后的胜利已经在望了。德国宣传部部长戈培尔于10月9日发表了充满希望的声明，声称："战争的结局已定，俄国已经完蛋了"。

博克指挥中央集团军群乘胜在苏军正面打开的大缺口迅速向前推进，到10月下旬已进抵姆岑斯克、卡卢加、博罗季诺、加里宁一线，推到了原计划向莫斯科进攻路程的2/3。苏联首都受到了致命威胁，上百万居民撤离了该市，政府迁到了莫斯科以东900公里的伏尔加河河畔城市古比雪夫，只有斯大林率一个不大的政府机关留在莫斯科。

该市工厂的工人都动员了起来，在莫斯科周围日夜不停地构筑了大量坚固的工事，以能够在远接近地保障城市防御。就在这个时候，斯大林把苏联最有经验的将领之一的朱可夫调到了莫斯科前线，指挥苏联首都的防御作战。

1941年10月6日，莫斯科的第一场冬雪终于在苏德两军的不同的心理盼望下降临了。这场初雪，比平常年份提前了1个月，雨雪使道路变得泥泞。身着夏装的德军一边哆嗦一边抓着虱子。积雪融化后产生的泥浆使德国机械化部队的前进变得异常艰难。坦克好不容易冲上了通往莫斯科的大路，但是公路上的情形却十分地糟糕。由于长时间的炮击和俯冲轰炸，路面全是星罗棋布的弹坑，坑内灌满了泥浆和冰水，坦克根本无法前进。而后面的炮车和运输车也全都陷在田野里更深的泥潭中，动弹不得。古德里安的坦克第2集团军克服重重困难在南面到达了图拉地区；第3、第4坦克集团军和第4野战集团军在中央夺取了阿列克辛、莫扎伊斯克、沃洛科拉姆斯克；先遣部队已到达了莫斯科以南大约25公里的地方。每个德军士兵都明白莫斯科已经近在咫尺，只要把这个目标拿下来，战争就结束了。于是，德军不顾一切地继续向前猛攻。但道路泥泞不堪，天气格外寒冷，烂泥粘住双脚、马蹄和车轮。公路变得难以通行，部队行进已经不可能，进攻不得不停顿了。苏联军队却赢得了改善防御、补充军队和调拨预备队的时间。

德军最高统帅部的将领们此时对要不要继续向莫斯科进攻发生了争论，绝大部分人倾向于停止进攻。只有中央集团军群司令官博克坚决主张继续进攻莫斯科，理由是胜利已近在咫尺，天气也可能好转，抓紧时机再努一把力就有希望粉碎苏联人的最后抵抗。陆军总司令布劳希奇站在了博克一边，继续进攻的意见获得了批准。

苏联红军的抵抗越来越顽强，而且一位军事天才朱可夫成为了苏军的新任指挥官。这时苏军根据苏联特殊地形设计的宽履带的KV-1、KV-2型重型坦克猛烈地冲击着德军的防线，旋转的炮塔喷吐着复仇的怒火。德国士兵拼命地发射着反坦克炮弹，但这些炮弹只能在对方的甲板上撞出一道火花，随后便被弹开很远，毫无作用。德军遭到了本可以避免的重大伤亡。

11月3日，第一次寒潮袭来，气温陡降到零摄氏度以下。严寒使德国人的武器装备故障、损耗及燃料浪费大幅度地增加。虽然苏联人的战略战术还非常地低劣、笨拙以及缺乏筹划，但是那种"永不投降"

的意志终于拖垮了不可一世的纳粹德军。

为了尽快攻占莫斯科，11月13日，德国陆军参谋总长哈尔德亲自来到前线督战，博克元帅制订了"最后一击"的作战计划：德军兵分三路，中路克鲁格的第4集团军，赫普纳的第4装甲集群正面突向莫斯科；南路古德里安第2装甲集团军进攻图拉；莫德尔将军所在的北路由施特劳斯的第9集团军、莱因哈特的第3装甲集群等兵力组成。北路是德军的主攻方向，归博克元帅亲自指挥，目标是歼灭伏尔加河水库附近的苏军的第30、第16集团军，占领莫斯科东北方向的交通枢纽克林，从北面迂回莫斯科。

11月15日，莫德尔指挥的第41摩托化军的3个师作为莱因哈德将军第3装甲集群的主力进攻了苏联的第30集团军，力量强大的德军（3个装甲师，3个摩托化师，3个步兵师，300多辆坦克和900多门火炮等）迅速地击溃了力量相对薄弱（两个师又1个旅，56辆坦克，200多门火炮）的柳列申科领导的苏军。

11月19日起，第41军下辖的第14摩托化师配合第3装甲集群的坦克群向索尔汉奇诺戈尔斯克发起了进攻。莫斯科向克林前线增调了大量的援军，苏军第17骑兵师的中亚骑兵英勇无畏地挥舞着马刀与德国坦克抗衡……尽管苏军在罗科索夫斯基的指挥下进行了顽强的抵抗，11月23日，德国第7装甲师第25团的坦克营攻陷了莫斯科北部

的门户克林，守城的苏军和市民遭到了惨重的伤亡。据华西列夫斯基元帅后来回忆，红军有1个团的兵力全部阵亡了（包含最后3名自杀的重伤员）。11月25日，俄军放弃了索尔汉奇诺戈尔斯克城，在博克元帅的亲自督促下，第7装甲师抢占了伏尔加河上的大桥，越过了冰封的运河，夺占了为莫斯科供电的大型电站。北路德军已经前进到距莫斯科只有30公里的亚赫罗马。

11月27日，一场突如其来的凛冽寒风，在两个小时内让莫斯科的气温陡降到零下40摄氏度。糟糕的后勤保障让数以千计的德国部队饱尝着饥饿和寒冷的折磨。后方根本就没有可能往前线运输棉衣，数以千计德军士兵身无御寒之衣。情况最好的是在原来的夏装外面加了一件呢制大衣，但是大衣也并非是人人都有。于是成千上万的士兵被冻伤，感染上了各种疾病，甚至被冻残废了。

为了得到一件过冬的大衣，德国军队开始对苏联平民进行大规模的屠杀。而且可怕的严寒冻坏的不仅仅是士兵的身体，还使机器停止运转，武器失灵。与之相反，苏军则完全是另一副样子，红军战士头戴皮质棉帽，身着棉装又配大衣，足蹬高帮军靴，武器全部有冬季特制的润滑油保护，而且苏军新配备着当时德军坦克根本无法匹敌的T-34和T-35坦克。直到德军调来88毫米速射高射炮才缓解了坦克危机。在苏

∨ 德军部队撤出莫斯科。

联的冰天雪地里，面对着红军顽强抵抗，莫德尔的第41军同样蒙受着巨大的损失。

12月1日，莫德尔将军指挥的第41军所辖的第1装甲师已经推进到距离莫斯科20多公里的地方，用望远镜能看到城市的轮廓。12月3日，第4坦克集团军在遭受重大损失后攻占了位于莫斯科西北郊的红波利亚纳，能看到克里姆林宫的尖顶了。从这里到莫斯科，坦克只需1个小时的行程。博克闻讯赶来，按捺不住心喜，他不禁想起，当其他将领认为应暂停进攻莫斯科休整补充，等待来年的春暖花开时再用兵时，是他认为胜利就在眼前，坚持继续进攻，他准备乘第一辆装甲车冲进莫斯科去。现在，离最后胜利只有一步之遥了。但就是这一步却比登天还难。

恶劣的天气丝毫没有好转的迹象。严寒与泥泞，疲惫与伤病，以及源源不断的重组的和从西伯利亚调来的苏军师团，苏联人民同仇敌忾、众志成城的抵抗……所有这些因素形成的合力，迫使希特勒的闪电战最终在1941年苏联的冬天里陷入了泥沼。气温至零下52℃时，德军已经完全不能作战，坚硬如铁的冰封地面又根本无法构筑工事，只能眼睁睁地看着苏军冲向自己的阵地。此时的德军经过近两个月的鏖战伤亡严重，疲惫不已，士气开始急剧下降，加上气候恶劣，补给不足。用博克自己的话说，此时的中央集团军群"已经山穷水尽了"。德军正在重蹈1812年拿破仑兵败莫斯科的覆辙。

12月5日被德军称为"最黑暗悲惨的一天"，强大的苏联红军在环绕莫斯科周围320公里的半圆形阵地上成功地制止了德军的全线进攻。不仅如此，一直是狂飙般猛进的古德里安装甲部队第一次被迫后撤，不得不把防线筑在冰天雪地上。反攻击溃已经非常虚弱的德国侵略军的时刻到了。

12月6日凌晨，由朱可夫指挥的苏联西方方面军，在其他方面军的协同下，以100个师的兵力向德军发起全线大反攻。350架保养良好的苏联战机对德军的机场发起了突袭，长期处于作战状态的德国飞机得不到养护，在恶劣的天气中根本无法起飞，只好任凭着苏军蹂躏。据苏联方面统计，他们共击毁了1,400架敌机，绝大部分是地面目标。

从12月8日开始，德军被迫转入防御，战争的主动权掌握在苏联红军手中了。为了避免更大的损失，博克急忙下令撤退。德中央集团军群丢盔弃甲，全线溃败，10天内后撤了160公里。但希特勒闻讯后坚决反对后撤，并派他的副官长施蒙特到博克的司令部调查情况。博克坚持道："元首必须从两者之中选择其一，如果敢冒使自己部队彻底崩溃的危险，那么就重新进攻莫斯科，否则就实施防御。"同时深受胃病折磨的博克以健康原因向希特勒提出辞职。12月19日，希特勒批准了他的请求，由第4集团军司令克鲁格元帅接替博克的职务。

莫斯科战役的失败，粉碎了德军"不可战胜"的神话。一大批的德军将领被作为失败的替罪羊而解职，其中就有陆军司令布劳希奇元帅、古德里安上将等人。从对这次进攻的努力上，也明显地看出博克对希特勒事业的忠诚和努力，不愧是元首手中一把尖利的刀。

攻击莫斯科失败后，他的首席参谋官特雷斯考曾想再次说服这位元帅把一切错误都推到希特勒身上，再发动兵变。博克元帅很生气地拒绝使用任何武力来对抗元首。他说："我不是南美洲的一个叛乱将军。"为避免事态恶化，他又警告说："我绝不允许领袖遭受攻击。谁敢攻击领袖，我就要为维护领袖而惩办谁！"

No.6 最后一战

1942年1月17日，赖歇瑙元帅因中风身亡。其时博克元帅病体已愈，奉命继任南方集团军群总司令之职。南方集团军群当时位于库尔斯克—哈尔科夫—靠黑海的塔甘罗格一线。德军计划：1942年春季在南方对苏军实施毁灭性突击，消灭那里的苏军重兵集团，通过夺取最重要的地区，在经济上严重削弱苏联，使这个国家不可能长期积极作战。如果苏联丧失了进行战争所必需的高加索石油和东乌克兰直到伏尔加河下游的富庶农业区就无法支撑下去，德国追求的战略经济目的就能实现。同时，迫使苏联使用大量军队实施防御，在防御战中，把这些苏军消耗掉。正当德军变更部署，刚刚补充，准备实施大规模进攻时，1月份却在哈尔科夫地域发生了对德军极为不利的危机。哈尔科夫以南约100公里处，苏军曾在约80公里的正面和纵深强渡过顿涅茨河，从而突入德军防线，企图夺回哈尔科夫。

德军为了消除南翼的威胁，并把第11集团军腾出来，首先对克里木半岛实施了两次强大突击。苏军从1月份起在刻赤半岛西端牢牢巩固了自己的阵地，并在那里部署了重兵。5月8日，德军开始进攻，至7月1日完全控制了该半岛。

苏军最高统帅机关已预料到德军会在苏联南部进攻，克里木半岛的战斗开始后，苏军发现德军的进攻准备已基本完成，为了不像过去一样失去主动权，于是决定抢在德军之前采取行动。由于在1月份夺占了哈尔科夫以南的一个大突出部，苏军认为攻占哈尔科夫是最适当的目标，力争通过两面包围夺取之，并把这一进攻发展成战役突破。苏军铁木辛哥元帅为了实现其告乌克兰人民书和开始战争新阶段的命令，于5月12日指挥苏军在哈尔科夫以南突出部北侧，别尔哥罗德、沃尔昌斯克一线，分别发动了进攻。在别尔哥罗德地域，进攻的苏军进展很大，在沃尔昌斯克地域，苏军在德军阵地局部突破成功，攻入纵深达65公里。在哈尔科夫以南，沿北顿涅茨河两岸推进的苏军突破了德军在丘古耶夫地域的防御，左翼推进到梅烈法。但在此受到德军顽强阻击，双方激战5天，苏军进攻遭到严重挫折。

博克命令南方集团军群的德军第6集团军及时占领进攻出发地，消除已存在的威胁，并在南面集中了做好一切准备的坦克重兵，准备实施毁灭性的闪击，在斯拉维扬斯克地域也集中了强大的突击集团，准备以该集团的右翼沿北顿涅茨河推进，切断苏军撤回该河对岸的退路。5月17日，德军突击集团由斯拉维扬斯克、亚历山德罗夫卡一线发起进攻，快速深深楔入苏军弧形战线。次日，其右翼在坦克支援下突进至伊久姆。

　　苏军各集团军后方面临被突击的威胁，铁木辛哥元帅为使这些部队免于被歼，下令停止进攻，转入防御性退却。但是德军突击集团快速地逼近了巴拉克列亚，配置在突出部周围的德军和罗马尼亚军已转入包围性进攻，5月25日，苏军20个步兵师、7个

∨ 德军部队在顿河一线与苏军展开作战。

骑兵师和14个坦克旅的大部在北顿涅茨河以西被合围，随后被歼灭。共有24万人被俘，2,026门火炮和1,249辆坦克被击毁或缴获。苏联政府首次公开承认了这次战役的失利，其坦率态度也是为了呼吁西方盟友尽快对德开战。

6月，在塔甘罗格到库尔斯克的正面已部署了5个齐装满员、装备精良的德国集团军。它们后面集中了罗马尼亚、意大利和匈牙利各1个集团军，其所属兵团已有一部分开赴战线。为准备向伏尔加河和高加索发动攻势，又实施了一次新的改编，南方集团军群被分成了A、B两部分。由利斯特元帅指挥的A集团军群，辖野战第17集团军和坦克第1集团军，指向东南方向的高加索；由博克元帅指挥的B集团军群，辖第2与第6野战集团军及第4坦克集团军，以顿河一线为目标，尽可能在宽大正面上进抵斯大林格勒两侧的伏尔加河。主要的战略目的是夺取高加索石油区。

28日，德军南方集群进攻开始。博克指挥B集团军群克服了苏军的激烈抵抗，突破了其防御，开始追击退却的敌方用坦克重兵掩护的部队。

7月5日，博克指挥的B集团军群在顿河流域粉碎了红军的抵抗，进抵到沃罗涅什。博克这时想先把战线整顿一下，而不急于向顿河的弯曲地带突进。但希特勒不同意这一计划，并将这一计划看做是怯战。希特勒以反对同时进攻列宁格勒和高加索两个目标以及"过于谨慎，没有挥师顿河河曲"等原因再次将博克解职。顿河流域战役是博克军事生涯中的最后一场战役，之后他返回了故里。

No.7 在战火中消失的"圣火"

博克元帅这次被免职后，就再未获启用。虽然希特勒没让他退役，将他留在了德军最高统帅部，但也只是徒挂虚名。这位老资格的德国国防军的战略家自此一直隐居故里。博克作为一名军人，是尽职的，他的指挥艺术、作战能力也是公认的，但他对希特勒的愚忠就连其同僚们也有非议。

博克是一位典型的传统普鲁士军官，对政治毫无兴趣，甚至对于纳粹党1938年对国防军高层的大清洗也无动于衷。对于部下他的要求极端严格，甚至有些时候近似于冷酷，加上他那贵族式的傲慢作风，使得他在军中的人缘并不好。他实事求是、直言不讳，在军中他是敢于顶撞希特勒的少数高级将领之一。有一次他还当面向希特勒提出反对在占领区进行集体屠杀的意见。不过他同时又是"军人的天职是服从"这句话的忠实执行者。

博克的倔强性格也许是使他失宠的另一个重要的原因。因为资历老，他的部下都亲切地称他为"老费迪"。曼施坦因是他的门生，古德里安、霍特等名将也都曾是他的

> 博克晚年照。

部下。但博克元帅对他认为不正确的东西，总是直言不讳，不留情面。譬如，一次他曾发现古德里安的部队战车上覆盖着鲜花，就严厉地批评过古德里安。因为博克元帅代表着德国陆军的传统，又比较耿直，对于要树立自己绝对权威的希特勒来说，这类人不是他所喜欢的。军中为博克说话的人也不多。所以，此后博克元帅只是在最高统帅部挂着一个虚职再也未获重用。

虽然博克已经被免职，但战争还没有结束。1945年5月5日，在石勒苏益格—荷尔斯泰因的一条公路上，退却的德军部队正行进着。公路两侧是无数被同盟军飞机炸毁和正在燃烧的车辆，横七竖八地堆放在那里。突然，仿佛从太阳后面冲出了一批英国轰炸机，在刺耳的俯冲和轰炸声中，又开始了一次空袭。公路上溃败的德军和拥挤在军队中间的逃难百姓在低空攻击下四散奔逃。1架轰炸机选择了1辆敞篷汽车为目标，在这辆车上，驾驶员旁边坐着1位焦急的军官，后座上是3位妇女。英国轰炸机像老鹰捕捉小鸡一样，一次又一次地对准这辆车扫射、轰炸。驾驶员当即倒在方向盘上，3位妇女也都中弹身亡。只有那个军官受了重伤，被人们从这辆燃烧着的车里救出，立即送往临近的奥尔登堡的医院。医生们尽了一切努力均未奏效，当天夜里，这个受重伤的军官就死去了，他就是德国陆军元帅博克。汽车上的3名妇女，是他的夫人、女儿及其女友。博克积极地为希特勒的战争政策卖命，使千千万万的人民饱受战争的伤害，自己及其家人最终也成为了这场战争的牺牲品。博克是战争中唯一死于盟军枪弹的纳粹德国元帅。

Wilhelm Keitel

俯首帖耳的"走狗"

凯特尔

他是纳粹德国陆军元帅，军事家，

他是第二次世界大战主要战犯之一，

他对希特勒俯首帖耳，而在德国军官中被称为"走狗"，

他被纽伦堡审判评价为"一直到希特勒自杀的那一天都是忠心的"人……

他是威廉·凯特尔。

No.1 从农场到战场

威廉·凯特尔1882年9月22日出生于德国不伦瑞克西部的海姆谢洛德，其父是一位农场主。凯特尔童年生活是愉快的，温驯听话但智力平平。幼时的最大愿望是同先辈一样，成为农场主。但是，凯特尔按父亲的旨意，于1901年加入了第46野战炮兵团，因为老凯特尔曾在该团服役。

凯特尔1902年被任命为少尉，1908年，担任团部副官，1914年10月，大战爆发后晋升为上尉。在部队里，凯特尔是个忠于职守、精力充沛，但并不突出的下级军官。他为人随和，贪嘴、嗜酒，喜爱狩猎、骑马和交际。

1909年，凯特尔结婚，他的妻子利萨·方丹是富裕地主千金，婚后子女6人。利萨是个很有个性的女人，不仅漂亮，而且聪明伶俐、野心勃勃。她是希特勒的崇拜者，这对凯特尔以后的青云直上产生了很大影响。同听从父命从军一样，这次婚姻也是决定凯特尔后来命运的重要转折点。

在他任该团的中尉副官时，参加了第一次世界大战中的那慕尔与马恩河的各次会战，因作战有功而获得过二级铁十字奖章与一级铁十字奖章，并于1914年冬升任炮兵连长。1915年春，他晋升上尉并调到第10预备军军部任职。1916年2月，参加了凡尔登战役。同年，凯特尔调任师首席参谋官，并获霍亨索伦皇家勋章。在战争的最后一年，他在佛兰德担任海军陆战队的参谋官。第一次世界大战时他在西战场德军第46野战炮兵团服役，1914年9月，在法兰德斯战斗时他右前臂被炮弹碎片炸成重伤。

疗伤康复后，于1915年年初被派至"参谋本部"担任参谋。第一次世界大战结束后，他被留任在"新德军"里，并且招募组建新部队番号"德军自由军团边境守卫军"驻守在波兰国界。后担任师级部队军官参谋，最后在"汉诺威骑兵学校"担任教官两年。

第一次世界大战之后，凯特尔仍留在军中服役，1931年10月，担任军队署组织处的上校处长。希特勒上台后，积极同纳粹党合作，历任国防会议工作委员会主席。

1933年1月30日，希特勒登上德国权力的顶峰，同日，凯特尔的朋友布洛姆贝格成为国防部部长。1933年7月，凯特尔在巴特赖兴哈尔第一次见到希特勒，并投到他的麾下，担任第3步兵师副师长，1934年4月，晋升为少将。但是，同年春天，凯特尔因父亲去世而继承家产，萌生了解甲归田的念头。然而，凯特尔的老友、陆军总司令弗里契等人极力规劝他打消去职念头，并许诺准备任命他为即将组建的新师的师长，凯特尔接受规劝，不久便担任不来梅第22步兵师师长。1935年8月，布洛姆贝格任命他为国防部军队局局长，但凯特尔似乎怕卷入政治而不愿接受任命，直到9月9日，才在利萨的劝说之下就任该职。

1935年，凯特尔从师长直接被任命为陆军部军事政治管理局局长，1936年1月，晋升为中将。1937年8月，成为炮兵上将。希特勒"整肃德军事件"发生后重用凯特尔，他也因此当上"战争部部长"。

1938年2月，希特勒任命凯特尔为德国武装部队最高统帅部参谋长。凯特尔的最高统帅部内设有4个职能部门：武装部队作战参谋部，情报与反谍局，武装部队中央局和武装部队经济局。希特勒之所以选中凯特尔，是因为他看中凯特尔是个唯唯诺诺的人，会完全服从希特勒自己的意志。凯特尔担任此职直至1945年法西斯德国战败。

从能力上说，凯特尔担任如此高的职位并不称职，事实上他自己也这么认为。但是，他是希特勒寻找的能盲目服从自己的人。对凯特尔来说，对希特勒本人或他的命令提出批评和异议，就是近乎背叛的不忠行为，希特勒的指令就是上帝的训条，必须绝对而迅速地执行，凯特尔作为希特勒最亲近的军事顾问和希特勒意志的积极执行者，绝对支持希特勒争夺世界霸权的罪恶计划，并直接参与计划的制订和实施，犯下了不可饶恕的罪行。

No.2　高才能，低素养

1940年1月27日，凯特尔受希特勒委托，在希特勒1939年12月14日下达的准备侵占挪威和丹麦的命令基础上，又下了一个命令，主要内容如下：

元首和武装力量最高统帅希望"N"计划在他亲自直接监督下，并密切联系战争总计划加以制订。

有鉴于此，元首委托我领导今后的准备工作。

为此，在最高统帅部设立一个工作参谋部，它同时又是负责指挥这一战役的未来参谋部的核心。

尔后全部制订工作，在"威悉河演习"代号下进行。

这一命令具有很大的原则性意义，这种意义远远超出了计划中的这一战役的范围。它与布隆贝格任国防部长、弗里契男爵任陆军总司令时开始产生的分歧有关。当时，无论是弗里契，还是他的继任者布劳希奇及总参谋长贝克和以后的哈尔德，都认为陆军在任何未来战争中理所当然要起十分重要的作用，他们希望陆军会对战争进程产生决定性影响。他们主张，武装力量最高统帅都应该是由领导全部战役的人组成，机构尽可能小。最高统帅部作为国防部部长（先是布隆贝格，后是希特勒）的机关，只应在总体上制订战略展开计划和未来各次战役的计划。因此他们坚决反对扩大最高统帅部，而力图根据陆军的发展情况，扩大陆军总参谋部这一作战和组织机构，极力阻挠属于最高统帅部系统的某种军队指挥机构在陆军中出现。

陆军总参谋部的许多争论，就是为了防止权力落入凯特尔这样的忠实于希特勒的军事顾问们手中，因为这些人对希特勒的战争计划可能会表现出危险的赞同态度。

以前的战役计划和指挥都由陆军总司令部实施，希特勒没有进行很大的干预，最多是积极参与制订准备措施。如今，涉及挪威和丹麦的命令又挑起了这个争论，并以有利于武装力量最高统帅部的方式解决，其结果是使最高统帅机构发生了危险的双重发号施令现象，甚至使陆军总司令部对陆上战役的指挥权被完全剥夺。最高指挥机构编制中的这种混乱现象，这种无休止的分歧，甚至传染到了下级中去。

总之，凯特尔的这个命令为希特勒确立在德国军队中的"统帅地位"铺平了道路，并使之畅通无阻。

凯特尔的新的工作参谋部在1940年2月5日成立。到3月1日前，它的准备工作已达到可以颁发专门训令的规模。已经晋升为上将的凯特尔，尽管知道陆军内部对希特勒有很大的反抗潮流，但他毫不与之接触，他相信希特勒在军事方面天才的判断能力。虽然希特勒的所作所为有时同他个人的意见大相径庭，但他始终以服从命令为天职。

身为德国三军最高统帅部主管的凯特尔，其军事素质和才能还是相当不错的。他的"威悉河演习"训令第一项很好地概括了德国和英国的战略观点：

"斯堪的纳维亚事态的发展，要求做好用部分武装力量占领挪威和丹麦的一切准备。这就能阻止英国人在斯堪的纳维亚半岛和波罗的海站住脚，保障我们在瑞典的矿石基地，扩大海军和航空兵对英作战的出发阵地。"

这一训令还流露出给这一入侵事件打上和平占领印记的企图。将在战役开始时采取相应的措施，如果需要，将通过显示德国海空军实力的方法，给这些措施增添必要的力量。

关于预定实施的行动，训令包括以下规定：

"进入丹麦和在挪威登陆应该同时进行。应尽快并以尽可能大的兵力进行战役准备。一旦敌人在挪威掌握主动权，应即刻采取对策。要使我们的措施出乎北欧国家和西方敌人的意料，这是至关重要的。在采取一切准备措施，特别是为输送军队准备船只、训练和装载时，应考虑到这一点。假如装载准备不可能保守秘密，应给指挥官和军队指定一些假目的地，真正的目的地只能在舰艇出海后才向军队说明。"

关于战役实施问题，训令中说：

"在丹麦，最重要的是要迅速夺取陆地部分和西兰岛，攻占波罗的海接近地；在

∧ 德国国防军参谋长约德尔（左二）在向希特勒和墨索里尼汇报战事。

挪威，必须以海军和空军实施行动，突然夺取最重要的海岸地段。”

这些规定和战役实施问题的提出都很出色，而且从新的参谋部组成到训令拟制完毕只有短短几天时间。

3月7日，希特勒批准了战役的最后计划。按照这个计划，装载着火炮和其他重装备的德国运输船伪装成商船驶离港口，取道纳尔维克。战役开始前一两天，在每次夜幕降临后，大批运输船开始行动，载有登陆军队的海军舰艇也加紧运行。4月8日和9日运送工作最为紧张。德国重巡洋舰“海军上将希珀尔”号在8日云雾弥漫能见度极差的情况下，撞沉了一艘迷航的英国驱逐舰，却没引起英方的注意。4月9日，战役开始。当天，英国海军与德国海军展开海战，英国战列舰“罗德尼”号和两艘巡洋舰被德军航空兵炸伤，1艘驱逐舰被炸沉。但英国潜艇击沉了德军轻巡洋舰“卡尔斯鲁厄”号，德军的巡洋舰“布吕歇尔”号和轻巡洋舰“柯尼斯堡”号也被英军的海岸炮

∧ 挪威军队向德军发动反击。

兵和航空兵炸沉。德军虽遭到了巨大损失，却在奥斯陆、克里斯蒂安桑、斯塔万格、卑尔根、特隆赫姆和纳尔维克登陆成功，西海岸唯一使用的索拉机场也落入了德军手中。

　　10日，英舰与德舰在纳尔维克以西漫长而又分叉很多的峡湾继续激战，德舰被击沉两艘，击伤3艘，英舰被击沉两艘。击伤两艘。13日，英国战列舰"沃斯派特"号在飞机掩护下和9艘驱逐舰一起进入峡湾，向幸存的德国驱逐舰发动攻击，并将其击沉。17日，英舰"萨福克"号企图击毁斯塔万格附近对英军阻碍特别大的索拉机场，但未成功。德军飞机对它连续进行了7小时攻击，"萨福克"号舰尾受伤，退回斯卡帕湾。23日前，德军占领挪威首都并解除了在奥斯陆地域的挪威各师之武装后，向特隆赫姆推进。在利勒哈默尔击溃了英军184旅，俘虏了该旅旅长，从其身上缴获了使德军统帅部大本营的不安气氛变得"乐观"起来的，意义远远超出局部战斗范围的重要文件。5月2日傍晚，同盟军放弃了纳姆索斯港口。保障装载的英、法驱逐舰各1艘被德军飞机

击沉。5月12日前，同盟军对德军实施突击，攻克了位于纳尔维克以北侧面峡湾的比约尔维克。德军在罗姆巴克峡湾北端附近向东退却。随后几天，同盟军在罗姆巴克峡湾以北加紧猛攻。28日，同盟军攻占纳尔维克。6月初，在洪纳伦以东铁路附近德军受到同盟军强大的压力。4日，支援纳尔维克作战的德军战列舰"沙恩霍斯特"号和"格奈瑟瑙"号驶离基尔不久，碰上了同盟军的运输船队。8日下午，它们击沉了1艘同盟军辅助巡洋舰和1艘大油船。16时，它们碰上了英国"光荣"号航空母舰和两艘护卫驱逐舰，在英舰鱼雷轰炸机还未从甲板上升空时，德舰抢先开火，火苗吞噬了航空母舰的舰首。到17时40分，受重伤的"光荣"号和两艘英国驱逐舰沉没。德舰"沙恩霍斯特"号中鱼雷受到重创，两艘德国战列舰被迫驶进了特隆赫姆港。同日，同盟军撤离纳尔维克地区，整个挪威被德军占领。

　　战役后，英国未来首相丘吉尔曾坦率承认："德国人在计划、指挥和坚定性方面，显然占了优势。他们毫不动摇地实施自己的作战计划。他们充分了解如何在各个方面大规模地利用空军。"这是对凯特尔军事才能的高度评价,但他的军事素养就比较糟糕了。当德军正在西线大败同盟军顺利推进时,他竟然和约德尔将军一起支持希特勒下了一个拯救了英国远征军主力和同它们一起被围的法军的莫名其妙的命令,这个命令当然引起了指挥战役行动的德国陆军总司令布劳希奇的反对。

西方战役结束之后,1940年6月,在同战败的法国谈判中,凯特尔任德国代表团团长,迫使法国代表接受屈辱的贡比涅停战协定的条件。1个月之后,凯特尔晋升为元帅。

凯特尔的晋升曾引起许多将领的不满,如德军元帅曼施坦因在他著的回忆录《失去的胜利》中写道:"……这种行动毫无疑问的是足以使这种官阶的威望贬值……在波兰战役结束时,陆军总司令与两位集团军群总司令是能够符合这个要求的。但是希特勒却未把他们升任元帅,以来表示对于陆军的感谢。现在他却一次制造了一打元帅。其中除了曾经打了两次卓越战役的几位总司令以外,也还包括了武装力量最高统帅部的那个主管在内,他既不是指挥官又不是陆军总部的参谋总长……他的组织功绩固不可没,但却决不足以与陆军总司令相提并论。"

No.3 一个异常软弱的人

凯特尔与希特勒一唱一和,号召消灭波兰的犹太人、知识分子、神甫和贵族,以便摧毁波兰人民的意志。凯特尔后来签署命令,协助党卫队和盖世太保实施该项政策。

凯特尔对希特勒的某些做法和政策也曾提出异议,两人因而发生过冲突,但结果都是前者最后屈从于后者,忠实地执行命令。1939年10月,凯特尔赞同布劳希奇和哈尔德反对在冬季发动侵略战争的主张,希特勒大为恼火,指责凯特尔参加反对他的阴谋。凯特尔因而提出辞职的请求,但希特勒不接受,劝他留任。他私下向希特勒表示今后绝对服从命令。但1940年8月当希特勒宣布准备入侵苏联时,凯特尔亲手写了一份备忘录交给希特勒,表示反对。希特勒召见了凯特尔,把他臭骂一顿。凯特尔受到极大的伤害,再次请求辞去最高统帅部参谋长的职务,但希特勒向他咆哮道:"你必须任职到元首不再需要你时为止。"此时凯特尔已看清楚自己是被囚禁在镀金的笼子当中,这是为自己青云直上和接受并不能胜任的职位而付出的代价。为此他只有完全顺从元首的意志。

早在1941年12月,凯特尔在私下就说过,1942年夏季进攻可能失败,但不敢向希特勒提出。当第6集团军被围困在斯大林格勒附近的时候,希特勒不许它突围。凯特尔支持希特勒驳回魏克斯、曼施坦因、里希特霍芬和所有第6集团军指挥官的反对意见。凯特尔通过这样的举动保护自己的地位，尽管他也知道那样的决定是危险的。1943年1月31日，保卢斯和他的第6集团军余部投降，德国损失了无法弥补的23万人。此后，凯特尔赞同希特勒发布的所有"不惜任何代价坚守阵地"的指令。希特勒在军事指挥上的一意孤行给德军带来了一系列灾难性的后果：非洲集团军群在突尼斯被摧毁；第17集团军在克里米亚被击溃；第1装甲集团军在加里西亚被包围；南方集团军群在乌克兰受重挫；中央集团军群在白俄罗斯被歼灭，B集团军群在诺曼底被粉碎并从而丢失法国，等等。促成上述失败的决策不是凯特尔制订的，但是他盲目服从希特勒，签署了这些命令。

当希特勒决心进攻苏联时，凯特尔曾又表示了不同意见，并提出了一份不要进攻苏联的意见书，但希特勒对此毫不理会。也就是从这个时候起，凯特尔更加处处迎合希特勒。1941年7月25日，海军元帅雷德尔为了在最短时间内取得决定性胜利，按首先要在战争中集中基本力量去打败英国这一方针行事，写了一份意见书给最高统帅部。其中建议在地中海海区实施军事扫荡行动，并加强北非的作战力量。凯特尔知道希特勒的心思都在进攻苏联上，为避免引起希特勒的不快，就提请彻底修改这份意见书。1942年他又劝告希特勒应该命令在高加索地区陷入血腥苦战的利斯特元帅及早撤退弃守，这也是他最后一次劝谏希特勒。

凯特尔实际上未能影响希特勒的任何战略决定。在谈及自己和希特勒的关系时他对奥尔布里希将军说道："我不知道。他（指希特勒）什么也不告诉我。他只向我发号施令。"因此，他被同仁甚至那些属于晚辈的德国将军们嘲弄为对希特勒"唯唯诺诺小狗狗"，宛如一头只会点头说是的笨驴。他们都感到凯特尔这人格外可恶。用雷德尔的话说，陆军元帅凯特尔是"一个异常软弱的人……元首可以随心所欲地虐待他，而凯特尔却默然承受。"

No.4 残忍之性

凯特尔曾经签署过一部分有争议、甚至是非法、残暴不人道的"战争法律"。1941年5月，凯特尔签署臭名昭著的《关于政治委员的命令》，授权德军战地指挥官处决被俘的共产党军官，而无须经过任何军事法庭审判。有不少将军指责这是犯罪性命令，但凯特尔对这项命令没有任何异议，坚持绝对服从。1941年7月27日，凯特尔还签署命令，赋予党卫队头目希姆莱以绝对权力，在苏联实施上述计划，这导致在苏联沦陷区的大批战俘和平民遭到屠杀。1942年9月，凯特尔建议任命曼施坦因或保卢斯为德军总参谋长，但希特勒不予理睬而任命了蔡茨勒。10月，希特勒开始大量指责陆军，诸如"我的元帅都是伟大的战术家。当然，他们的战术意味着撤退"，"我的元帅的水平就马桶盖那么高"，对此凯特尔则一言不发。

12月16日，凯特尔向武装部队再次发布指令，声称："为了确保胜利而不受限制地使用任何方法，甚至是对付妇女与儿童的，都是合理的，并且是军队的义务。任何宽恕行为都是对德国人民的犯罪。"他还签署希特勒的《夜与雾命令》，在被占领的国家特别是法国与低地国家，实行恐怖政策。许多有反纳粹嫌疑的人，被盖世太保暗杀在夜雾中。凯特尔同意处决荷兰举行罢工的铁路工人，屠杀苏联的犹太人，残害各地有抵抗嫌疑的人士。凯特尔还鼓励德国平民杀害被俘的盟军飞行员，说："我反对法律程序，因为它毫无作用。"对非军事行动地区或靠近战场的地方被俘的盟军飞行员，理应关在战俘营，却被凯特尔下令当作间谍一律枪毙。他赞同将不执行命令的德国将军不经审判就逮捕或枪决，甚至不顾外交部部长里宾特洛甫的反对，主张在苏联战俘的臀部刺字，由于某集中营指挥官指出这样会使苏联人采取报复措施，如在德国战俘前额上刺字，他才取消这一念头。

No.5　希特勒的忠犬

在东方战役进行过程中，凯特尔的指挥机构用希特勒只进不退的公式去代替灵活巧妙、充满活力的、负责任的指挥，而且越来越信奉这一公式。几乎完全否认军队退却是为了恢复行动自由或节约兵力的一种作战手段。凯特尔的战略观点简直染上了希特勒的病态特征，他已经渐渐习惯于元首永远也不会犯错误的神话，他信奉元首的直觉，不顾一切地保持对元首的信赖，从心里感到希特勒是"有史以来最伟大的统帅"，这不是一般的阿谀奉承，他已被希特勒的"魔力"所降伏。如在斯大林格勒战役中，德军最高统帅部完全清楚保卢斯的第6集团军被围后派增援兵力解围非常困难，但却顺着希特勒不许第6集团军突围，严令其坚守，结果葬送了6个步兵师、3个摩托化师、3个坦克师、1个高射炮兵师和罗马尼亚的1个步兵师、1个骑兵师，以及克罗地亚军队的1个团，共26,500人。德军最高统帅部的僵硬指挥应该对此负战败之责，但德国的宣传机构却把最高统帅部不可饶恕的错误说成是合理的和不可避免的过失。

在希特勒将布劳希奇、伦德施泰特、古德里安等战功卓著的将领免职时，凯特尔毫无保留地表示同意和支持这种临大战撤换将领的行为。他甚至助纣为虐，赞同处死许多高级军官，而这些军官的唯一罪名只是未能服从希特勒关于死守的命令。1944年2月，苏军进抵卢茨克和罗夫诺，德军损失惨重。凯特尔要求处死罗夫诺的德军守备

∨ 希特勒在凯特尔陪同下接见德军将领。左侧立正者为施陶芬伯格上校，后来他曾参与刺杀希特勒。

司令，遭到陆军参谋长蔡茨勒将军的反对。但帝国元帅戈林则支持凯特尔的意见。希特勒命令举行军事法庭审判。经审讯确认该守备司令有罪后，凯特尔又要求处死罗夫诺地区的一名师长，终因曼施坦因元帅的反对而未能执行。

当1944年7月20日施陶芬伯格的炸弹在元首的会议室爆炸时，凯特尔正在希特勒的背后。他用身撑扶住受伤的希特勒，并把他送到医疗室。凯特尔坚决镇压这次未遂政变的参与者（或嫌疑犯），下令逮捕弗罗姆中将和维茨勒本元帅等人。凯特尔后来被希特勒任命为"军官荣誉法庭"庭长，该法庭决定将这次密谋参加者处以死刑。1944年10月，在迫使隆美尔元帅自杀的过程中，凯特尔也扮演了重要角色。

1944年夏，西线崩溃，凯特尔的失误已暴露无遗，他的绝对服从助长了西线的灾难。希特勒于7月29日召集伦德施泰特、隆美尔和施佩勒诸元帅以及海军上将克兰克、装甲兵总监古德里安等人到贝希特斯加登举行作战会议。会上，伦德施泰特和隆美尔要求希特勒停止战争，但希特勒仍然固执地预言总体战的"胜利"。

会后，隆美尔约凯特尔恳谈，并向他说明，战况毫无希望，战争必须尽快结束。凯特尔也相信战争胜利没有希望。他虽然答应劝说希

∧ 凯特尔对希特勒表现出无可替代的忠诚。

特勒，但他仍然迷信"领袖"的"天才"，并希望战争能获得不分胜负的解决办法。

1945年4月，当战争蔓延到德国首都，柏林受到合围威胁的时候，希姆莱、戈林等要员都已匆匆离开此地，异想天开地去与西方国家进行谈判，开始走自己的道路去了，德军最高统帅部参谋长凯特尔和最高统帅部作战部长约德尔却表现出了对希特勒的无限忠诚。他们俩当时都不在受到围攻的柏林城内，这两人决定对各战场的德国军队保持形式上的指挥。他们完全无视现实，认为自己的主要任务是从外面解救柏林和希特勒。凯特尔命令德军第9集团军退却至柏林以南同仍然防守易北河和穆尔德河的由文克将军指挥的第12集团军会合，他天真地认为，如果这两个集团军试图从南面和东南面突击柏林，而施泰纳上将的以杂牌部队组成的"集团军"也能够展开进攻的话，那么，也许可以突破苏军铁桶般的合围圈。而当时苏军已经合围了柏林市区的2/3左右。

为了付诸实施这个远远脱离实际情况，近乎天方夜谭的计划，凯特尔首先前往第12集团军，令其在4月22日夜间做好执行新任务的准备。4月24日，从大本营临时所在地、位于波茨坦以北的克拉姆普尼茨发来了几份最后拟定的命令。根据这些命令，第12集团军应向于特博相方向东进，在那里同向西突围的第9集团军会合，以便随后和它一起转入进攻，解救柏林。文克将军只能根据凯特尔的乐观描述判断柏林四周的情况，他起初确曾准备打到柏林，但很快就明白实施那种进攻是不可能的。为了摆脱因腹背受敌而被击溃的困境，也为了保障第12集团军本身获得在易北河以东行动的必要自由，文克将军转而向东进攻，去支援被苏军围困的第9集团军。

凯特尔代表最高统帅部紧急干预了这些行动。他命令第12集团军与第9集团军协同，对柏林发动在他看来是决定性的进攻，并回到帝国办公厅待了些时间，由于他在那里介绍了情况，所有人又都充满了昔日的乐观情绪。现在凯特尔认为自己的任务是保障整个海因里希上将的"维斯瓦"集团军群兵力从北面配合第9、第12集团军发起进攻，解柏林之围。但是在最后时刻，向前挺进的苏军朱可夫和科涅夫坦克部队在哈弗尔湖区的瑙恩以南会师，并在西面将柏林的包围圈合拢。这时，德军最高统帅部大本营于4月24日由克拉姆普尼茨迁到了菲尔斯滕贝格地域。

凯特尔和约德尔从北面向柏林进攻的企图遭到了海因里希上将的激烈反对，因为从4月22日起，他的集团军群正面的情况再次变得很严重。坦克第3集团军尚能暂时顶住苏军白俄罗斯第2方面军在奥得河以西的猛攻，随后为避免被苏军突破，不得不于4月25日退到兰多夫河地区，接着，当再次出现苏军向普伦茨劳突破的威胁时，又继续西撤。同时，该集团军群以施泰纳上将的兵力和第12集团军从易北河派来的1个军，在拉特诺以北、哈弗尔河以东仓猝组织宽正面防御，抵挡从南面进攻的苏联人。如果决定从这些薄弱的防御阵地抽调兵力向柏林实施进攻，为了从后方掩护进攻部队，坦克第3集团军只能留在原地防止苏军突破而不能参加进攻。只有一个从西面调来的摩托化步兵师和一个已被击溃的坦克师残部可用于进攻，这两个师，海因里希上将还急需用其去支援坦克第3集团军作战。执行凯特尔发出的这个最高统帅部命令会引起什么样的后果，已经一清二楚：在拥有弱小兵力的情况下向柏林突击，没有丝毫取胜的可能，坦克第3集团军的正面势必被突破。过几天后这就会导致无法形容的混乱，从被突破正面撤下的部队将与向西奔逃的一批批难民混在一起。海因里希上将不愿参与制造那种灾祸。

4月27日，坦克第3集团军的防御正如海因里希所担心的那样，在普伦茨劳方向被苏军突破。这时只有马上投入当时因德军最高统帅部直接干预，为向柏林进攻而占领出发地位的那两个师，才能阻住这一被分割突破的局面。于是海因里希决心把这两个师北调。已完全受希特勒熏陶的凯特尔，又司空见惯地责难别人不去解柏林之围是变节和怯懦，因为他在周围看到的都不合自己的意愿，他认为周围的人即使不是变节，也是居心险恶。他固执地认为只有通过退却和将新锐兵力投入战斗，坦克第3集团军才能保全。令他感到气愤的是，为了不让德国军队落入苏联人之手，竟放弃了斯维纳明德这个"同奥得河有联系的最后一个海军基地"。他像中了魔法似的，眼睛只盯着柏林和元首，然而世界上已经没有任何力量能够使那位元首脱离他为自己安排的命运了。凯特尔仇恨海因里希，认为这位司令官在捣乱，认为他行为中全是错误，因为他没有像某些战线的司令官那样，为了吓唬所属部队，把逃兵一个个吊在退却道路旁边的树上。

由于不服从命令，经凯特尔和约德尔提议，海因里希上将于4月28日被解职，而被认为是"更果断和顺从"的施图登特上将成为他的继任者。在其到职之前，蒂佩尔斯基希将军奉命指挥该集团军群，他不久以前已开始指挥编成第21集团军的军队，这些军队在由东普鲁士调来的集团军司令部领导下，防守哈弗河下游与新鲁平以南地域之间的正面。但由于海因里希的作用，凯特尔竭尽全力策划的向柏林进攻的企图已经自动告吹。在4月的最后几天里，凯特尔这位希特勒的最顽固的支持者也承认为柏林解围是无法实现的，因而停止了这方面的一切尝试。他和约德尔趁坦克第3集团军的正面还未被苏军彻底突破，将德军最高统帅部迁到了石勒苏益格—荷尔斯泰因，并不再干预各位司令官的行动。

4月30日，在解围的最后希望破灭后，给人类和平带来巨大灾难的声名狼藉的希特勒，没敢在最后关头为其所表演的一切丑恶行径负责，于下午3时半自杀身死。其侍从官将他的尸体搬至总理府的后花园里，用汽油焚毁。

凯特尔一直到希特勒自杀的这一天对其都是忠心的。

No.6 人生的句点

5月3日，凯特尔出席了希特勒死前任命的邓尼茨政府召开的"波希米亚"问题会议。参与了将捷克斯洛伐克境内的德军兵力集团有组织地撤至西线战场向美军投降，使其避免落到苏联人手中的图谋。

5月8日深夜，在柏林城郊的卡尔斯霍尔斯特正式举行的德国无条件投降签字仪式上，凯特尔元帅和海军上将弗雷德堡、空军上将施通普夫代表德国武装部队最高统帅部，宣布向苏美英法4国无条件投降，并在《法西斯德国武装部队投降书》上签字。

大势已去的邓尼茨知道已无力回天，便派人和艾森豪威尔联系，表明他愿意向盟军而不是向苏军投降的愿望。

1945年5月7日，凌晨2时，在法国兰斯市区艾森豪威尔的总部里，约德尔被授予全权代表德国签署了德国武装部队向西方盟国，同时也向苏联最高统帅部无条件投

∨ 约德尔（中）代表德军签署投降书。

239

▽ 正在《法西斯德国武装部队投降书》上签字的凯特尔。

降的投降书。代表盟军在文件上签字的是沃尔特·比德尔·史密斯将军，代表法国作为见证人签字的是弗朗索兹·赛维兹将军，而代表苏联签字的是伊凡·苏斯洛帕罗夫少将。

斯大林很快得到消息，他气得脸色发青。当天他就打电话给炮兵参谋长沃罗诺夫，责问这位"著名的"炮兵将军苏斯洛帕罗夫究竟是何许人，竟如此大胆。他命令这位少将迅速回莫斯科，要严肃处分他。然后，斯大林打电话给朱可夫元帅，通知他兰斯发生的事情。斯大林说："是苏联人民，而不是同盟国，肩负了战争的主要重担，因此，投降书应在反希特勒同盟所有各国的最高统帅部面前签署，而不是只在盟国最高统帅部面前签署。"他加重了语气，"不在柏林，不在法西斯的中心签署投降书，这种做法，我是不同意的。"斯大林继续说道："我们已与各同盟国商定，把在兰斯签署投降书一事只当作投降仪式的预演。明天德国最高统帅部的代表要来柏林。苏军最高统帅部的代表由你担任，维辛斯基明天就会到达你那里。"5月8日清晨，维辛斯基乘飞机从莫斯科来到柏林，他带来了处理德国投降所必需的全部文件，以及盟军最高统帅部代表的组成名单。

从早晨起，世界各大报刊的记者、撰稿人和摄影记者纷纷来到柏林，以便记下法律上肯定法西斯德国灭亡的这一历史性时刻，记下德国承认自己遭到失败的历史性场景。当天中午，索科罗大斯基元帅率众在机场迎接盟军最高统帅部代表。大约11点，英国空军上将特德、美国战略空军司令斯帕茨将军和法军总司令塔西尼将军走下了飞机。当仪仗队完成欢迎仪式后，德国代表才被允许下机，他们之中有凯特尔元帅、弗雷德堡海军上将和什图姆普弗空军上将。代表们驱车经过瓦砾充塞的柏林市区，来到柏林近郊的一个小镇。苏联方面在德国军事工程学校原为饭厅的一幢两层楼房里，准备了一间厅堂，投降的签字仪式就在这里举行。盟军代表们稍事休息后，即来到朱可夫司令部讨论有关受降的一系列问题。这时，凯特尔元帅同他的伙伴们待在另一幢房子里。据苏军军官们说，凯特尔曾对他的伙伴说："从柏林街道经过时我为柏林所受破坏的程度，感到极为震惊。"苏方人员马上回敬道："元帅先生，当按照你的命令消灭了成千上万的苏联城市和村庄的时候，当千万苏联人民，包括无数的儿童，压死在这些城市和村庄的废墟的时候，你曾感到过震惊吗？"凯特尔脸色发白，他神经质地耸了耸肩，什么也没有回答。

1945年5月9日0时30分，盟军方面代表就座完毕。朱可夫站起来宣布，受降仪式正式开始。他说："我们，苏军最高统帅部和盟军最高统帅部的代表，受反希特勒同盟各国政府的委托，来接受德国统帅部代表德国作无条件投降。请德军最高统帅部的代表进入大厅。"

所有在场的人都转过头注视着门口。曾经向世界吹嘘，说他们能以闪电速度击溃英国、法国，并能在6周消灭苏联，进而征服世界的战争狂人们，现在露面了。头一个进来的是希特勒的主要助手凯特尔元帅，他只用了3步就走到桌边，举起元帅杖致敬之后，拉出中间的椅子便坐下来。他的后面是弗雷德堡和什图姆普弗将军，他们也紧靠凯特尔坐下来，随从副官们站在他们椅子的后面。

朱可夫元帅问德国代表团："你们手里有没有无条件投降书？你们是否事先研究过它并有全权签署它？"

凯特尔用嘶哑的声音做了肯定的回答。如今凯特尔完全不像是接受法国投降时那个目空一切、骄横十足的帝国元帅了。他的眼中闪烁着恐惧和懊丧的神情。他在等待签字时脸色十分严肃。不久，他把头转到后面，好像要忍住快要掉下来的眼泪。

"建议德国代表团签署无条件投降书。"朱可夫以坚定的口气说。译员还没有把这句话翻译完毕，凯特尔似乎已了解这句话的意思。他把手移过桌子，做了一个手势，要求把文件放到他面前。可是朱可夫仍然站着，怒声喊道："要他们到这里来签字！"

凯特尔不得不站起身来，慢慢从桌上拿起他的元帅权杖，迈着迟缓的步子走到桌前。他的单片眼镜掉了下来，挂在镜绳上。他又慢慢地戴上它，坐到椅子边上，拿起笔来签署了5份投降书，弗雷德堡和什图姆普弗也相继签了字。

投降书声明："我们，这些代表德国最高统帅部的签字者，同意一切陆、海、空军及目前仍在德国控制下的一切部队，向苏军最高统帅部，同时向盟国远征军最高统帅部无条件投降。"

签署完毕之后，凯特尔从桌旁站起来，戴上右手的手套，用他的元帅杖致敬之后，大踏步地走开。接着，朱可夫和特德作为苏军和盟国的代表也签了字，斯帕茨和塔西尼将军作为见证人也签上了名字。

"德国代表团可以离开大厅。"朱可夫庄严宣布。凯特尔和他的同伴们离开大厅后，门马上关上了。屋子里的紧张气氛突然消失，所有留在屋子里的人都感到一阵轻松，当朱可夫以苏联最高统帅部的名义，为这一长久期待的胜利，向所有在场的人表示祝贺的时候，大厅内响起了一阵热烈的欢呼声，许多人流出了眼泪。1945年5月9日凌晨，这是一个庄严的时刻，经过艰苦的奋战，欧洲战争终于结束了。自1939年9月1日以来，在欧洲大陆上第一次出现了难得的平静。

5月13日，凯特尔被逮捕。

作为主要的战犯，凯特尔在纽伦堡受到审讯。此时，凯特尔仍然忠于希特勒，说："就是在今天，我还是希特勒坚定的追随者。尽管我反对党的纲领中的某些条款。"同时他也极力为自己辩护，认为他不过是执行命令，从未允许参加决策，元首把决策权完全掌握在自己手中。在审判期间，凯特尔写了回忆录（未完成）。他在回忆录中写道："为什么那些称我为应声虫和不称职的唯唯诺诺者的将军们，未能使我下台呢？是因为很难吗？不是，真实的情况是，谁也不愿取代我，因他们知道不这样的话会遇到和我一样的下场。"他这样做虽然是为了给自己挽回面子，说的倒也是实话。

纽伦堡军事法庭宣布他犯有反对和平与人类的战争罪行。法庭指出："令人触目惊心的、广泛的罪行是没有意识地、残忍地犯下的。执行上级的命令，即便是对一个士兵来说，也不能成为减轻其罪行的理由。"

1946年10月1日，在纽伦堡的国际军事法庭上他被判处死刑。10月16日被执行绞刑。当他听到判决的时候和走上绞刑架的那一刻，不知为什么脸上始终毫无表情。行刑人员对他的绞刑足足用了28分钟才将其处死。凯特尔是第三个上绞刑架的纳粹战犯。

凯特尔在临刑前说过的表达他至死都忠于他的国家的一句话："我希望上帝能够保佑德国人民，超过200万德国士兵在我之前为国捐躯，而我也要随他们而去了，一切为了德意志！"

∨ 就算签完投降书，凯特尔也不忘炫耀他手中的元帅权杖。

Siegmund Wilhelm List

德国步兵的推进器

利斯特

他是德国陆军元帅，
他是擅长运用步兵的军事家，
他是纳粹元帅中寿命最长的人，
他具有非凡的军事指挥才能，
他于山地作战上颇有造诣，
他在战后作为纳粹主要战犯被判处无期徒刑……
他是西格蒙特·威廉·利斯特。

No.1 白大褂与黑军装

　　西格蒙特·威廉·利斯特，1880年5月14日出生在上基尔赫堡的一个医生家庭。利斯特长大并没有继承父业，拿起听诊器和白大衣，而是选择了参军服役。1898年，刚满18岁的利斯特中学一毕业就参了军，在慕尼黑的巴伐利亚工兵第3营服役，成了一名戎装和握枪的军人，从此开始了他的军事生涯。从炮兵与工兵学校毕业之后，他当上了工兵第1营副官，并于1908年晋升中尉。1912年，利斯特从巴伐利亚军事学院毕业，后来同成为德军元帅的魏克斯、勒布、格赖姆都毕业于该学院。随后他即参加了德国东南部多瑙河河畔城市因戈尔施塔特的要塞构筑工程。1年后被派往巴伐利亚的参谋本部服务中心，以后调参谋本部任职。

　　1914年第一次世界大战爆发时，利斯特是一名上尉，在巴伐利亚第2军任参谋官并参加战斗，转战于洛林、佛兰德斯、亚眠以及马斯河一带。1915年冬，他患重病，病愈后被调回巴伐利亚的战争部服务，1916年夏任施特朗茨军团参谋官，次年调任第8预备师首席参谋官。1918年1月晋升少校，不久就任巴伐利亚战争部的科长。战争结束后，最初服务于第4兵团司令部，1920年至1922年任第7步兵指挥官埃普将军的参谋官，后来任山地步兵营营长。自1924年起，利斯特主持第7军区指挥助理人员训练队。以后晋升中校，并于1926年调任国防部陆军教育司司长。1930年任德累斯顿步兵学校校长，后任步兵师上校师长，3年后破格晋升为中将。1935年任第4军区司令，后调任第4军军长。

　　利斯特对国家社会主义持中立态度，既不反对也不赞成。1938年，德国武装吞并奥地利后，利斯特出任侵占奥地利和捷克苏台德区的德军集群司令，奥军训练完全是由他来统领进行的，这和他早年从事陆军教育工作和步兵学校校长不无关系。1939年春，利斯特晋升上将。同年9月，第二次世界大战爆发，他像一部打仗的机器，先后受命攻打波、法、英、希腊、南斯拉夫、苏联等国，为希特勒的侵略战争效力。

No.2 立功波兰

　　1939年9月，希特勒德国对波兰发动突然袭击，波兰战役开始。刚刚晋升为上将的利斯特踌躇满志，指挥新组建的第14集团在伦德施泰特的南方集团军群辖内参加了侵略波兰的战争。第14集团军迅速夺占了上西里西亚工业区，迂回到那里的波兰筑垒工事，并以一部兵力越过贝斯基迪山脉向塔尔努夫进攻，消灭或追击当面的波兰军队，从西面进逼波兰南部的杜纳耶茨河。杜纳耶茨河是波兰第14长河流，源头在斯洛伐克境内，也是斯洛伐克唯一通往波罗的海的河流，具有战略意义。

德军突破波军防线后，以每天50~60公里的速度向波兰境内腹地突进。9月6日，波军总司令爱德华·雷兹-希米格维元帅下令所有部队撤至维斯瓦河以东，组成维斯瓦河—桑河线。波兰政府当日仓惶撤离华沙迁往卢布林。伦德施泰特统帅的南方集团军以赖歇瑙的第10军团为中路主力，以利斯特的第14军团为右翼，在左翼布拉斯科维兹的第8军团掩护下，从西面和西南面向维斯瓦河中游挺进。利斯特率第14集团军主力从南面继续向东实施深远突击，竭力合围维斯瓦河以东或退守该地域的所有波

< **侵入波兰的德军士兵。**

军兵团。在华沙东南的桑河一线，他的兵团遇到了坚固防御，各兵团在萨诺克以北突破了波军防御，尔后于9月11日强渡桑河。9月12日，利斯特以一支小分队为前锋进抵格鲁代克、利沃夫之间地域。经过极为艰苦的战斗，第14集团军在左翼进攻的兵团夺取克拉科夫后，沿维斯河上游两侧推进，接着在桑多梅扫地域渡到了东岸。此后又渡过了桑河下游。这些兵团继续向东推进时，与波兰军队在俄罗斯拉瓦、托马舒夫地域的重兵集团遭遇，双方迅即展开激战。第14集团军其余部队快速从南面赶到加以配合，于9月16日前围歼了该部波军。至9月15日，古德里安的第19装甲军包围了布列斯特—李托夫斯克，其第3装甲师和第2摩托化师一路狂飙，长驱直入，继续向南推进，以便与南方集团军右翼利斯特的第14军团完成最后的纵深合围。与此同时，利斯特第14军团的前锋——克莱斯特的第22装甲军包围了利沃夫之后继续北进，16日在符

活达瓦地区与北方集团军会师，合围了退集在布格河、桑河与维斯瓦河三角地带的波军。9月17日，德军在完成对华沙的合围后，限令华沙当局于12小时内投降。而波兰政府和波军统帅部已于16日越过边界逃往罗马尼亚。9月28日，华沙守军司令向德第8军团司令布拉斯科维兹上将正式签署了投降书。第二次世界大战爆发后的第一个战役仅用了1个月的时间就结束了。

由于指挥第14集团军出色地完成了任务，利斯特上将于1939年9月30日获骑士十字勋章。

No.3 斩断"马奇诺"的退路

波兰灭亡后，英法两国政府仍然指望在反苏的基础上同德国勾结，将祸水东引，让德国去进攻苏联。荷兰、比利时和卢森堡一厢情愿地认为只要严守中立，就可避免卷入战争。所以，这些国家都还没有进行充分准备，对于加强各自国家的防御能力没有加以足够的重视。而此时希特勒德国的目的是：在法兰西战役中粉碎西欧的盟军，占领荷兰和比利时，使法国退出战争并强迫英国签订有利于德国的和约。为此，德军主力西调，并秘密制订两个代号为"黄色"和"红色"的战略战役进攻方案，准备对法作战。

利斯特指挥第12集团军共11个步兵师。由克莱斯特将军的坦克集群共5个坦克师、5个摩托化师配合行动。领受的任务是：首先通过卢森堡，粉碎比卢边界的抵抗，尔后在比利时南部同法军作战。要从行进间对法军实施冲击，并将其打退。此后，要在日韦和色当之间强渡马斯河。随着坦克兵团西进的程度，首先要在南面卢森堡边界和比利时南部边界附近对进攻的军队实行掩护，以便阻止法军从马奇诺防线实施反冲击；接着要在马斯河对岸实行掩护。

1940年5月10日，天刚破晓，成群的德军俯冲轰炸机突然对法国、荷兰、比利时和卢森堡的机场、铁路枢纽、重兵集结地区和城市进行猛烈的轰炸。5时30分，在北海到马奇诺防线之间的300多公里的战线上，德军地面部队向荷兰、比利时和卢森堡发起了大规模进攻，揭开了入侵法兰西的序幕。

利斯特率领的第12集团军进展顺利。担任前卫的古德里安坦克军轻易地摧毁了卢森堡人在边界构筑的障碍物，进攻第一日晚即突破了比利时军队的边界防御。5月11日，利布拉蒙和纳夫沙托之间另一个坚固防御地区被德军攻占。企图实施反冲击的法国骑兵均被击退。这时，向蒙特梅进攻的古德里安坦克军正迅速前进，路上尽管他采取了各种运动调整措施，但在狭窄难行的山路上仍出现了严重堵塞。许多地方的山路已被破坏，并设置了种种障碍。德军好不容易才克服了这一切，渡过了深深的塞穆瓦河。古德里安只用了两天时间便穿越阿登山脉110公里长的峡谷深入法境。

5月12日下午，古德里安的3个装甲师已经到达马斯河北岸，并攻下了法国著名要塞城市——色当。当天夜里他们便开始了紧张的渡河准备。强渡马斯河是法国之战的关键。古德里安要求强渡马斯河，并请示了12集团军司令利斯特将军，希望得到这位集团军司令的支持。由于法国军队已占领了预先有准备的防御阵地，德军预先又没有实行周密侦察，行进中的部队暂时无法全部调拢并使之做好准备，强大的炮火支援当时也没有，这都使集团军司令利斯特上将很难定下次日强渡马斯河的决心。但这位富有作战经验的集团军司令官，没有浪费时间，他请求飞机来弥补炮火支援。16时整，第一批飞行大队的空袭一开始实施，他就下令前卫突击群乘橡皮舟和摩托艇试着开始渡河进攻，探明法军防御虚实后，大批德军部队进行了强渡。傍晚，马奇诺防线的岸上工事被12集团军突破，德军在色当两侧建立了两个小登陆场。夜间，利斯特向登陆场增强了兵力，不断将其扩大。

5月13日上午11时，德军出动近400架轰炸机分批次对马斯河南岸的法军阵地和炮兵群进行了长达5个小时的狂轰滥炸，并使法军士兵的精神一度处于崩溃的状态。下午4时，德军分乘数百艘橡皮艇，开始强渡马斯河。下午5时30分，德军终于在马斯河南岸上获得了一个立足点，接着德军工兵立即开始架设浮桥。傍晚，3个坦克师已到达马斯河西岸，穿透法军阵地，突入相当纵深并立即向西、南两个方向开进。利斯特第12集团军的神速进展，挫败了法军在马斯河和瓦兹河之间阻止德军向色当两侧推进和恢复其第2、第9集团军之间的正面

∧ 利斯特被晋升为元帅。

防御之企图。

5月14日，英、法盟军出动170架飞机袭击德军在马斯河上架设的浮桥，结果仅仅破坏了3座浮桥，而盟军却损失了85架飞机，侥幸飞回来的飞机也被打得遍体鳞伤。

5月15日下午，古德里安将军认为已经完成了突破法军前沿的任务，便决定执行第二项任务，挥师西向，直扑英吉利海岸。

5月23日，布洛涅和加莱被德军包围。次日，古德里安的坦克部队进抵圣奥梅尔和格拉夫林两市之间一线。当天，接到希特勒停止前进的命令，第12集团军就地停止进攻。

6月9日，利斯特的第12集团军各兵团再次发起进攻，经过一系列激战，在进攻的第一天就在雷泰勒以西地域建立了登陆场。次日晨，古德里安集群的两个坦克师由登陆场发起进攻。法军预备队（包括新建的坦克师）对德军进攻部队翼侧，由东实施了数次猛烈的反冲击，于6月10~11日暂时阻止了德军的进攻。尔后利斯特的第12集团军粉碎了法军的反冲击，继续向南挺进，并实施迂回，准备歼灭驻莱茵河畔马奇诺防线的法军集团。

6月25日，法军投降。这时利斯特的第12集团军已越过朗格勒高原进抵瑞士边境。利斯特在法国战役中指挥第12军团，在色当附近突破马奇诺防线，越过朗格勒高原向瑞士边境突进，切断了"马奇诺防线"后法军残余部队的退路，在歼灭法国陆军的战斗中起了决定性的作用。

1940年7月19日，在柏林召开的德国国会开会典礼上，希特勒为了表示国家对军人的感谢，给了一部分高级军官以极高的荣誉，利斯特以战功晋升为元帅。

No.4 南方面军总司令

1940年6月，德军在西欧得手后，意大利墨索里尼决定抢在德国之前占领希腊，以增强意大利在地中海的霸权地位，遂于1940年10月28日发动对希腊的军事入侵。英国为保持其在巴尔干的影响，开辟对德作战新战场，于10月29日开始援助希腊，派遣航空兵支援希军作战。让墨索里尼没想到的是，希腊军队是一个非常难缠的对手，当年冬季，希腊军队不仅成功地抑止了意大利的入侵，而且还于12月份发

起反击，将意军赶回阿尔巴尼亚，并攻入阿境内80公里。墨索里尼入侵希腊的行动令希特勒大为恼火，这不仅是因为墨索里尼在这件事上明目张胆地无视德国的意见，还因为意军行动的失败将对德国长远计划带来负面影响。但是，希特勒不能丢下墨索里尼不管，要解救墨索里尼必须采取军事行动，政治斡旋是解决不了问题的。

意大利入侵希腊失败后，希特勒为防止英国开辟巴尔干战场，保卫罗马尼亚油田，并保证德军入侵苏联翼侧的安全，下令制订入侵希腊的作战计划，并先后将罗马尼亚、匈牙利、保加利亚拉入德、意、日三国军事同盟。1941年3月1日，保加利亚加入三国公约。次日，德军经保加利亚政府同意渡过多瑙河，德军30万人进驻保加利亚，

∧ 德军在南斯拉夫作战的场景。

对希腊和南斯拉夫均构成了威胁。德国政策的目标是把南斯拉夫拉进自己的势力范围,迫使它加入三国公约。3月25日,南斯拉夫政府被迫签署参加德、意、日三国同盟的协定。签字仪式毫无喜庆之意,希特勒甚至将其比作葬礼。仅过了48小时,希特勒的计划就被破坏了。南军亲英派发动政变,夺取政权。南新政府拒绝与德结盟,并于4月5日同苏联签订友好和互不侵犯条约。希特勒闻讯火冒三丈,南斯拉夫局势的变化打乱了他对苏联采取行动的计划,而不得不将"巴巴罗萨"计划推迟。他立即中断了德国国防军指挥官会议,并在几小时之内向他们发布了新的、明确的命令——对南斯拉夫进行毫不留情的打击。因此,他决定占领南斯拉夫。

进攻希腊并对斯科普里和贝尔格莱德实施突击的任务交由利斯特元帅来担任,他指挥的第12集团军,下辖6个军,这些军共辖3个坦克师、两个摩托化师、8个步兵师、3个山地师、"大德意志"团和党卫军"阿道夫·希特勒"师。向贝尔格莱德方向进攻的还有各强大快速兵团编成的由克莱斯特将军指挥的第1坦克集群和魏克斯将军指挥的第2集团军，这些部队在南斯拉夫北部边界展开。

希腊的山区地形有利于防守战略，洛多皮山脉、伊庇鲁斯山、班都斯山脉及奥林匹斯山能阻挡入侵者的进攻。不过，德国空军有足够力量令守军难以在山区内的隧道通过，虽然从阿尔巴尼亚入侵的敌人能被班都斯山难以通行的地形阻止，但希腊东北部的地形却难于阻止来自北面国境的入侵。德军的进攻计划是根据他们在法国战役中得到的经验而制订的，其策略是使用在阿尔巴尼亚的战事分散希腊军队的注意力，削弱希腊在防守南斯拉夫及保加利亚边境的兵力，使用装甲部队通过防守薄弱的区域轻易到达敌方国土，再使用步兵配合作战。

4月6日，利斯特的第12集团军在完成了变更部署后，对希腊和南斯拉夫同时采取了行动。

在南斯拉夫方向，为了破坏南斯拉夫武装力量的战略展开，德意航空兵对交通枢纽和贝尔格莱德等重要城市实施猛烈轰炸，在其他地段的德军也开始发起进攻。南斯拉夫政府和最高统帅部在德军打击下陷于瘫痪。德第1装甲集群和第2集团军一部越过保南、罗南和匈南边界，向贝尔格莱德实施向心突击；德第2集团军主力由奥地利和匈牙利向南斯拉夫克罗地亚首府萨格勒布实施钳形突击。10日，德军在弗拉涅附近和伊巴尔河上游遭到南军的激烈抵抗，激战一直持续到战局结束之后。11日，意军分别由伊斯特拉半岛和阿尔巴尼亚的斯库台出发，对杜布罗夫尼克实施向心突击；匈牙利第3集团军10个旅从塞格德地域攻入南斯拉夫。12日晚，部分德军冲进贝尔格莱德。13日，德第1装甲集群和第2集团军在贝尔格莱德地区会师并占领该市。次日，南军最高统帅部命令部队停止抵抗，17日3时25分，南斯拉夫军队投降。德军伤亡500余人，南军被俘约34.5万人。

在希腊方向，利斯特第12集团军在巴尔干战役中歼灭了部分南斯拉夫军队后，于4月6日在德军第4航空队的支援下，向斯科普里和萨洛尼卡实施突击，与此同时在宽大正面越过希腊和保加利亚边界向南进攻。利斯特元帅的进攻目的是迅速夺取从萨洛尼卡到土耳其边界的爱琴海北岸，消灭该地的敌军，尔后立即攻占爱琴海北部的萨索斯岛、萨莫色雷斯岛和利姆诺斯岛，以防英国人或土耳其人夺取这些岛屿。自从巴尔干半岛卷入战争以来，这一海域已成为防守罗马尼亚石油产区不可缺少的前地。利斯特第12集团军向西直扑英国部队，这些部队刚刚抵达，正准备在奥林匹斯山到萨洛尼卡一线建立防御阵地。与此同时，克莱斯特的装甲集群从斯科普里向南穿过莫纳斯提尔山口，猛攻由一个希腊师保护的英军左翼。经过激烈战斗之后，希腊军被打垮，威尔逊英国部队率军撤到奥林匹斯山北侧的新防御地带。

默塔克塞斯防线构筑在便于防御的地形上，工事坚固，希腊军队在全线坚守，特别是在斯特鲁马河一线的坚守特别顽强。尽管德军使用了大量俯冲轰炸机狂轰滥炸，重炮和坦克反复攻击,希腊军队接连几天英勇地击退了德军的进攻。利斯特命令德军山地第5师一定要夺取鲁佩尔山口,斯特鲁马河经此山口入海。在此山口德、希两军展开了至为激烈的争夺战。由此往东,德军经山地向兹拉马和卡瓦拉方向进攻,双方展开了难解难分的血战。直到4月7日,德军才终于打到了克桑西,随后在其他地方向前推进。但这时在希、保边界以北渡过斯特鲁马河的德军各快速兵团已向西进攻,打退了斯特鲁米察河河谷的南斯拉夫军队,在多伊兰湖以西挥师南下。利斯特元帅抓住了希腊军队在这里的防御弱点,使在斯特鲁马河与多伊兰湖之间占领阵地的希军遭到德军的迂回打击,随后被击溃并退往斯特鲁马河。9日,德军坦克第2师进抵萨洛尼卡港,从而切断了瓦达河以东希军各师的退路。希腊第2集团军无望之下被迫缴械投降,当日在萨洛尼卡签署了投降书。

此时,第12集团军已可以集中力量同中马其顿集团军和英国远征军作战了。利斯特指挥该集团军主力从比托拉地域实施主要突击。在向南斯拉夫进攻期间,从丘斯滕迪尔地域向西推进的各兵团德军,仅以部分兵力继续向奥赫里德湖方向突击,于4月10日同意大利军队建立了联系。其主力(包括两个快速兵团)挥兵南下,以便从后方对希、英军队造成威胁。

在希腊中部,10日至12日,德军在弗洛里纳地域同防守该地的希腊军队两个师和英国军队1个坦克团展开了十分激烈的争夺战。希军在激战中多次实施反冲击。12日,德军兵团在航空兵的大力支援下,才突破多处守军的防御,并在追击英军过程中向东南推进。同时,德军兵团还向南和西南方向扩大了突破口。德军先头部队强行穿过英军和希腊军第1集团军之间的北部崎岖的山区,切断了希第1集团军从阿尔巴尼亚退回国内的道路。希军被迫放弃了奥林匹斯山阵地。

德军对弗洛里纳以东的希军和英军集团的包围未能成功,这使利斯特很失望。早在4月10日英军就从维斯特里察河下游阵地退却,12日前在维斯特里察河与韦尔米翁山之间的希军后卫掩护下,占领了从奥林匹斯山直至维斯特里察河弯曲部赫罗米翁地域的新阵地。这时,从萨洛尼卡地域进攻的德军第12集团军所属部队还在与希军的后卫部队作战。

但是,令利斯特感到满意的是,德军对突破地段以西的中马其顿集团军和意大利军队当面的希军集团军实施了成功的突破。11日,希军统帅部心情沉重地决定从北翼将尚未打过败仗的几个集团军撤出阿尔巴尼亚。它希望在翼侧阵地的掩护下及时实施这一机动，因为该阵地在赫罗米翁地域与英军阵地相连，在北面则一直延伸到普雷斯帕湖。利斯特察觉到了希军这一动向，他果断地指挥第12集团军由科扎尼—弗洛里纳公路转向西南迅速挺进，15日前，德军一些坦克兵团已向东南前进到科扎尼。希腊军队无法在预定地区阻止德军，而被逼向西南品都斯山脉，其正面防御已有多处被德军突破。希军的这一计划被粉碎了。从四面八方退却的希腊兵团在北品都斯山脉难以通行的地区造成了严重的道路阻塞。他们已经不能指望英国人的援助了。他们的兵力太弱，在自己的地段只能勉强作战。

自从4月14日英国人被德军切断了同希军主力的联系以后，战争对他们来说已经失去了任何意义。现在他们只想着准备撤退，避免被歼灭。成功脱险的英军部队开始沿阿利阿克蒙河一线和奥林匹斯山各关口组织防御。在此，他们成功地阻止德国装甲和步兵部队潮水般的攻势达4天之久，掩护军民向南逃避。希腊人在奥林匹斯山附

∨ 希腊城市萨洛尼卡的街头，被德军装甲车辆占满。

近留下了守卫的军队，以阻止德军兵团的进攻，保障英军退却。德军坦克部队被英军设置的破坏区所迟滞，在品都斯山脉和爱琴海之间只有很小的机动自由，所以它们未能包围撤退的英军翼侧。德国空军由于这几天天气变幻莫测，也很难行动，无法有力阻挠英军的退却。

20日，德军兵团追击到达塞尔莫皮莱山口的坚固筑垒阵地和沃洛斯港地域，但英军第一批部队已撤离该港。作战中，英国情报人员向威尔逊将军提供了一系列破译的德军信号情报，使他总能够先德军一步摆脱包围，否则，在德军指挥官的战术主动和高机动部队面前他们可能早就成为俘虏。利斯特为减少德军伤亡，尽量避免从正面进攻塞尔莫皮莱山口，指挥德军迅速渡海到埃维亚岛，以便在哈尔基斯地域再次渡海到半岛，从后方对英国人实施迂回。但英军主力已经撤走。这个失误是由德军对敌情的侦察不够及时、准确导致的。

面对北、东、西三方的强劲突击，希腊军队在历经一阵无望的抵抗之后，于4月23日，向德国元帅利斯特投降，德国与希腊宣布停战。

24日，德军山地步兵师攻克了由英军后卫扼守的塞尔莫皮莱山口。德军快速兵团迅猛追击，27日进抵科林西斯湾，当日占领雅典。而英军早在23日夜间已开始上船撤退了。4月24日，威尔逊放弃德摩比利，退入伯罗奔尼撒。与此同时，皇家海军6艘巡洋舰和12艘驱逐舰不顾纳粹空军的狂轰滥炸，趁夜幕驶入希腊东部海港，营救英国部队。头两夜撤出了17,000人，随后英军便在德军最猛烈的攻击下装载上船。英军人员遭到了惨重伤亡，许多船只被击沉。有一艘运输舰为了尽量多载人而耽搁太久，拂晓时遭到德军飞机的攻击，运输舰被击沉。两艘驱逐舰赶来，把大部分人员从运输舰上救起，但几小时后，这两艘驱逐舰也遭到了同样的命运。但皇家海军的营救行动仍在继续。以后英军只能在半岛最南端上船。一支德国空降兵于4月26日在柯里恩斯着陆，几乎接近了英军的撤退线，但威尔逊利用余部的主力顽强战斗，确保了退路的畅通。在卡拉迈地域，来不及撤走的英军被德军各先遣支队俘获。4月27日，英军撤退完毕，共撤出部队4.3万人，伤亡11,840人，5,000余人被俘，所有的重装备皆被遗弃。此役，德军伤亡约1.15万人；希腊伤亡超过7万人，另有27万人被俘。英海军为救运陆军表现了高度的忘我牺牲精神，这给利斯特和他的部下们留下了深刻印象。

德军在巴尔干战役中消灭了南斯拉夫军队，突破保-希边境上的防线，击溃了英国派遣军和希腊部队的主力。英军4.1万人和部分希腊军队经海路撤至克里特岛。5月下旬，德空军发起克里特岛空降战役，德军第7伞兵师在付出惨重的伤亡后，将英国势力完全逐出巴尔干地区。为了严格遵守巴巴罗萨行动的时间表，德国侵略军主力于5月份开始撤出，希腊交由德军后备队和意大利军统治。

德军在南斯拉夫和希腊的作战行动，是一次精确与高效结合在一起典型战例。在被认为装甲部队难以逾越的巴尔干山地上大量使用坦克及山地步兵师的快速迅猛，是这次行动最显著的特征。德军占领巴尔干后，东南欧和地中海的政治军事形势发生了有利于轴心国的变化，为其发动侵苏战争创造了有利条件。"巴巴罗萨"计划要求德国在东南欧地区，尤其是巴尔干南翼有一个稳定的战略环境，以保证德国航空兵和装甲兵能够得到罗马尼亚普罗耶什迪油田的石油供应。但是，德军在巴尔干半岛的展开，推迟了"巴巴罗萨"计划。伦德施泰特元帅战后在纽伦堡受审时也说，由于巴尔干战役，"我们至少迟开了4周"。并说："这是一次代价非常昂贵的推迟。"

克里特岛战役结束之后，利斯特被任命为驻雅典的德国国防军东南方面军总司令。

1941年10月，利斯特因病动手术。病愈后于次年3月奉希特勒之命前往挪威进行了一次考察旅行。

No.5 翻越高加索

1942年夏天，进攻苏联的德军南方集团军群分成了两部分，利斯特被任命为由野战第17集团军、第11集团军之一部和坦克第1集团军编成的A集团军群总司令，受命攻占黑海沿岸和外高加索地区，主要目的是夺取高加索山脉北部迈科普和格罗兹尼的油田，然后占领阿塞拜疆的巴库。巴库的石油产量占到苏联石油总产量的80%。德军最高统帅部希望A集团军群在夺取苏联丰富的油田之前，首先击败高加索山区的苏军并占领广阔的土地。

6月28日，利斯特的A集团军群按计划发起进攻，与苏军在一些地段激烈战斗后，从伊久姆至库尔斯克整个正面上突破了苏军防御，并展开追击。7月中旬，德军沿多方向进攻。A集团军群的坦克第1集团军由米列罗沃地域折向东南，月底已进至新切尔卡斯克和齐姆良斯卡亚之间的顿河沿岸；第17集团军在坦克第1集团军右邻由斯大林诺地域进攻后，17日其左翼占领伏罗希洛夫格勒，中央和右翼进逼顿河河畔罗斯托夫两侧。A集团军群半个月向前攻击推进了差不多500公里。但是，由于苏军采取了一种放弃土地以换取时间，失地存人，避免被德军包围的战略战术，使德军连一个合围圈都未能形成。利斯特只好指挥所部实施正面追击，虽然夺得了北顿涅茨河与顿河之间的大片开阔地，却未能歼灭预想中的苏军武装集团。苏军在辽阔领土上实施的这种战术是非常正确的，利斯特已感到他碰上了高明的对手。

这时德军兵力既要保障从沃罗涅日到斯大林格勒宽达600公里的翼侧，并且挺进到斯大林格勒和伏尔加河，再向东南继续进攻；又要开进350~750公里向高加索进攻，已现出明显不足。7月23日，利斯特的A集团军群以自己的力量猛攻顿河下游，坦克第1集团军的左翼部队在齐姆良斯卡亚地域的顿河战斗最为激烈，苏军为防止德军沿科捷利尼科沃—斯大林格勒铁路推进，进行了顽强的防御。利斯特的确曾有过这样的打算，但因兵力有限，无法再分兵实施这样的行动，只能做出调兵东进的动向，实际上只可以保障坦克第1集团军深远推进的左翼和后方。尽管如此，A集团军群还是在罗斯托夫以东的宽大正面上强渡了顿河，并攻克了罗斯托夫。尔后势如破竹，直下高加索。7月最后几天，渡过了马内奇河。

　　8月6日，A集团军群各快速兵团几乎没有遇到抵抗，在叶伊斯克至阿尔马维尔地段进至叶伊斯克—巴库铁路。此后，各先遣支队即进抵库班河。8日，夺取了最小的、年产石油250万吨但已被苏联人彻底破坏了的石油区迈科普。同时，两个坦克军在库班河中游以北转向东南，以便向更重要的目标格罗兹尼地域推进。但是，随着战线的迅速推进，军队补给发生的困难不断出现，最后形成了真正的灾难。为解决油料奇缺，有时竟不得不进行空运。交通线这样漫长，以致运送油料的汽车纵队在途中就消耗了所运的大部分油料。有时事情发展到反常的程度：竟使用骆驼队运油。巧妇难为无米之炊，利斯特再有指挥艺术，也无法让没有燃料的装甲车、汽车跑动。9日，向格罗兹尼进攻的快速兵团到达皮亚季戈尔斯克后，不得不在那里等了好几个星期油料，而这段时间苏军却正在调集兵力，加强空军。8月底，愁眉苦脸的利斯特高兴了一下，他的部队在再度发起的进攻中有了一些进展，8月21日，该路德国法西斯军队将卐字旗插上了高加索山脉

▽ 战斗中，苏军为了不让德军获得燃料，于是点燃了油田。

最高的一座山峰——海拔5,633米的厄尔鲁斯山山巅。8月25日,克莱施特的坦克部队攻克了莫兹多克,距格罗兹罗的苏联最大产油中心只有80公里,距里海也只有160公里。但随后德军便再无法向南推进了。山地步兵曾试图通过难以通行的高加索西北支脉向图阿普谢挺进,但在持续了数星期的激战中,却在山口被苏军英勇地阻住了。9月初,得到补充的利斯特指挥第17集团军左翼实施了辅助突击。这一突击对于尔后发展战役具有重大意义。德军从东面和西面同时经刻赤海峡实施进攻,肃清了位于刻赤半岛以东的北高加索突出部——塔曼半岛的苏军。但在其他地段,德军毫无进展。利斯特曾赴乌克兰的文尼察领袖行营向希特勒陈述反对分散兵力的理由。而希特勒固执己见,仍派遣B集团军群向斯大林格勒进攻。这使高加索战线的情况变得对德军极为不利。

A集团军群的目标还未达到,北高加索会战双方胜负未决。从军以来一路顺风的利斯特恐怕没有想到就在几天后,他的军事生涯会有一个180度的转变。

No.6 奉命辞职

战线南翼的战事让希特勒烦躁恼火。根据1942年夏季攻势战役计划,集中在这里的两个德军集团军群,应同时达到两个目标:利斯特元帅指挥的A集团军群应突入高加索,占领这里的重要产油区;魏克斯元帅的B集团军群则应向东,拿下斯大林格勒,围歼苏军于伏尔加河西岸。两个集团军群的进攻到8月底之前还算顺利,A集团军群前出至捷烈克河和巴克桑河一线;B集团军群的主力——保卢斯的第6集团军已渡过顿河并打通了直到伏尔加河的走廊,而且据配合第6集团军行动的第4航空大队指挥官里希特霍芬将军说,斯大林格勒地区根本没有苏军重兵,许多无掩护地带,甚至根本就没有苏军。尽管希特勒对此消息不敢全信,但他对在8月份能在斯大林格勒和高加索两个方向上给俄国人以毁灭性打击,还是很有信心的。可是,随着日子一天天过去,前线虽然也传来一些零星的德军进展消息,但他等待已久的让全世界震惊的伟大胜利却一直没有出现。利斯特仍然在高加索山脉北坡下裹足不前,保卢斯攻进了斯大林格勒市区,却就是占领不了全城。而且,被紧紧缠住的两个集团军群,现在谁也抽不出足够的力量互相支援。希特勒已经碰到了当初他决定在战线南翼同时伸出两个指头时所没料到的尴尬。

希特勒愈发急躁地催促利斯特加快作战行动,并毫不掩饰地对A集团军群的进展表示不满,同时又对利斯特提出的增派后备队的要求置之不理。8月31日,希特勒催促利斯特纠集所有可以调集的力量向格罗兹作"致命一击",要求尽快拿下油田。

∨ 在高加索地区，德军与苏军展开交战。

但德军冲击力迅速下降，进展缓慢。9月初，利斯特元帅在报告中索性直言：靠A集团军群现有兵力已不可能达到预定目的。希特勒认为这是利斯特在为自己的无能找借口，于是派一直常伴左右的国防军指挥参谋部参谋长约德尔将军到A集团军群，实地研究形势，敦促其加快作战进程，而真正本意是调查该集团军群在东线南段遭到失败的原因，着重查明集团军群总司令利斯特是否执行了最高统帅部对战役的命令和指示，找出利斯特元帅的错误，好迫使他下台。约德尔返回文尼察大本营后，如实报告说，利斯特元帅对他那里现状的看法是客观中肯的，而且利斯特元帅迄今为止的一切行动，都是严格遵照着希特勒的指示，只是因为苏军日益强大的抵抗而未能成功。这些话当然刺痛了希特勒，他怀疑约德尔与利斯特串通一气，推卸责任，于是指责约德尔有意替不服从命令的前方将领辩护。约德尔对希特勒言听计从，但这次对把他这个身居要职的炮兵上将当成一个传令兵派来派去深感不快，现在又遭误解，竟然像吃了豹子胆似的在希特勒面前发了脾气，指出希特勒指挥上的错误。希特勒一下子勃然大怒，在与约德尔共事以来，第一次如此对他暴跳如雷。约德尔冷静下来以后，也懊恼自己犯了一个最愚蠢的错误。约德尔虽然没有马上被调离，但与希特勒之间却是永远的留下了一道无法弥合的裂缝。

利斯特元帅似乎马上得到了"解脱"。9月9日，希特勒通过国防军统帅部和陆军总参谋部下达命令，解除利斯特A集团军群司令官职务。第二天，最高统帅部总参谋长凯特尔元帅来到A集团军群总部，并以希特勒的名义要求利斯特辞职。"要求"实际上就是命令。两天之后，利斯特辞职。A集团军群总司令暂由希特勒自己接管，前线指挥由集团军群副司令克莱斯特上将负责。克莱斯特上任后，虽然竭尽全力，也无法再前进一步。克莱斯特说："因为黑海航路相当不安全，所以我们的补给大部分是必须从罗斯托夫'瓶颈'用铁路运来，有一部分是靠空运，但其总量还是不足以维持前进的动量。"

当希特勒在作战指挥上铸成大错的时候，他总是采取嫁祸于人和换马的做法，这已不鲜见。其他的且不说，在利斯特之前有博克元帅，紧接其后有陆军总参谋长哈尔德。利斯特成了希特勒的又一只替罪羊。利斯特奉命辞职后闲赋于家，直至战争结束。他最后的结局同诸多将帅们大同小异，但作为一名高级将领，在山地作战上颇有造诣，在巴尔干征战中展露出非凡的军事指挥才能，以至于在日后东线战役期间被安排于同属多山地形的高加索地区作战。他在波兰、法国、巴尔干和高加索的诸战役中的出色指挥，在军事史上都应该写上一笔。

1945年，利斯特被美军逮捕，并在纽伦堡国际军事法庭上被判处无期徒刑。1952年12月24日，他因病被释放出狱。1971年8月17日，利斯特去世，时年91岁，是纳粹众元帅中寿命最长的一人。

Ritter Wilhelm von Leeb

炮兵将军

勒 布

他是德国陆军元帅，
他在德国陆军特别是炮兵中的威望极高，
他号称"德国的战略防御大师"，
他具有非凡的军事指挥才能，
他是德国著名的军事家和统帅，
他在纽伦堡国际军事法庭受审被判3年有期徒刑……
他是威廉·约瑟夫·弗朗茨·冯·勒布。

No.1 威廉骑士勒布

1876年9月5日，勒布出生于莱希河河畔的兰茨贝格。1895年，勒布从帕绍的一所旧式中学毕业后即加入了驻奥格斯堡的巴伐利亚野战炮兵第4团。1897年，勒布晋升少尉，次年考入炮兵与工程学校受训一年。

这时，遥远的中国爆发了义和团运动。于是，勒布报名参加德国东亚派遣军，同欧洲其他列强所派军队一起，在瓦德西元帅的统率下入侵中国，参加了"八国联军远征东亚之战"。勒布当时任东亚野战炮兵团山炮1连的排长。

1900年12月14日，勒布随派遣军在胶州湾的中国海岸登陆作战。在击败清朝的腐败军队后，勒布随军耀武扬威地在中国的国土上横行。

1903年，在从中国回国后，勒布考入驻慕尼黑的巴伐利亚军事学院受训，两年后晋升中尉。1907年至1909年，他在巴伐利亚的参谋本部工作。1909年10月，勒布被调往柏林的总参谋部工作。在晋升上尉后，他被调往炮兵射击学院工作。1912年3月，勒布被调任驻埃尔兰根的巴伐利亚野战炮兵第10团，在该团担任连长。1914年1月，他被调回巴伐利亚的参谋本部，不久派任第一巴伐利亚军司令部第二参谋官并随部队开赴前线，参加第一次世界大战。

从1915年3月起，勒布改任新成立的巴伐利亚步兵第11师首席参谋官，并于当年5月参加了戈尔利采附近的大突破战役。一年后，勒布晋升少校并因参谋业务成绩卓著而获马克思—约瑟夫骑士勋章。此时，平民出身的勒布被晋封为骑士，因而被人们称为"威廉骑士勒布"。

1916年夏，步兵第11师在东线战场参加了科维尔附近的布鲁希洛夫攻势作战。几个月后，该师又参加了对楚尔杜克山隘的突破作战以及阿尔特和阿格苏尔会战，后又转战西线战场。1917年5月，勒布被派往巴伐利亚皇太子鲁普雷希特集团军总司令部任职，直到第一次世界大战结束。

1918年12月，勒布重回巴伐利亚参谋本部工作，半年后参加了平定共产党"叛乱"的行动。1919年5月，勒布任巴伐利亚军政部陆军司司长，同年10月被调往柏林，任国防部司长。1921年夏，勒布调任驻慕尼黑的第7军区参谋长，接着又任巴伐利亚第7炮兵团山炮2营营长。1925年2月晋升上校，一年后任巴伐利亚炮兵第7团团长。

此后，勒布的职衔直线上升：1928年任第5军区炮兵指挥官；1929年晋升少将；1930年晋升中将；出任巴伐利亚第7师师长兼任第7军区司令和巴伐利亚邦军事指挥官。

从第一次世界大战起，勒布就爱好登山运动。1931年春，他参加迪特尔少校主持的陆军登山训练班，成绩优良。在第二阶段训练结束时，他就被当时的陆军总司令破

＜八国联军组成编队开进紫禁城。

格任命为陆军登山的向导。在他任巴伐利亚第7师师长期间，特别注重陆军的登山训练，这为之后的德国陆军山地训练打下了基础。

希特勒上台后，勒布于1933年10月被任命为驻卡塞尔的第2集团军总司令。他积极参与扩军备战，并已经做好了战时担任西线作战指挥的准备。1934年1月，勒布被晋升为炮兵将军。

任职期间，勒布逐渐成为德国战史上著名的防守战略家。1934年，他草拟了构筑西线要塞的基本方案，次年完成草案。1938年，该草案经修改后，被正式颁布为陆军教范《阵地战与对永备筑城阵地的作战》。1937年颁布的《防卫》，也包含了他的防御思想。不过，其中的各项正确原则均被希特勒在以后的作战指导中一再违反，因为希特勒需要的是进攻性的原则。

勒布认为，野战统帅的神圣使命就是防范敌人的攻击，以确保国家的安全；德国的重整军备应纯粹是一种守势行为。但希特勒的所作所为，却引起了勒布的怀疑。他已逐渐感到希特勒是一个天生的恶魔，他不像其他将领那样易受希特勒的迷惑。加之他不习惯于隐瞒自己的观点，这就使希特勒产生了伺机除掉勒布的想法。当勃洛姆堡元帅和弗里契上将被免职的时候，这个机会终于来了。

1938年2月4日晚，勒布接到希特勒的传令官送来的命令，要他立刻申请辞职，并于次日前往总理府报到。随后，德国政府机关报《民众观察》上立即发表消息说，有12位将领（勒布就是其中之一）申请辞职，以便让位给较为年轻的指挥官。1938年3月1日，勒布在晋升上将的同时退役。

1938年7月，因勒布在德国陆军中特别是炮兵中的声望，而被命令重新进入德国陆军服役。此时，勒布被希特勒任命为第12集团军司令，并按照希特勒的命令指挥部队侵占了捷克斯洛伐克的苏台德地区。

No.2 突破马奇诺防线

1939年9月1日，德军闪击波兰，第二次世界大战爆发。勒布任驻守西线的C集团军群总司令，配置于从瑞士边境到北海一线。C集团军群下辖8个基干师和25个后备师，而后者还须动员才能执行作战任务，因为其装备和训练水平都不足，也没有配置坦克兵团。

德军吞并奥地利，侵占捷克斯洛伐克的苏台德地区，继而闪电战击溃波兰，扩张政策的初步成功使希特勒急于发动对西方的攻势。1939年10月6日，希特勒在国会上作了"和平演讲"之后，立即命令德军加紧攻击准备，并决定11月25日为发动攻击的日期。这一计划大大地激怒了勒布上将。当时，他在日记上发泄了对希特勒的不满："他要破坏荷兰、比利时和卢森堡的中立，去实施疯狂的攻击，希特勒在国会的演讲是对德意志民族的一种欺骗！"

　　勒布同西线的其他两位司令鲍克和伦德施泰特商量之后，写了一封给陆军总司令勃劳希契的信。信中说："……整个德意志民族的命运，完全系于你的身上。反对领袖企图的军事理由已很明显。刀剑已不像领袖所想象的那样锋利了。整个德意志民族无不深切地渴望和平，因为他们本能地感觉到，消灭英法是不可能的，一切阴谋的计划必须立即放弃……"而之后的实际情况也证明了这些。

∨ 德军入侵波兰期间，一支德军部队正通过瓦尔塔河上的一座浮桥。

当时，德国陆军无论从员额还是训练强度上都不能满足战争所必需的要求。勒布认为这是他一生中遇到的一幕大悲剧。由于处在这样的位置上，他不得不下达违心的命令，而出于他口的命令会造成许许多多无辜生命的牺牲，他感到良心的责备。可他矛盾的心理又不愿放弃权力，这是他奋斗一生以期得到荣誉的一种标志。

鲍克和伦德施泰特虽然也同勒布意见一致，但他们太受服从天职的束缚，不愿采取其他措施。勒布不愿眼看着希特勒铤而走险，他敢于诅咒希特勒的政策。当他得知自己的儿子于1939年9月9日在前线阵亡时，竟敢于破口大骂希特勒是"骗人的笨蛋和罪犯"。这句话传到了纳粹党的最高法官布赫耳中，从那时起，德国秘密警察就开始监视勒布的行动，甚至检查他的私人信件。

希特勒绝不放弃自己的计划，尽管攻击西方的日期拖延达20次之多，可攻击还是在1940年5月10日发动了。

∨ 法国军队的一名坦克兵向德军投降。德军运用闪电战术迅速入侵西欧，包括法国在内的许多西欧国家相继沦陷。

1940年5月10日，德军执行"曼施坦因"计划，大举入侵荷兰、比利时、卢森堡和法国。勒布指挥C集团军群的17个师，奉命在马奇诺防线当面以积极的佯攻行动，牵制尽可能多的英法陆军的兵力于该地段。勒布指挥第7集团军沿巴塞尔到卡尔斯鲁厄一段莱茵河部署；第1集团军在莱茵河至卢森堡边界之间占领西方壁垒；一个不大的A战役集群在韦瑟尔以南展开。

之后，勒布指挥所辖维茨莱本上将的第1集团军一路猛攻，6月中旬已在圣阿沃尔德和萨尔布吕肯之间楔入马奇诺防线，多尔曼炮兵上将的第7集团军在上游强渡莱茵河向科尔马推进。法军开始从尚未发挥大作用的马奇诺防线撤退，但为时已晚。德军第1集团军在萨尔河以东突破了法军守备部队英勇抵抗的筑垒线，第7集团军在孚日山脉附近实施的猛攻，牵制了法军各退却集团军的北翼和东翼。在坦克兵团的配合下，德军在阿尔萨斯—洛林围歼了法军的第2集团军及其他集团军残部，俘虏法军70万人。最终，已得知法国政府求和消息而失去抵抗愿望的法军防御体系崩溃了，驻守马奇诺防线的法军要塞部队于6月22日放下了武器。

1940年6月24日，战功卓著的勒布因突破被吹嘘为固若金汤的马奇诺防线而获骑士铁十字勋章，并于7月19日晋升元帅。12月，勒布被调任陆军总预备队的集团军群总司令。

No.3 入侵苏联

西线战役的胜利坚定了希特勒铲除其头号敌人苏联的信心。为进攻苏联，希特勒组建了3个集团军群：鲍克元帅指挥的中央集团军群、伦德施泰特元帅指挥的南方集团军群和勒布元帅指挥的北方集团军群。

北方集团军群辖两个集团军和一个坦克集群，共20个步兵师、3个摩托化师和3个坦克师，是3个集团军群中兵力最少的。它的任务是从东普鲁士前进消灭波罗的海沿岸的苏军，夺取波罗的海港口，尔后再夺取列宁格勒和喀琅施塔得，使苏联波罗的海舰队丧失基地，同时还应对之前向斯摩棱斯克进攻的德中央集团军群各快速兵团及时实施支援。计划要求北方集团军群应力图以强大右翼的快速兵团首先向前推进，以便尽快进至奥波奇卡地域，阻止苏军出波罗的海沿岸退却，为尔后迅速向列宁格勒进攻创造条件。

可勒布元帅面对的是极为不利的地形，边界的轮廓迫使整个集团军群的兵力密集地集中在东普鲁士边界附近和涅曼河下游两岸，完全不可能直接从展开地域实施对苏军的有计划包围。他的前面，是苏联著名的伏罗希洛夫元帅和其率领的部队。苏

军显然已获悉德军兵团大量集中在东普鲁士，从一开始便将守军成纵深梯次进行配置。苏军7个步兵师部署在东普鲁士边界，24个步兵师、两个骑兵师、两个坦克师和6个摩托机械化旅，分成数个军事集群配置在维尔纽斯、考纳斯、希奥利艾等市周围及后方的奥波奇卡、普斯科夫地域附近。

在此情况下，勒布元帅只有创造非常有利的条件才能从南面包围苏军，并在苏军退却之前予以消灭。经过周密策划，他命令布施上将的第16集团军沿埃本罗德—考纳斯道路两侧向陶格夫匹尔斯及其以北展开进攻；屈希勒上将的第18集团军沿蒂尔西特—里加道路向里加实施主要突击；赫普纳上将的坦克第4集群在涅曼河下游以北向芬斯克和西德维纳河挺进，夺占一切渡河点，进击阿波卡。

1941年6月22日，德军各集团军群向苏联发起进攻，迅速突破了几乎每一次只有少量苏军兵力防守的边防阵地。德军坦克第4集群在宽大正面渡过杜比萨河后，迅速向西德维纳河挺进，为了切断在西德维纳河前面的一切苏军退路，并赶上北面集团军的作战，第4坦克集群的前进就像是一场赛跑。勒布元帅命令赫普上将要完整无恙地夺占西德维纳河上的桥梁，这对于战役的胜利具有决定的重要性。各坦克师接到命令后，争先恐后地向该河猛进。以便前出至该河的陶格夫匹尔斯、叶卡布皮斯地段。坦克集群左翼的一个军在进攻中一度被苏军坦克的猛烈反冲击所阻，双方展开了坦克战。6月24日至26日，该军在考纳斯以北的凯代尼艾不得不进行一系列鏖战才击退了苏军。与此同时，另一个深远推进的军于6月26日以1个坦克师和1个摩托化师在陶格夫匹尔斯地域进抵西德维纳河，在其右岸夺占了1个登陆场。该军仅用了4天零5个小时，便攻击突入苏军防御地区达200里，并完整无恙地攻占了渡口，夺取了大桥，战斗

力之强前所未有。

　　苏军为了阻止德军前进，倾全力反击以图控制渡口，空军一个中队又一个中队地不顾德军飞机的袭击和地面高射炮的拦截，勇猛地低空扫射德军，轰炸桥梁。虽给德军重大杀伤，自己也付出了很大代价。

　　当德军整个坦克集群都已靠拢，并在利瓦内地域和叶卡皮布斯地域也建立了登陆场后，便不顾河岸边苏军如何抗击，于7月2日开始在宽大正面上发起进攻。

　　这时，德军两个野战集团军经过激烈战斗，也在迅猛前出的快速兵团后迅速跟进。6月29日，德第18集团军夺占了里加。德军两个野战集团军进抵西德维纳河并粉碎了苏军的最后抵抗后，开始随坦克第四集群开进。该集群通过了苏军放弃的、紧靠波罗的海沿岸各国的原边防地区后，于7月9日进抵普斯科夫北郊，7月10日进抵奥波奇卡以南。

　　但是，勒布所率部队却未能按预定计划消灭苏军重兵。当德军集团军群主力在实施上述战斗行动时，第18集团军翼侧兵团已着手肃清波罗的海沿岸南部地区之苏军，并于6月28日未遭苏军特别的抵抗即守占了利耶帕亚，7月1日守占了文茨皮尔斯断。德军还以一个军在西德维纳河对岸发动进攻，以图夺占爱沙尼亚。到7月10日前，该军进至塔尔图、派尔努一线。勒布的北方集团军群虽推进到了预定地域，甚至远远超过了西德维纳河，但战场上取得的战果却不那么辉煌，只不过是赶跑了当面的苏军。这是因苏军的配置起了很大的作用，加之伏罗希洛夫元帅指挥收缩很快，使勒布围歼苏军的企图未能得逞。

　　这之后，苏军以钢铁般的意志、不顾牺牲的精神，无比顽强地阻止了德军的迅速闪击，还一次次发起反冲击，参战的坦克数量也多得惊人。德军北方集团军群的党卫军"骷髅师"死伤惨重，其师长也在激战中阵亡。

在苏军的激烈抵抗下，德军北方集团军群在楚德湖以南越过俄国旧边界后，进攻速度越来越迟缓。诚然，由于芬兰人在卡累利阿地峡向列宁格勒进攻牵制了苏军大量兵力，减少了该集团军群继续推进的困难，但是，向东北方向的进攻却导致了该集团军群南翼军队越来越脱离中央集团军群而过于深入，原计划配合作战的中央集团军群各坦克兵团又尚未开到，勒布元帅深感兵力不够用，每个军都缺少其必要的打击力，却又不得不勉励而为。

No.4 决战列宁格勒

1941年7月13日，勒布指挥北方集团军群开始了切断列宁格勒与莫斯科之间的交通线，继而向列宁格勒挺进的行动。勒布命令下属的坦克第4集群的两个军越过俄国旧边界到达普斯科夫地域后，已深深楔入了苏军部署。右翼一个军于7月15日进至伊尔门湖西南的索利奇地域，左翼一个军沿楚德湖东推进，其先遣支队当日即进至纳尔瓦东南地域卢加河下游。

这一线的苏军没有因为德军的楔入而惊慌，他们沉着地抵抗着进攻，激烈的战斗使德军坦克部队在步兵开到之前只好停止继续推进。保障北方集团军群右翼的德军第16集团军主力经过非常激烈的战斗，于8月份进抵霍尔姆。北面的德军经多日激战后夺取了旧鲁萨，进抵洛瓦季河流入伊尔门湖的河口。同时，第16集团军左翼和在其后跟进的第18集团军，在伊尔门湖和楚德湖之间地域把在他们当面防御的苏军压迫到了坦克第4集群早在7月中旬就已到达的地域。双方在伊尔门湖西北和卢加河附近顽强地展开了猛烈战斗，形成了对峙。

勒布为打破僵局，命令第18集团军西翼部队从楚德湖和里加湾之间冲入，肃清拉脱维亚境内及塔林和波罗的港以南爱沙尼亚境内的苏军；命令坦克第4集群由东南实施突击，攻占纳尔瓦。8月17日，纳尔瓦和楚德湖与芬兰湾之间的狭窄部分落入德军手中，但是苏军主力已及时渡过纳尔瓦河东撤。

在伊尔门湖以南，进抵洛瓦季河的德军第10军，遭到苏军第38集团军的突然反击，使其处境危险，被迫转入防御，并被压得节节败退。渡过洛瓦季河的苏军强大兵团，企图把德军逐到伊尔门湖。勒布急令坦克第4集群的部队火速支援困难重重的第10军，同时命令由南面开到的坦克第3集群战时加入北方集团军群的一个坦克军进抵瓦尔代高地西侧，从而解除了这次危机。德军各坦克兵团与第10军一起将苏

军逐过了洛瓦季河及波拉河，又在瓦尔代高地西侧地域击溃了苏军第38集团军。德军第16集团军南翼这时已推进到伊尔门湖东端至奥斯塔什科夫地域一线。

在伊尔门湖西北，德第16集团军左翼正逼近沃尔霍夫河，而第18集团军正向列宁格勒挺进，勒布令该集团军通过向施吕瑟尔堡实施突击，完全切断连接列宁格勒与莫斯科和沃洛格达的道路，完成对列宁格勒的合围。

德军北方集团军群尽管兵力较弱，也没有得到原计划里中央集团军群要以强大兵团及时支援的战场实施，未能获得决定性的战役胜利。但在勒布元帅这个防御战专家率领下，依靠自己的力量，进攻战斗的实施还是比较成功的，战果仍然相当大，在波罗的海地区的多次包围战中俘虏苏军30余万人。

9月初，北方集团军群各快速兵团已挺进到列宁格勒以东的捏瓦河。9月8日，这些兵团实施强攻，夺取了施吕瑟尔堡，从而切断了列宁格勒与其东南交通线的联系。第18集团军基本兵力进逼列宁格勒市市区边缘，由陆上完成了对该市的包围。第16集团军左翼在沃尔霍夫附近掩护自己的左邻。

勒布经过侦察，认为攻取列宁格勒是有希望的。当时该市居住着450万人，粮食不够，瘟疫流行。可是帝国元帅戈林却夸口说，要以空军的集中轰炸毁灭这座城市。而希特勒正想着先占领乌克兰，于是决定延缓对列宁格勒和莫斯科的进攻。9月中旬，北方集团军群被抽调走了6个师，用以参加中央集团军群向莫斯科的攻击。坦克第4集群和赶来支援作战的坦克第3集群也一起转隶到中央集团军群，这就使原定的使用坦克集群对列宁格勒实施深远包围的计划难以实现。

勒布在此情况下，还想找出苏军防御的薄弱

环节，在决定性的地点楔入列宁格勒苏联方面军的阵地深处，攻入该市。于是在9月18日，他下令发起攻击。德军经过一周非常激烈的战斗，不得不承认，以剩下的这些兵力决不可能再继续向该市进攻了。

希特勒这时试图不攻而以饥饿迫使列宁格勒投降，这个城市也确实因此而遭到巨大损失。冻、饿、病死的人数是战死者的好几倍，但苏联军民的意志力在列宁格勒得到了充分体现，他们以高昂的斗志和牺牲精神，使希特勒的企图成了一厢情愿的梦想。苏军在9月下半月还对德军北方集团军群南翼实施了强大的反突击，将其压制于瓦尔代高地和伊尔门湖很难再进攻，使占领施吕瑟尔堡的德军处于防守态势，德军的攻势被迫减弱了。苏军还在拉多加湖的厚厚冰层上铺设了一条铁路。用以供应市内所需的给养和弹药。德军空军却始终也未能将其炸掉。勒布对此曾愤怒地拍着桌子大骂："希特勒在俄国指导作战，简直就像他和俄国订有什么密约似的！"

10月初，勒布奉希特勒的命令在伊尔门湖以北发起进攻，他对已受到削弱的集团军群重新部署后，于10月中旬下令所属各军向东北方向实施突击；起初虽然取得了一些进展，但很快就遭遇到苏军强大的反击，瓦尔代高地的攻势受阻。

德军第16集团军北翼于11月10日顶住了苏军的顽强抵抗，推进到季赫温。但随后苏军在12月初发起反击，又将其逐过了沃尔霍夫河。第18集团军在施吕瑟尔堡和沃尔霍夫附近的战斗也很艰难。勒布就连想把苏军海军陆战队从陆上赶下海去，攻占喀琅施塔得，切断列宁格勒供给线的愿望也未能实现。苏军海军陆战队牢牢扼守住了在奥拉宁包姆及其以西地域的一个宽50公里、纵深25公里的登陆场。

整个列宁格勒四周的战斗非常激烈，已近白热化，德军虽已进抵该市南郊，但苏军在列宁格勒工人的强大支援下表现得极为顽强，硬是把德军顶住了。勒布不得不感叹苏联军民的英勇，对预期的胜利也失去了信心。

在圣诞节前后几天，北方集团军群的正面，整个出现了虚假的沉寂。

1941年年底和1942年年初，苏军发起反攻的部队在伊尔门湖和列宁格勒之间进行了一系列突破，推进到了沃尔霍夫河西岸。驻守施吕瑟尔堡至沃尔霍夫河正面的德军第18集团军为保障整个集团军群的后方，拼命阻挡苏军的反攻，并在沃尔霍夫河西岸由南北两面向过河的苏军实施不断的反冲击，使苏军的突破口宽度缩小到几公里。尽管如此，苏军还是在河西岸夺占了半径为25公里的地域，并通过不间断的冲击向四面扩大。苏军在伊尔门湖东南岸附近向西的反攻，进抵旧鲁萨地域；向南的反攻打得德军第16集团军几乎无法招架，在洛瓦季河谷地以西开辟了通向南面的道路，并与由霍尔姆地域北进的苏军会师，合围了德军第2、第10军的6个师，构成了杰米扬斯克包围圈。

勒布一面请求空中补给合围圈内的10万德军，他们一昼夜所需的粮食、弹药、油料最少也要约200吨；一面命令合围圈内的德军挡住苏军的冲击，许多战斗已经在合

∧ 德军步兵在向苏联的列宁格勒推进途中占领了森林里的一处阵地。

∨ 德军坦克正向苏联境内推进。

∧ 苏军炮兵在雪地里推着反坦克炮向预定阵地行进。

围圈内展开。并同时下令德军从旧鲁萨西南地域发起进攻,以解救被围的两个军。德军经持续的激战,穿过苏军顽强扼守的40公里宽的走廊,打到了合围圈西端,终于与被围各师的联系得以恢复。

在霍尔姆的德军同样也遭到下苏军合围,也只得靠空中进行补给,它在更加困难的处境中,以后又坚持了几个月,守住了德军在杰米扬斯克合围圈和大卢基之间的这个唯一据点。

勒布的防守指挥原则很成功,顺利抗击住了兵力占20倍优势的苏军的猛烈围攻,在士兵中建立起了信心,他们对自己总司令官的长处大加赞扬。勒布在部队被围、补给线遭到炮击的情况下,还违背了希特勒"一步不许后退"的意志,准许受到歼灭威胁的第16集团军一部撤退,这使希特勒大为恼怒。

此时,希特勒已免去了勃劳希契元帅的职务,自任陆军总司令。伦德施泰特、古德里安、福斯特尔、霍普纳和盖尔诸将领也先后被免职，施特劳斯上将请了病假。1942年1月13日，正在指挥被围德军作战的勒布也被解除了职务。但他的防御战原则，还支撑着被苏军合围的德军部队的信心。

勒布在近两年来一再提出辞呈，这不仅是由于不满希特勒的指挥，主要是由于他对虐待犹太人的政策极为反感。党卫军在占领区的所作所为也令他恶心，特别是进攻苏联前，德军最高统帅部发来的所谓"政委命令"最让他难以接受。该命令的主要内容是对于所俘获的一切苏军政工人员，均一律就地枪决，以表示反共精神。勒布认为从国际法的观点上看，这些所谓"政委"者，其身份是很特殊的，他们不能算是一个军人，也不能等同于牧师、军医、战地新闻记者可以获得非战斗人员的身份，其只能算是战斗督促者。不管对这些政委们在国际法中的地位是何种看法，要把俘虏就地枪决，总还是违反了军人的传统精神。若是执行这一类的命令，则不仅有损军人的荣誉，也对本部队的士气有影响。这个命令只能导致苏联军队在这些政委的督促下拼命打到底。他拒绝接受将其就地枪决的命令，并提出要求把这类命令撤销。

勒布把他的职务移交给了屈希勒尔上将，自己则隐居于霍恩施旺高。1945年5月2日，他在该地被美国宪兵逮捕。

No.5 战后生活

1948年10月28日，勒布、屈希勒尔和施佩勒三元帅以及十名将领在纽伦堡美国的军事法庭上受审。勒布以"破坏和平""实施侵略战争"的罪名被提起公诉。勒布为自己辩护道："我们是在接受军人教育中成长起来的，无论在什么时候都以忠于国家为职责。但在希特勒统治下的第三帝国，我们却看到同我们的原则相违背的一切倒行逆施。我们也曾反对过，但在一个独裁制度之下有效手段是有限的。我们虽是军人，但未发动战争。我们认识到战争的可怕，从而尽了一切努力来制止希特勒推行其战争计划。"

1948年10月27日和28日，判决宣布了。勒布被控各条罪状除一条之外，均宣判无罪。他被判为有罪的一条是：曾传达希特勒的罪恶命令。为此，他被判3年有期徒刑。因宣判之前他已被拘禁3年多，所以宣判后便获释放。

勒布获释之后，一直过着淡泊的生活。1956年4月29日，勒布因病去世。

参考文献

[1] [英]利特尔·哈特. [M]第二次世界大战史. 上海: 人民出版社, 2009.

[2] 朱贵生. [M]第二次世界大战史. 北京: 人民出版社, 2005.

[3] [英]丘吉尔. [M]第二次世界大战回忆录. 吉林: 时代文艺出版社, 1995.

[4] 王振德. [M]第二次世界大战中的中国战场. 北京: 社会科学文献出版社, 1991.

[5] 中国军事百科全书编审委员会. [M]中国军事百科全书: 军事历史. 北京: 军事科学出版社, 1997.

[6] [美]艾森豪威尔. [M]远征欧陆—第二次世界大战回忆录. 上海: 三联书店, 1975.

[7] [英]约翰·科斯特洛. [M]太平洋战争 (1941–1945). 北京: 东方出版社, 1985.

[8] 王书君. [M]太平洋海空战. 北京: 海洋出版社, 1987.

[9] [美]卡梅尔·惠特尼. [M]麦克阿瑟. 北京: 京华出版社, 2008.

[10] 温致强. [M]麦克阿瑟. 沈阳: 辽海出版社, 1998.

[11] [美]E·B·波特. [M]尼米兹. 北京: 解放军出版社, 1987.

[12] [日]加藤正秀. [M]山本五十六. 北京: 京华出版社, 2008.

[13] 赵家业. [M]陈纳德. 沈阳: 辽海出版社, 1998.

[14] 舒绍平. [M]飞虎将军: 陈纳德. 北京: 中国文史出版社, 2006.

[15] [美]斯蒂芬·安布罗斯. [M]艾森豪威尔. 北京: 中国社会科学出版社, 1992.

[16] 李言. [M]二战将帅: 罗斯福. 北京: 中国长安出版社, 2003.

[17] 李浩. [M]马歇尔. 沈阳: 辽海出版社, 1998.

[18] [美]拉迪拉斯·法拉格. [M]巴顿. 北京: 京华出版社, 2008.

[19] 彭训厚. [M]巴顿. 沈阳: 辽海出版社, 1998.

[20] 王永生. [M]二战16大名将征战密档全公开. 北京: 京华出版社, 2005.

[21] 祁长松. [M]美国名将全传. 北京: 中国社会科学出版社, 2006.

[22] 潘学基. [M]西线: 盟军进攻与德军反击 (1944–1945). 湖北: 武汉大学出版社, 2008.

[23] 袁道之. [M]名将史迪威. 宁夏: 宁夏人民出版社, 2007.